U0958700

成为新工人:劳动与日常生活的建构

刘 霞 著

山东大学出版社
SHANDONG UNIVERSITY PRESS
·济南·

图书在版编目(CIP)数据

成为新工人:劳动与日常生活的建构/刘霞著.—济南:山东大学出版社,2023.4

ISBN 978-7-5607-7798-6

Ⅰ.①成… Ⅱ.①刘… Ⅲ.①工人—文化生活—研究—中国 Ⅳ.①D412.7

中国国家版本馆 CIP 数据核字(2023)第 037308 号

策划编辑 毕文霞
责任编辑 毕文霞
封面设计 王秋忆

成为新工人:劳动与日常生活的建构
CHENGWEI XINGONGREN: LAODONG YU RICHANG SHENGHUO DE JIANGOU

出版发行 山东大学出版社
社 址 山东省济南市山大南路 20 号
邮政编码 250100
发行热线 (0531)88363008
经 销 新华书店
印 刷 山东和平商务有限公司
规 格 720 毫米×1000 毫米 1/16
16.5 印张 275 千字
版 次 2023 年 4 月第 1 版
印 次 2023 年 4 月第 1 次印刷
定 价 68.00 元

版权所有 侵权必究

前 言

认识中国的工业化、现代化和城镇化，绕不开农民工群体。

2011 年 12 月，我开始访谈农民工这个群体，至今已是 10 年有余。

2011 年 12 月，我跟随基层妇联走进位于山东省青岛市城阳区流亭工业园的“新市民家园”。基层妇联计划调查女性农民工的工作、生活状况，我作为驻地高校女性学研究的教师，受邀参与调查。那是一个工作日，并不是周末时间，“新市民家园”有 3 位工作人员，没有农民工在里面活动。“新市民家园”是由在青务工的农民工陈法正①创办的，最初是帮助在青务工者维护权益的一个热线电话，后来在青岛市相关部门的支持下扩大为包括市南区、城阳区流亭工业园、上马工业园共三个点的农民工服务机构，统称“新市民家园”，工作人员一般亲切地称其为“家园”。城阳区工业园的“家园”工作人员告诉我们，工业园区的工友们一般每周上班 6 天，从周一到周六，只有周日是全天休息，所以工友们周日到“家园”来参与活动的人数最多。

我每周日都去“家园”进行实地考察和访谈，同时也参与“家园”组织工友们的各种活动，包括文娱活动，外出散发宣传单，清理公共卫生，参与当地社区共建等志愿者活动、社会服务、郊游活动等。我访谈的工友最初是“家园”工作人员介绍的在企业做工的年轻女工友，后来逐渐与工友们熟识以后，男工友也成为我的访谈对象。访谈中我了解到，无论是“家园”工作人员还是工友们，都很排斥“农民工”这个称谓，他们彼此称呼名字，对外称呼“工友”，我更倾向于把这些来自农村、在城市工厂里务工的青年人称为“新工人”。访谈过程中，我一般从开放式访谈开始，了解被访谈对象的生活经历

---

① 名字为化名。

和基本信息,建立起信任关系,在第二次访谈时进行半结构式访谈。访谈之前,我会与工友们约好时间、地点,向他们说明保密约定,协商访谈录音事宜。因为"家园"已经在工友们中间建立起了良好的声誉,成为工业园区工友们熟知的机构,也因为我长期参与"家园"的活动,建立起与工友们的信任关系,我访谈中获得了大多数被访谈者的同意,采取了录音方式,保持了访谈资料的完整性,为后期研究奠定了良好的基础。受工友们邀请,我还进入工业园区工友们的租屋中做客数次。我在"家园"实地考察和访谈持续到2017年前后。

为了了解外出打工农民工的家庭状况,深入探访他们外出打工的家庭背景和外出打工的动力,我对农民工流出地的农村进行了实地考察。2012年春节前,我作为学校"三农"学会的指导老师,跟随山东省菏泽市巨野县的学会小组在Z村进行了为期一周的实地考察和访谈。我重点访谈了4位青年工友,考察了农村发展状况与外出打工的关联。2014年8月,我在山东省枣庄市山亭区七里河镇X村、Z村等地进行了实地考察。X村、Z村是比较典型的外出务工人员集中的农村,有"空心村"特点。彼时正值采摘花椒的季节,村里男性大多外出打工,妇女们白天都上山采摘花椒了,我主要访谈了村主任、村小学教师,通过他们了解外出打工家庭留守孩子的情况。

为了全面了解工友们的劳动和日常生活状况,2012年7月,我实地考察了青岛市城阳区上马工业园的若干企业,包括一个家庭服装加工点、一个韩资服装企业、一个韩资机械加工企业,还有一个日资阀门制造企业。在几个企业的实地考察中,我参观了企业的车间、办公区、宿舍区,重点访谈了企业的中层管理者,包括人力资源部的负责人,了解企业中青年工友的情况。

2012年11～12月,我到广州市番禺区旧水坑的女工服务非政府组织(NGO)机构、中山市的新工人NGO服务机构分别进行了考察。在两个机构,我重点访谈了直接服务工友的机构工作人员。在旧水坑,我考察了打工者聚居的中心区,并有幸进入工友的出租房进行考察。在女工服务机构,我参与了机构的周末活动,与工友们聚餐并进行了深度访谈。

2013年9月,我考察了位于上海市浦东新区S镇的"新市民生活馆","新市民生活馆"主要服务对象是聚居在S镇的外来打工人群。2013年11月,我考察了位于北京市P村的"工友之家",参观了打工文化艺术博物馆和P村打工者艺术团录制"打工者春节联欢晚会"的会场、电影放映室和同心互惠商店、工友之家图书馆等。我对在机构工作的女大学生进行了访谈。除此之外，在寒假和暑假，我在淄博市淄川区L纺织有限公司对外来打工人员进行了深度访谈，对临沂市某化工公司的外来打工工友进行了访谈。

历时四五年，我对外来打工人员的企业、企业管理者、打工者、打工者的出租屋、打工者服务机构及其工作人员、打工者农村老家等进行了全面的考察和访谈，与许多被访谈者保持了长期的联系，这些为全面了解他们的日常生活和身份认同积累了丰富的第一手资料。在这个过程中，我也深为工友们努力成长、争创好生活的勤恳和不屈的精神风貌所感动。

在实地考察、访谈和问卷调查中，我关注的内容从新工人们外出务工的动机，到他们辗转流动、打工的历程，他们在工厂劳动的状况与感受，还有他们在城市日常的消费、交往、休闲，以及他们对自己所在城市的认同与自己身份的认同状况。基于工友们的打工叙事，我力图将他们的实践、经验和话语带入学术研究的中心，呈现他们主体的表达与经验，弥补学术研究中他们被诉说、被描述的境况；通过关注工友们的劳动和日常生活，从劳动与生活的日常理解工友们将自己划入什么群体，"我们"与"他们"，城市人与农村人的边界和定位是什么，是否存在认同上的紧张和危机，工友们如何克服身份中的困境；通过分析，从理论上认识国家与农民的关系是怎样在个体上反映出来，并以此探索在中国特色社会主义新时代，新型城镇化如何真正实现以人为本的城镇化，农民工怎样成为城市里的新工人。

以人为本的新型城镇化是党的十九届五中全会提出的新时代城镇化的战略，以人为本必须面临的一个重要群体就是农民工群体，尤其是具备较强融入城市意愿的新工人。

刘　霞

2022年12月

目　录

绪　论 …………………………………………………… 1

一、“农民工”与“新工人” …………………………………… 1

二、“农民工”的由来与演变 ……………………………… 8

三、“农民工”研究路径 …………………………………… 14

四、研究概述 ……………………………………………… 15

第一章　基本概念和研究方法 ………………………… 20

一、劳动 …………………………………………………… 20

二、日常生活 ……………………………………………… 21

三、身份认同 ……………………………………………… 22

四、研究方法与研究对象基本情况介绍 ………………… 24

第二章　打工、工作的劳动实践 ……………………… 46

一、漂泊与迷茫 …………………………………………… 46

二、寻求向上的职业发展 ………………………………… 57

三、选择与规制之间 ……………………………………… 67

四、打工与工作的差异 …………………………………… 76

五、服务新工人的法律工作者 …………………………… 84

六、技术型的新工人 ……………………………………… 92

七、关于打工的叙事 ……………………………………… 97

第三章　日常消费、交往与休闲生活 ………………… 106

一、日常消费 ……………………………………………… 106

二、日常交往 ……………………………………………… 121

三、在城市边缘生活 …… 125
第四章　外地人、本地人与农村人、城市人 …… 140
一、打工的、外地人 …… 140
二、农村人与城市人 …… 154
第五章　劳动、日常生活与身份认同状况的调查分析 …… 158
一、基本信息和家庭背景 …… 158
二、劳动和日常生活状况调查 …… 168
三、身份认同状况调查 …… 189
第六章　成为新工人 …… 222
一、不能职业化的新工人 …… 222
二、本书的理论贡献 …… 227
三、成为新工人的未来路径 …… 229
四、关于研究的再思考 …… 235
附录　接受访谈的新工人信息 …… 237
参考文献 …… 244

绪　论

一、“农民工”与“新工人”

《中国共产党章程》总纲规定“中国共产党是中国工人阶级的先锋队”①，工人阶级是中国共产党的阶级基础。《中华人民共和国宪法》第一条规定：“中华人民共和国是工人阶级领导的、以工农联盟为基础的人民民主专政的社会主义国家。”②工人阶级不仅是中国共产党执政的阶级基础，也是中国经济发展和社会变革的中坚力量。2013年，习近平总书记在同全国劳动模范代表座谈时的讲话也强调：“坚持和发展中国特色社会主义，必须全心全意依靠工人阶级、巩固工人阶级的领导阶级地位，充分发挥工人阶级的主力军作用。”③

改革开放40多年来，工人群体在国家经济建设和社会发展中发挥了先进阶级的重要作用，这其中就包括数以亿计的农民工群体。2006年《国务院关于解决农民工问题的若干意见》中正式提出：“农民工是我国改革开放和工业化、城镇化进程中涌现的一支新型劳动大军。”④2014年《国务院关于进一步做好为农民工服务工作的意见》中进一步提出：“农民工已成为我国产业工人的主体，是推动国家现代化建设的重要力量，为经济社会发展作出了

① 《中国共产党章程》，中国法制出版社2017年版，第1页。

② 《中华人民共和国宪法》，中国法制出版社2018年版，第9页。

③ 习近平：《在同全国劳动模范代表座谈时的讲话》，《人民日报》2013年4月29日。

④ 《国务院关于解决农民工问题的若干意见》，2008年3月28日，中国政府网，http://www.gov.cn/zhuanti/2015－06/13/content_2878968.htm。

巨大贡献。”[①]国务院作为中国最高行政机关，其相关文件代表着官方声音，对农民工群体及其巨大贡献做出了明确肯定的表述。

但是，国家统计局发布的《2020 年农民工监测调查报告》[②]数据显示，2008～2018年，中国从事制造业的农民工平均年增长率为－2.84％，从业人数在减少，而且农民工内部代与代之间也开始出现明显的差别。其中，出生在 1980 年前后的新生代农民工，大多不愿意再遵循父辈的务工路径。新生代农民工尤其是在工厂做工的制造业工人，开始纷纷离开流水线，转向外卖、快递等一类的城市服务业。据报道，2019 年，美团外卖平台的 400 万名骑手中，年龄在 40 岁以下的占比高达 83.7％，其中近 4 成新增外卖骑手来自制造业工人。不少媒体报道制造业出现了招工难现象。《2020 年农民工监测调查报告》显示，2020 年，从事第二产业的农民工比重为 48.1％，比上年下降 0.5 个百分点。其中，从事制造业的农民工比重为 27.3％，比上年下降 0.1 个百分点。制造业的工厂为什么招不到年轻人呢？新生代农民工为什么不愿留在工厂，为何选择离开流水线？制造业工人队伍的稳定情况会对国家制造业转型升级有影响吗？“谁来当工人”成为时代之问。

目前，在制造业企业的工人队伍主要以“80 后”“90 后”年轻人为主，大多在 2000 年后外出务工。“80 后”新生代农民工成长在中国改革开放之后，农村经济社会发展较快，农民家庭生活条件大幅改善，新生代生活环境相对父辈有了很大提升，计划生育政策实施也使农民家庭的子女数减少，新生代有条件接受较高的教育，受教育程度也普遍比父辈更高，在个人发展方面更追求自由，对公平、自尊的感知更强烈，不愿意待在严格、机械的流水线工厂里，拿着有数且少的工资。《2020 年农民工监测调查报告》显示，2020 年中国农民工的平均年龄为 41.4 岁，农民工队伍正在逐渐“变老”。同时，2020 年从事制造业的农民工比重为27.3％，比 2019 年下降 0.1 个百分点，显示出制造业对农民工的吸引力在下降。[③] 这两组数字反映出农民工群体内部的变化：农民工内部的代际差异已显现出来，新生代农民工在职业选择上开始

① 《国务院关于进一步做好为农民工服务工作的意见》，2014 年 9 月 30 日，中国政府网，http://www.gov.cn/zhengce/content/2014－09/30/content_9105.htm。

② 《2020 年农民工监测调查报告》，2021 年 4 月 30 日，中国政府网，http://www.gov.cn/xinwen/2021－04/30/content_5604232.htm。

③ 参见熊丽：《制造业靠什么吸引年轻人》，中国经济网，2021 年 5 月 21 日。

发生新的变化。如果说,改革开放初期,外出务工的第一代农民工会首选到沿海地区,进工厂打工、下体力挣钱,打工挣钱比在家务农收入更高,那么对新生代农民工来说,在网络经济新形势下,选择从事新兴的互联网相关城市服务业,如外卖、快递、网约车、直播等,更自由、更能近距离地接触城市,更方便为留在城市积累资本。这些反映了中国经济的快速发展和新生代农民工的代际特点。

制造业是一个国家经济的主体,是体现国家现代化程度的根本标志。中国提出要在21世纪中叶实现伟大的民族复兴,打造具有国际竞争力的制造业,这既是中国提升综合国力、保障国家安全的必然选择,也是建设世界强国的必由之路。《2021中国制造强国发展指数报告》对中国2021年制造业发展状况的评价是:“我国虽仍处于全球制造业第三阵列,但与第一、二阵列国家制造强国发展指数差距不断缩小,追赶步伐持续加快。”[①]全球制造业第三阵列的位置是中国制造业目前的总体水平。所以,《中国制造2025》制定的目标就是在制造业发展上使中国实现从制造业大国向制造业强国转变,在2025年迈入全球制造强国第二阵列,最终成为世界制造业强国。需要清醒认识到的是:“我国制造业的发展得益于完整工业体系优势、广阔市场优势等多重红利叠加,而‘质量效益’分项数值对制造强国发展指数贡献率仍有待提升。”[②]这意味着从第三阵列迈向第二阵列主要依靠质量效益,要实现这个目标,需要一支稳定的素质优良、结构合理的制造业人才队伍。产业工人是工人阶级中发挥支撑作用的主体力量,是实施制造强国战略的有生力量。2017年,中共中央、国务院印发了《新时期产业工人队伍建设改革方案》,提出:“产业工人是工人阶级中发挥支撑作用的主体力量,是创造社会财富的中坚力量,是创新驱动发展的骨干力量,是实施制造强国战略的有生力量。”[③]

作为学术概念,农民工通常是指进入城镇打工或经商等从事非农业劳动、户籍属于农村的农村人口。农民工问题是中国特殊国情和发展阶段的产物。在国外,没有“民工”或“农民工”的称谓,一般使用“移民”“劳工”这样的

---

① 《2025年我国将迈入制造强国第二阵列》,《科技日报》2022年1月7日。

② 《2025年我国将迈入制造强国第二阵列》,《科技日报》2022年1月7日。

③ 中共中央、国务院:《新时期产业工人队伍建设改革方案》,2017年6月19日,http://www.gov.cn/zhengce/2017-06/19/content_5203750.htm。

称谓。新生代农民工通常是指1980年前后出生,并拥有农业户籍的进城务工或经商等从事非农劳动的青年。[①] 20世纪80年代前后出生的新生代农民工现已成为中国农民工的主体。《2020年农民工监测调查报告》统计数据显示,2020年全国农民工总量28560万人,比上年减少517万人,下降1.8%,规模为2019年的98.2%。其中,外出农民工是16959万人,比2019年年减少466万人,下降了2.7%。

农民工是中国从乡土社会转型到城镇社会过程中,破除原有城乡二元结构、加快推进城镇化进程的特殊人群。出生在20世纪80年代前后的新生代已经成为农民工群体的重要组成部分。新生代农民工从农村到城市的流动隐含了怎样的社会意义?他们在新的城市生活中追求什么样的社会身份与个人价值?制度性、先赋身份——农民,与现实工作身份——工人的叠加对新生代的未来发展会产生什么样的影响?[②] 新生代认同"农民工"这样的称谓吗?为什么新生代逐渐离开制造业的工厂而选择城市服务业?新生代对"工人"的职业认同度如何?新工人与老工人有什么制度性的差异?等等。这些问题都值得我们关注和研究。新生代农民工与老一代农民工相比,已经开始显现出自己的群体特征,农民工群体内部的代际差异已经显现,有学者将新生代农民工称为"新工人""新市民"。

本书所指的新工人指的是新生代农民工中从事制造业劳动的产业工人。新工人作为中国工人阶级的重要组成部分,他们在城市劳动和生活的个体体验,他们对自己社会身份的认同及对未来的期待所暴露出来的社会含义[③],不仅影响他们自己融入城市的进程与速度,也关系到国家新型城镇化的进程与速度。从执政党的角度看,工人阶级是中国共产党的阶级基础,新工人的发展,关系执政党的执政根基。

(一)本书研究的理论价值和应用价值

第一,农民工问题关系中国工业化、城镇化、现代化的进程与速度。农

---

① 参见刘霞:《漂泊・成长・抗争・迷茫——新生代农民工的打工叙事分析》,《西北人口》2013年第3期。

② 参见刘霞:《漂泊・成长・抗争・迷茫——新生代农民工的打工叙事分析》,《西北人口》2013年第3期。

③ 参见刘霞:《漂泊・成长・抗争・迷茫——新生代农民工的打工叙事分析》,《西北人口》2013年第3期。

民工是推动中国从农业社会向工业社会转型的重要力量，是中国经济社会发展尤其制造业发展的重要人力资源。农民工离开农村进城务工，为城市经济发展贡献了劳动力，为城市、为国家创造了财富，推动了中国出口导向型经济和制造业的发展，使中国成为制造业大国，促进了经济增长，增强了地方和国家的经济实力，提升了现代化水平；农民工外出务工成为广大农民家庭增收的主要方式之一，家有打工人不会成为贫困户，打工获得的经济收入大大减轻了农村、农民的贫困程度，甚至帮助贫困家庭脱贫致富①；同时，外出务工成为解决农村剩余劳动力转移就业的主要方式，促进农民的城镇化，也促进了农业、农村、农民的发展与转型；农民工的城乡流动为中国城乡发展注入了活力，打破了原来城乡隔离的状况，尤其促进了广大农村与城市的链接，加快了中国人口的城乡流动，促进了中国工业带动农业、城市带动农村、发达地区带动落后地区的有效和快速发展，为缩小城乡差距和促进城乡融合创造了有利条件；从促进中国就业市场发展看，农民工进城务工，通过自主择业促进了中国市场导向的劳动力就业市场和就业机制的形成，加速了中国劳动力的市场就业速度和进程。

农民工群体既是中国从农业经济向工业经济发展的推动力之一，也是中国农业社会向工业社会、城市化和现代化迈进的主要社会推动力，为改变中国城乡二元结构、解决中国发展中突出的“三农”问题闯出了一条新路。返乡创业的农民工，为农村带回了资金、技术和市场经济观念，促进了农村种植、养殖、加工制造业和服务业等的发展，成为农村发展的宝贵人力资源和经济力量，直接参与并促进了农村脱贫致富和乡村振兴发展。深入研究农民工，包括新工人，引导农村富余劳动力向非农产业和城镇有序转移，并帮助新生代走职业化途径、实现融入城市具有全局性、紧迫性和长期性，事关中国工业化、城镇化、现代化的进程。

第二，维护农民工权益，引导新生代农民工向新工人、新市民转化是当前需要解决的突出问题，事关中国新型城镇化的进程。伴随国家针对农民工的政策和户籍制度改革，农民工在城市打工、生活的政策环境得到了一定的改善。但是目前，新工人在城市打工、生活中面临的问题依然突出，主要

---

① 参见柳建平、张永丽:《劳动力流动对贫困地区农村经济的影响——基于甘肃 10 个贫困村调查资料的分析》,《中国农村观察》2009 年第 3 期。

是:劳动时间长、工资偏低,社会保障制度不足,职业病和工伤事故多,职业社会地位低;培训缺乏、职业发展与提升难,住房等基本保障不足,无法实现农民工家庭整体迁移、居住窘困等方面客观存在,涉及经济、政治、文化相关权益得不到有效保障,长期在城市工作、常住城市的新工人"企业公民""城市公民"的身份尚未确立,享受基本公共服务的范围仍然较小,大量长期在城镇就业、居住的新工人已经成为城镇的常住居民,但在大中城市落户仍存在一定程度的困难。这些问题引发了不少社会矛盾和纠纷。新工人相比第一代农民工具有更强的留在城市工作、生活的意愿,这需要社会政策的改革和推进,帮助新工人实现举家迁移并融入城市,提高新工人社会保障的水平。

第三,城市劳动、生活的现实如何塑造了新工人这一群体的总体结构与社会地位?他们是如何在新的城市生活中追求自己社会身份与个人价值的?这种户籍为农民,工作为工人的双重身份含义叠加对新工人的未来发展会产生什么样的影响?[①] 新工人群体怎么定位自己的身份?本书力图以新工人为调查研究对象,通过他们在城市的劳动和日常生活叙事,探究其打工、生活的体验,分析其对自己社会身份的认同状况。新工人的社会认同不仅是对自身利益和地位的认可,也是对其他社会成员、社会群体和社会关系的评价,是社会成员形成社会态度、采取社会行动的主观根据。

对新工人劳动与日常生活及其认同的研究,可以深化对新工人的研究,并为解决新工人相关问题提供基础信息和理论指导。理论上讲,一方面可以帮助我们探寻新工人行为产生的深层原因。"留不下,回不去"对新工人来讲是一种怎样的境遇?不认同农民工身份,也觉得自己不是城市人,这种身份的新工人如何计划自己的职业与未来?"过一天算一天"是他们基于什么样的劳动体验和城市生活的一种"认命式"的得过且过?新工人的劳动和日常生活的真实体验是他们关于自己社会认同的基础。另一方面,可以了解新工人的实际困难与切身需求,进而帮助他们提升心理满意度与生活幸福感。

从执政党的角度讲,作为阶级基础的工人阶级发展状况如何,不能轻视

① 参见刘霞:《漂泊·成长·抗争·迷茫——新生代农民工的打工叙事分析》,《西北人口》2013年第3期。

了他们在城市化进程中集聚起来的社会风险的思想根源或心理基础。身为农民、身为外出打工者，新工人对理解包括他们将谁视为“我们”，又将谁视为“他们”，他们做出这些分类所依据的标准以及这些范畴所具有的特征，特别是他们是在何种程度上基于阶层、性别、城乡差异的分析可以有助于我们对新工人的认同和理解。

本书的研究对象是新工人，是新生代农民工中从事加工制造业的工厂农民工，笔者力图通过对新工人的劳动和日常生活及其社会认同的访谈，突出新工人主体的叙事，他们在城市流动、打工、生活的叙事，他们在不同的生命历程阶段进城、返乡说明了怎样的规制与选择。叙事突出他们的主体经验，改变农民工研究中“被代表”“被陈述”的缺乏话语权的状况，辅之以问卷调查，全面分析他们劳动、日常生活与身份认同的相互建构关系，以对新工人身份的经历与形成状况进行基本描述。

（二）本书研究目标

一是运用深度访谈和实地考察的调查方法，对新工人的劳动、日常消费、交往、休闲行为在内的日常生活状况及其身份认同状况进行深描，通过新工人的叙事探究其外出打工的体验和背后逻辑、意义。

二是结合抽样问卷调查，对新工人的劳动、日常生活和身份认同的整体状况形成基本判断，并探讨新工人的劳动、日常生活的经历与身份认同的关系。

三是理解、分析从农村到城市的流动对新工人的认同、身份、与他人的关系以及其归属感和在社会位置的影响。新工人社会认同的状况影响他们从农民工到新工人的转变，影响他们融入城市社会的进程，从宏观来讲，也影响国家城镇化的进程。党的十九届五中全会提出了新时代城镇化的战略，新型城镇化强调以人为核心，以人为核心的新型城镇化必须面对的一个重要群体就是农民工群体，尤其是具有较强融入城市意愿的新工人。从农民工到新工人，社会身份的转型需要怎样的制度、政策支持，新工人自身面临身份认同的障碍与危机是本书探索的目标之一。

四是通过研究形成新工人目前劳动、日常生活及其身份认同的基本描述，掌握新时代新工人的基本状况，为夯实中国共产党执政的阶级基础提供信息。中国共产党作为中国工人阶级的先锋队，全心全意依靠工人阶级是我们党的一贯主张和政治优势[①]，同时将全心全意依靠工人阶级作为党一贯的指导方针，是我们党领导革命、建设、改革取得伟大胜利的根本政治保证。新时代全心全意依靠工人阶级，必须要正确认识工人阶级在新时代展现出新的时代特征，把握新时代、新工人、新特征，夯实执政的阶级基础。本书通过实地考察、深度访谈和问卷调查，全面了解新工人这个群体的劳动、日常生活和身份认同状况，形成对新工人的全面描述。

二、"农民工"的由来与演变

"农民工"称谓是中国从传统农业社会向现代工业社会、从计划经济向市场经济转型过程中，伴随转型而生的社会群体，是具体中国国情下的产物。农民工的出现既是中国工业化进程高速发展和经济体制改革的必然结果，也是中国经济体制改革尚不彻底、仍需继续进行的证明。[②] 作为一个群体的称谓，"农民工"概念有一个形成和演变的过程，并与国家政策紧密相关。

【盲流】

新中国成立后，在当时一穷二白的经济基础上推动工业化，具体国情促使中国选择了高度集中的计划经济模式，人力、物力、财力等各种资源都被列入计划、全国统筹。为了推动工业化，并有效控制城市人口增长规模，当时在人口流动上也选择了按照计划统筹安排，表现在政策上，政务院 1952 年 8 月 6 日发布了《关于劳动就业问题的决定》，其中首次提出要"克服农民盲目地流向城市"[③]，"盲流"这个称谓主要是在人口流动管理背景下，对农村流入城市群体的称谓。计划经济背景下，为了保障城市的正常运行，对人口流动进行了比较严格的控制，"盲流"的称谓是基于城市管理的角度，特指流入城市的农村人口，这个称谓的产生本身包含了中国在特定发展阶段对农村人口进城的排斥，具有歧视成分。1954 年，中国第一部宪法出台，宪法在当时明确规定了公民具有居住和迁徙自由的权利。

1958 年，伴随"大跃进"的展开，大量农村人口开始涌入城市。为了防止

---

① 参见韩喜平、陈伶浪：《新时代全心全意依靠工人阶级的坚守逻辑》，《理论视野》2020 年第 6 期。

② 参见汪勇：《"农民工"称谓的历史演变及其启示》，《社会学研究》2007 年第 11 期。

③ 参见王洪春、阮宜胜：《中国农民工潮的经济学分析》，中国商务出版社 2004 年版，第 4 页。

城市人口剧增带来的供应、管理问题，1958 年 1 月 9 日颁布的《中华人民共和国户口登记条例》规定，公民由农村迁往城市必须持有城市劳动部门的录用证明、学校的录取证明或者城市户口登记机关的准予迁入的证明。该规定反映了当时背景下政府对人口流动实行了严格管控，事实上将“关于制止农村人口盲目流入城市”[①]的中央指示内容制度化、规范化，成为中国严格限制农村人口向城市迁移流动的标志，成为中国后来以户籍制度为基础、城乡分离的二元结构体制形成的开端。以此为起点，中国城乡二元户籍制度正式实施，城市基本社会保障也开始与户籍制度挂钩，人口流动严格与户籍挂钩，这些制度大大降低了中国人口流动的程度。

为了贯彻《中华人民共和国户口登记条例》，公安部 1961 年 11 月 11 日发布的《关于制止人口自由流动的报告》明确提出：全国开始在大中城市设立“收容遣送站”，负责收容、遣返流民。1975 年《中华人民共和国宪法》的修订中，取消了 1954 年规定的“公民有居住和迁徙自由”，由此，基于人口管控的城乡二元户籍制度，限制了城乡人口流动，从 1961 年到 1978 年，事实上也使中国在此后的很长一段时间出现了人口的转移倒流和逆城市化现象。[②]

20 世纪 70 年代末，中国农民流动的转机开始出现。1978 年中国开始了改革开放，东南沿海地区发展出口贸易和加工制造业，需要大量劳动力，伴随经济发展需要，广大农民开始离开农村进入城市务工。这些户籍仍然在农村，在城市从事非农劳动并赚取货币收入的群体就是农民工。因为进城务工农民在就业、住房、治安等方面与城市居民存在矛盾，在当时既有制度下容易产生冲突，为了城市管理的有序保证，对外来务工群体的称谓再次出现了“盲流”一词，并在最初对外开放的东南沿海地区流行开来。1991 年国务院办公厅发布的《关于劝阻民工盲目去广东的通知》《关于收容遣送工作改革问题的意见》，1995 年 8 月公安部发布的《公安部关于加强盲流人员管理工作的通知》，明确了“盲流”群体是指：身份证、居住证、务工证三证缺乏或无合法证件、无固定住所及无正当工作或经济收入的“三无”人员，并明确对“盲流”人员进行严格的检查和管理，反映了当时城市管理的城市本位和对外来务工群体的排斥与歧视。“盲流”“三无”人员成为一种贬义性身

---

① 参见汪勇：《“农民工”称谓的历史演变及其启示》，《社会学研究》2007 年第 11 期。

② 参见陆学艺：《当代中国社会流动》，社会科学文献出版社 2004 年版，第 309 页。

份，因为是国家正式文件规定，这些“盲流”“三无”人员实际上在城市的工作、生活受到严重限制，身份包含明显歧视与排斥。国务院在2003年颁布的《城市生活无着的流浪乞讨人员救助管理办法》才最终废止了1961年开始的收容遣送制度，“盲流”一词也退出了中国的政策。

【打工仔】【打工妹】

1991年，由成浩执导，陈小艺、汤镇宗主演的情感剧《外来妹》在电视台播出。电视剧讲述了小云、凤珍、阿芳、秀英、玉兰、靓女6个姑娘从穷山沟赵家坳到广东打工的故事。电视剧里的“外来妹”就是“打工妹”。改革开放初期，优先发展的广东一带，诸多出口加工企业吸引着外省农村青年，因为青年农民务工的基本是外资、合资等非公企业，工资薪水按照计件、计时方式，这些依靠劳动力获取收入的农村青年，既没有国有企业工人的福利待遇和政治身份，也不能在城市享受市民的各种社会保障，按照广东的语言表达，把这些受雇于非公企业的农村务工青年称为“打工仔”“打工妹”。“打工仔”与“打工妹”起初是当地市民口语化的称呼，后来这一含有歧视性的称谓在深圳等各经济特区逐渐流行。

【农民工】

中国社会科学院教授张雨林最早使用了“农民工”称谓，他在1984年《社会学研究通讯》上发表的一篇文章中提出了这个概念，随后开始被大量引用。[①] 农民工外出务工与中国改革开放和出口导向型经济紧密相关，因为城市无法解决农民工举家迁移的需要，农民工流动呈现出有工进城、无工返乡的季节性或周期性流动，像潮涨潮落，被媒体形象化为“民工潮”。第一次民工潮出现在20世纪80年代末。[②] 伴随农民工数量的逐年递增，因为周期性的迁移及其在城市务工产生的社会问题，如春运等，农民工群体逐渐引发了媒体、学界、社会的广泛关注，“农民工”一词逐渐成为外来务工的农村居民的主要称谓。

伴随大量农民工在城市务工但缺乏相应的社会保障，在非公企业中，农民工的劳动保护、工资按时发放等不能得到有效保障。2006年1月31日，

---

① 参见汪勇：《“农民工”称谓的历史演变及其启示》，《社会学研究》2007年第11期。

② 参见郑功成、黄黎若莲：《中国农民工问题：理论判断与政策思路》，《中国人民大学学报》2006年第6期。

《国务院关于解决农民工问题的若干意见》第一次把“农民工”[①]概念写入中央文件。同年,《中共中央关于构建社会主义和谐社会若干重大问题的决定》指出:“加强劳动保护,健全劳动保障监察体制和劳动争议调处仲裁机制,维护劳动者特别是农民工合法权益。”[②]“农民工”的称谓及其合法权益在国家正式文件的出现显示出这个群体开始获得了党和政府的高度重视和认可。

在“农民工”的称谓中,“农民”表明其户籍属性,专指他们属于农村人口;“工”是其在城市的工作身份,表明是非农从业者,合在一起“农民工”就是在城市从事着非农职业的农村户籍人口的一种特殊结合。[③] 这种结合折射出中国在从传统农业社会向现代工业社会发展过程中,农民转变为非农人口的特殊阶段。

关于“农民工”称谓,不少学者从不同的视角做出了解释和定义。陆学艺认为,农民工是指拥有农业户口、被雇用、主要从事非农劳动并获取经济收入的农村人口。农民工不仅包括外出务工的绝大部分农村流动人口,还包括在农村就地包揽、从事有偿的非农活动的农村人口。[④] 陆学艺关于农民工这个解释侧重的是户口、非农就业、有偿劳动三个要素:户口在农村,属于农民身份,就地或进城从事的是经商、务工等非农劳动,按劳取酬。王春光认为,应该从四个层面去认识和界定农民工:第一个层面是职业,第二个层面是制度身份,第三个层面是劳动关系,第四个层面是地域,即:农民工指的是被雇用去从事非农活动、属于农业户口的农村人口。[⑤] 陆学艺与王春光都强调了户口、非农就业和有偿劳动作为界定农民工群体的要素。《中国农民工问题研究总报告》起草组对农民工群体的界定包括户籍、土地、产业以及工资四个方面,提出:“农民工是指户籍身份还是农民、有承包土地但主要从事非农产业、以工资为主要收入来源的人员。”[⑥]

---

① 参见《国务院关于解决农民工问题的若干意见》,2008 年 3 月 28 日,中国政府网,http://www.gov.cn/zhuanti/2015-06/13/content_2878968.htm。

② 《中共中央关于构建社会主义和谐社会若干重大问题的决定》, 2006 年 10 月 11 日,中国政府网,http://www.gov.cn/govweb/gongbao/content/2006/content_453176.htm。

③ 参见贺汉魂、皮修平:《农民工概念的辩证思考》,《求实》2006 年第 5 期。

④ 参见陆学艺:《当代中国社会流动》,社会科学文献出版社 2004 年版,第 307～308 页。

⑤ 参见王春光:《农民工:一个正在崛起的新工人阶层》,《学习与探索》2005 年第 1 期。

⑥ 中国农民工问题研究总报告起草组:《中国农民工问题研究总报告》,《改革》2006 年第 5 期。

综上所述,虽然关于农民工的界定,因要素数量不同而不一样,共同的方面还是存在共识的:户籍是农村、非农就业、工资收入。城乡分治的二元体制是中国发展过程中的产物,由此产生的农民与市民的身份差异是制度性的,具有政治、经济、文化、社会各方面的标志和差异,所以“农民工”蕴含着“外地人”与“本地人”、“农民”与“市民”、“农民工”与“市民”的不同等,不但称谓上不同等,而且因为城乡户籍差异,同时意味着就业体制、劳动报酬、社会保障等各方面的不对等。

【农业转移人口】

随着中国城镇化和现代化的不断深入,一方面,“农民工”对推动国家和城市经济社会发展的贡献逐渐为社会各界认可,学界对农民工群体的关注、研究也推动了国家宏观政策的不断完善;但另一方面,农民工每年面临的春运、工资不能按时给付、候鸟式迁移、工伤,以及不能举家迁移产生的留守儿童、留守妇女和留守老人等问题,屡屡引起广泛的社会关注。但受到城乡二元既有制度、政策的限制和排斥,“农民工”群体仍未获得与城市居民相同的权益,相反屡遭歧视和排斥。消除不利于该群体的各种歧视性称谓和制度、政策安排,逐渐成为学界研究成果的共同指向,并逐步形成了广泛的社会共识,被认为是社会发展和进步的必然要求。

《中共中央关于制定国民经济和社会发展第十一个五年规划的建议》和“十一五”规划纲要中就多次明确提出“进城务工人员”这一新称谓。① 这些文件取消了“盲流”“打工”“农民”等字样,“进城务工人员”的称谓明显减少了排斥、歧视的内涵,使得农民工向城市居民转变更为接近,但“进城”二字仍含有城市本位和优势视角,暗含从农村向城市、从落后向先进等文化意味。2012 年,党的十八大报告开始用“农业转移人口”代替“农民工”称谓,反映了党中央对中国新型城镇化发展新趋势的深刻把握,充分体现了“以人为本,执政为民”的思想。

【新工人】【新市民】

“新产业工人阶层”,简称“新工人”,正式代替“农民工”称谓是从 2004 年中央“一号文件”开始的。“新工人”从农民工职业发展的角度进行界定,隐去了户籍等身份政治的限制,从职业方面对农民工群体指明未来发展方向。

---

① 参见汪勇:《“农民工”称谓的历史演变及其启示》,《社会学研究》2007 年第 11 期。

把“农民工”纳入工人阶层中去，从而消除了针对“农民工”的身份歧视，有利于社会稳定。

“新市民”是一些社会组织、NGO 对于外来务工者的称呼，为农民工群体的未来发展和走向提供提示，是农民工这个群体未来更具人文关怀、更少歧视的称呼。但是，“新市民”与“市民”的区别是什么，“新”在哪里，等等，“新市民”称谓没有明确的解释，显得含混不清。

2010 年中央一号文件《中共中央、国务院关于加大统筹城乡发展力度 进一步夯实农业农村发展基础的若干意见》首次使用了“新生代农民工”的提法。“新生代农民工”主要是指“80 后”“90 后”的农民工。2000 年以来，新生代农民工开始成为农民工群体的主力，与老一代农民工群体不同，新生代农民工主要涉及的是社会认同、城乡融合、城市融入等社会性问题，伴随这些新生代产生的新问题逐渐得到媒体、学界、社会的广泛关注。

进入 21 世纪以来，新型城镇化进程加快，客观上要求从工业城镇化、土地城镇化逐渐转向人口城镇化，实现以人为本的城镇化，迫切需要城乡二元户籍制度的改革。2001 年，《关于推进小城镇户籍管理制度改革的意见》从国家政策层面放开了小城镇的户口，开始了户籍制度的改革。2012 年初，《国务院办公厅关于积极稳妥推进户籍管理制度改革的通知》标志着户籍制度在大中小城市的松动，除少数特大城市外，大多数城市开始实行有条件落户。2014 年，户籍制度改革开始在全国推行，成为中央政府解决农业转移人口市民化、推动以人为本的新型城镇化的顶层设计和总体规划的具体举措。随着户籍制度改革的推进，户口类型统一登记为“居民户口”，逐渐取消了城乡户口差异。“农民”“工人”作为一个称谓，回归作为职业称谓的本源，身份政治及其等级逐渐消失。这是中国新型城镇化、现代化的必然选择。

综上所述，“农民工”的称谓从“盲流”，经过“打工妹”“打工仔”，到“农民工”“进城务工人员”“农业转移人口”，逐步演变为“新工人”“新市民”，反映了中国从城乡二元结构社会逐渐实现城乡融合的现代化、城镇化的进步。“农民工”称谓作为一个带有时代性、身份论的歧视性称呼，最终逐渐淡出中国舞台。

三、"农民工"研究路径

学界关于农民工的研究主要包括两个路径。

一是城市化和市民化方向。城市化和市民化方向的研究,认为农民工现象是中国从农业社会向工业化和城市化过渡过程中出现的社会现象,是农民转变为工人、市民过程中的一个过渡性的称谓和身份。农民工最终要成为城市居民,实现城市化。所以,这个方向的研究者普遍认为:解决农民工问题需要改革城乡二元户籍制度及其附带的相关政策,实现农村剩余劳动力转移,促进农民工的城市化、市民化等,最终使农民转变为工人等非农劳动者并成为城市居民。这是目前国内农民工研究的主导倾向,包括农民工身份认同、农民工城市融入等都属于这个研究路径。

城市化和市民化方向的研究是基于农民工城市化、市民化的研究目标,这个研究路径暗含了农民进城打工是为了变成市民进而实现城市化的预设,实际是建立在城市优于农村、城市化是必然的理论假设,容易忽略或掩盖农民工反向流动的事实,即农民工返乡养老、创业或就近务工的问题。事实上,无论是第一代农民工还是新生代农民工,实际存在返乡情况,第一代农民工在年龄偏大时退出城市劳动力市场,大多数都选择了返乡养老。随着国家乡村振兴战略的推进,乡村基础设施和公共服务的改善,以及互联网经济的发展,新生代农民工也开始返乡创业或就近发展。城市化、市民化研究的路径,是一条单向、线性研究的思路,过度强调了城市化的优势,忽略了农民工返乡的逆城市化现象,也忽略了中国地区和国情的具体状况,忽略了乡村振兴战略、西部大开发、"一带一路"倡议这样的发展战略影响下农民工发展多样选择的情况。

二是以潘毅、卢晖临为代表的劳工政治理论研究,其代表作包括《大工地——建筑业农民工的生存图景》《中国女工——新兴打工者主体的形成》等。潘毅等劳工政治理论将农民工纳入世界劳工的一部分,基于阶级的分析方法将农民工未来指向了无产阶级化。

从劳工政治研究方向看农民工,研究预设了农民工彻底脱离农村、成为产业工人的假设,这种研究的前提将农民工未来发展的方向唯一化和线性化,容易忽视农民工在进城务工后,随着年龄的增长,主动或被动返乡的最终选择;同时,这个路径将农民工研究劳工化了,阶级化了,忽视了中国作为社会主义国家的属性，忽略了中国具体国情下工会组织属性及其运行的特点。潘毅等关于中国建筑工人的研究，考察分析了分包劳动体制下建筑工人挣扎求生存的艰难，建筑工体现出一个新兴工人阶级艰难孕育的历程。[①]此种研究方向还认为：农民工作为一种阶级的外在条件早已成立，但这不代表他们从自在走到了自为，这需要一个相当漫长的历史过程。[②] 卢晖临等基于一个工人的口述以及在深圳和东莞的田野调查，探究了第二代农民工的自我认同、愤怒以及集体行动。[③] 他指出："沿着一条特殊的无产阶级化的道路，第二代农民工已经逐步意识到他们的阶级地位，并已经开始参与到一系列的集体行动中。"

综上所述，目前关于农民工的研究，少有针对制造业从业的新工人的劳动与日常生活这样具体实践经历的研究，来阐释农民工到新工人作为一个职业群体的形成过程，在"成为新工人"的过程中，农民工的主体性和能动性具体表现研究尚少，突出过程性和实践性研究，并且较少涉及这个群体自己对身份的认同与体验。本书在现有研究成果的基础上，通过新工人主体的叙事，研究这个群体劳动、日常生活等的实践与经历及其流动过程中呈现出共同的生命历程与差异化的身份认同，深入、具体阐释新工人在这些具体的日常实践中如何形成有差异的身份认同，为新生代农民工向新工人、新市民的转化提出符合中国具体国情的对策。

四、研究概述

本书的资料收集除了采用访谈法之外，将问卷调查作为辅助方法。问卷调查内容涉及对新工人的劳动、日常生活、身份认同等方面，涵盖山东、广东、江西、安徽、江苏、上海、湖北、宁夏等地。本书定量分析建立在1502份有效问卷的基础上。

---

① 参见潘毅、卢晖临、张慧鹏：《阶级的形成：建筑工地上的劳动控制与建筑工人的集体抗争》，《开放时代》2010年第5期。

② 参见潘毅、卢晖临、严海蓉、陈佩华、萧裕均、蔡禾：《农民工：未完成的无产阶级化》，《开放时代》2009年第6期。

③ 参见卢晖临、潘毅：《当代中国第二代农民工的身份认同、情感与集体行动》，《文化纵横》2014年第5期；闫晓庆：《农民工还是新工人——新生代农民工日常生活与社会变迁》，《青年探索》2015年第1期。

本书的主要内容包含以下几个方面。

绪论阐述了新工人研究的价值、意义和主要内容。新工人指的是新生代农民工中在制造业劳动的产业工人。本书认为,新工人作为中国工人阶级的重要组成部分,他们在城市打工和生活的个体体验,他们对自己社会身份的认同及对未来的期待所蕴含的社会含义,不仅影响他们融入城市的进程与速度,也关系国家城镇化的进程与速度。从执政党的角度看,工人阶级是中国共产党的阶级基础,新工人的发展关系执政党的执政根基。

第一章对基本概念进行了梳理,阐述了本书的研究方法。本书采用建构主义方法,建立在新工人访谈资料基础上,倾听新工人在城市的劳动和日常生活叙事,分析其如何建构自身关于农民与工人、农村人与城市人的身份。从微观层面入手,坚持主位的研究立场,进入新工人的日常生活世界,让他们自己站出来说话,成为叙事的实践主体。本书关注他们切身的日常生活体验和感受,把握农民工身份认同的表现、原因以及日常生活中的行动策略和实践逻辑,并考察认同背后的主体建构过程,将对身份认同外在的关注转移到对身份认同内在张力的分析上,从而尽可能真实地展现新工人认同的谱系和全景图式。

第二章采用个案研究方法,深入探讨新工人的流动轨迹、打工动机、对打工与工作的差异性叙事及其是否留在城市的选择。笔者认为,新工人的打工历程呈现出共性,对流水线上低技术、不自由的劳动普遍排斥,觉得没有意义和未来。“用脚投票”体现了新工人在缺少工会组织维权下的个人策略,新工人积极的公民意识开始上升。因为工厂劳动时间长、少技术、收入低、上升空间狭窄,新工人对“工人”作为职业缺乏普遍认同。

第三章分析了新工人的日常生活。新工人的日常生活主要包括日常消费、交往和休闲。笔者认为,新工人进城务工,是从熟人社会向陌生人社会的过渡,适应、融入城市呈现过程性特点,选择工作的差异,居住位置、时间等不同,都会影响新工人的日常生活的转换。整体来看,新工人融入城市不足:居住空间的隔离、高流动性、收入低消费高等特点凸显出他们作为农村人、外来人的双重劣势,进一步说明了户籍类型造成的城乡分割以及附着在其上的各种其他制度和结构性因素,深刻影响新工人在流入地的社会融入,导致他们难以合理分享更多的社会发展成果。

第四章运用新工人的叙事分析他们对自己身份的认同。新工人的身份认同是叠合认同:外地人身份认同清晰明确,具有首要性;性别认同确定明显;打工者身份认同具有共性;农村人、城市人认同不统一,分化较大。笔者认为,新工人在认同方面具有复杂性和差异性,不仅存在城乡认同差异,还存在新工人内部分化与差异。

第五章运用问卷调查方法对新工人的劳动、日常生活与身份认同的状况进行了整体性描述。关于新工人的身份定位和认同的调查显示,近一半被调查农民工认为自己不是城市人,明确认同自己是“城市人”的近两成,余下的三成多是“半个城市人”。调查显示,新工人认为,成为城市人的重要条件前三位是有房子、有城市户口和稳定工作,前两项合计七成多;不能成为城市人的主要原因前三项是没有房子、没有城市户口和工作不稳定,三项合计占 52.9%;正反两个数据结合起来不难发现,关系新工人是否成为城市人的重要条件具有一致性。

第六章对本书的主要结论和理论贡献进行了阐述。笔者认为,国家与农民的关系在新时代会发生改变,从工业城镇化、土地城镇化到人口城镇化,伴随中国户籍制度的改革,户口对新工人留在城市的障碍在降低,在涉及民生的社会政策上国家将更多向新工人倾斜,决定能否留在城市的主要因素是住房和工作。实现新工人的职业化并留在城市、融入城市、成为城市人的未来路径就是新生代的职业化和家庭友好型安居。从政府激励引导、企业发挥主体作用、社会全力支持等各方面,全方位提高制造业新工人的待遇和地位,让他们有尊严、有出路、有保障。同时,通过家庭友好型安居工程,包括公租房等,实现新工人在城市的安居和正常生活。

本书尝试在以下几个方面实现突破。

其一,从新工人的主体经验理解、阐释其社会认同。对于关注边缘群体境况的研究来讲,重视其经验是极其重要的。学界对于农民工、新工人的研究大多是科学的问卷调查基础上的实证分析,这符合研究者追求科学、严谨的治学要求。在这种研究中,新工人是被动的研究对象,实证研究中的数据掩盖了他们丰富的真实的实践,同时科学设计的问卷及其话语表达不一定符合农民工、新工人的话语与文化,收集的问卷调查结果也难以反映这个群体的真实状况,难以听到这个边缘群体真实的声音与诉求:他们为什么初中没毕业就外出务工?进工厂还是做服务员基于什么样的主体经验与认识?进什么工厂做什么工种的工作、劳动的主体体验是什么?为什么新工人一个个不停地换厂子,他们在逃避什么,他们想要什么？等等。这些新生代主体的经验在实证研究盛行的学界被遮蔽了。况且,对于新工人,填写研究者自认为科学的问卷也存在诸多问题。笔者调查过程中,经常有新生代和我说:“刘老师,这些问卷啥的调查不出什么,不如你跟我们聊聊,能聊出你想知道的。”问卷中涉及的“农民工”称谓就是新生代所反感的,涉及的专业术语或学术话语的表达,也是很多初中尚未毕业的新生代很难正确理解的。本书试图把新工人这个在中国被明显边缘化的群体的流动、打工、生活的故事记录下来,既因为这些故事本身是吸引人的,也因为它们可以对主流的历史叙事起重要的补正作用。本书主要关注新工人主体的流动经验和劳动、日常生活的叙事:他们对于流动过程中伴随的不同主体位置的增多会做出怎样的反应？主体位置的多样性是否给他们造成了深刻的问题？什么原因决定了他们占据主体位置的范围？新工人是主动塑造和改变主体位置的自主行动者吗？等等。本书的重点不仅是新工人有什么流动的经验,还在于追问什么样的经验历史塑造了他们。

其二,运用叙事研究法,突出新工人的叙事作为对象或文本的分析。叙事是通过新工人的叙述,新工人作为主体,在叙述中解释、融入或抵抗那些影响他们生活的制度及权力关系。本书认为认同更多是被叙述和表现的,新工人对自己身份的认同,通过理解和分析如何表述“我们”和“他们”,叙事的主要目的不是追求客观的本真的存在,而是理解新工人叙事赋予它一种意义,新工人为何会在初中毕业后外出务工,其动机与期待是什么？为什么会逃离流水线？为什么选择离开工厂而从事没有技术含量的服务业？对于自己“工人”的职业认同为何没有建立起来？等等。这些叙事可以帮助我们研究新工人的过去、现在,也可以将其过去、现在和未来建构成一个有意义的整体。本书通过对新工人劳动和日常消费、交往、休闲的叙事,进行整体性内容的比较和分析,可以很大程度上阐明社会话语与个人认同和经验之间的动态相互作用,揭示新工人在认同、经验和理解方面有意无意受到社会结构和主流话语影响的方式,揭示个体在相似的社会环境中所选择的不同路径,以及在特定的生活情境中获得的不同认同和采取的不同行动过程。

其三,将研究锁定于日常生活,突破主流研究的宏观叙事。日常生活作为与每个人的生存息息相关的领域,是一个人时时刻刻以某种方式从事的最基本的活动。因此,“日常生活具有本体论的地位,它是起点,又是终点,它完全可以被看成是一个看似简单却是最基本的细胞”①,由此将目光锁定于日常生活,研究新工人的身份认同,是可靠而且客观的研究策略。从学理的层面看,日常生活属于社会事实,关注日常生活的真实运行也是最可靠的。② 在关于群体生活方式的研究分析中,通过分析新工人这个群体在不同生活空间下日常劳动、交往、消费、休闲的行为体现,可以探索新工人的社会身份是如何在劳动与日常生活的经历中形成的,社会结构对其身份的塑造有怎样的影响,以及新工人个体在城市劳动、生活中反映出了怎样的心理调解机制,城市的劳动、生活方式如何影响新工人群体社会阶层的塑造与形成,是否使得他们在自我身份的认同过程中产生冲突与矛盾,是否造成了他们在城市生活中社会身份的模糊与缺失。

其四,通过新工人的劳动与日常生活的研究,探索新时代国家与农民的关系在农民工群体的具体表现。新时代中国逐渐从工业城镇化、土地城镇化到人口城镇化,农民从外出务工到候鸟式迁移,最终将在城镇落户生活。深度访谈结合问卷调查,对新工人的劳动、日常生活、身份认同状况形成整体的判断,问卷调查与叙事研究互补,将质性研究与量化分析结合起来,形成对新工人基本状况的判断。中国城镇化率已经超过 60%,未来城镇化主要涉及群体包括新工人,形成对新工人群体全面真实的状况描述,可以为国家推动新型城镇化和现代制造业强国的发展提供支持。

---

① 刘英利:《回归日常生活世界——论 90 年代小说的日常生活叙事》,山东师范大学硕士学位论文,2004 年,第 1 页。

② 参见刘霞:《隐藏与沉默的身份转型——女性农民工的日常生活叙事》,《山东女子学院学报》2013 年第 4 期。

第一章　基本概念和研究方法

一、劳动

劳动是人类生存和发展的物质基础。所谓劳动，就是人们为达到一定目的而有意识地运用自身的体力和智力去改造自然和社会的实践活动。劳动就本质而言，“首先是人和自然之间的过程，是人以自身的活动来中介、调整和控制人和自然之间的物质变换的过程”[①]。也就是说，作为一种对象性的活动，劳动首先表现为人与自然之间的物质变换过程，是作为主体的人在一定目的支配下通过对象性活动实现对物质世界的能动改造和探索；另外，人们在改造和探索物质世界的过程中不仅要同自然界发生联系，人们彼此之间还必须以一定的方式结合起来共同活动，从而形成了一定的社会联系和社会关系。人们只有在这些社会联系和社会关系的范围内，才能开展丰富的社会物质生活和精神生活。因此，劳动不但是表示人与自然之间物质变换的活动，而且是一种反映人与人之间社会化的活动。

马克思主义认为，作为人的生命存在的基本活动，劳动不但创造了人类世界，是人类世界得以存在的前提和基础，而且创造了人本身，是人类生活的第一个基本条件。[②] 科学技术的突飞猛进增强了人类支配自然界的力量，人类通过劳动实现对自然的支配，劳动是“人同其他动物的最终的本质的差别”[③]。人类劳动具有二重性：它既是人类为了自身生存而进行的谋生活动，

---

① 马克思：《资本论》第1卷，人民出版社2004年版，第207～208页。

② 参见付海莲、邱耕田：《如何以劳动创造美好生活》，《上海师范大学学报》（哲学社会科学版）2021年第2期。

③ 《马克思恩格斯选集》第3卷，人民出版社2012年版，第998页。

也是使人在劳动中实现自由与解放的活动[①]，即劳动的生存性与自由性、超越性[②]。

新工人的劳动是怎样的？劳动的环境与体验是什么？劳动是生存性的吗？有自由性和超越性吗？新工人认同自己的劳动吗？新工人开始逃离流水线而流向城市服务业，是经济理性还是追求自由？劳动与工作是否一样？等等。关于新工人劳动的这些内容都是本书将探讨的。

二、日常生活

日常生活是我们最熟悉的领域。日常生活因为具有琐碎、自发自在且每日重复的特征，常被认为是非本质的现象，往往被人们习以为常而忽视，也一直被学界所忽略。

关于日常生活研究的学术转向是从自现象学创始人胡塞尔开始的。胡塞尔提出要关注并研究生活世界，这之后，西方一批学者如维特根斯坦、列斐伏尔、赫勒等理论家开始深入日常生活的理论研究。社会学研究在 20 世纪也开始从关注宏大的社会主题，转而开始关注日常生活。

作为西方马克思主义日常生活批判理论的领军人物，列斐伏尔认为"日常生活是生计、衣服、家具、家人、住所、邻居、环境"[③]，是我们身边的重复性的、数量化的具体物质生活过程，也可以说，日常生活是指除去生产活动之外的其他活动及其结成的社会关系。阿格妮丝·赫勒在《日常生活》一书中提出：日常生活具有重复性、自在性，具有经验性和实用性，并从多方面分析了日常生活的基本结构和一般图式的特征。[④]

社会学研究中关于日常生活的探索，主要是从大众共同的日常生活实践中去考察社会关系、社会结构以及社会发展等问题，研究对象是大众日常生活经验，主要研究方法是民族志。

---

① 参见尤西林：《阐释并守护世界意义的人——人文知识分子的起源及其使命》，华东师范大学出版社 2017 年版，第 61 页。

② 参见尤西林：《阐释并守护世界意义的人——人文知识分子的起源及其使命》，华东师范大学出版社 2017 年版，第 78～79 页。

③ 王晓磊：《社会空间论》，华中科技大学博士学位论文，2010 年，第 113 页。

④ 参见[匈]阿格妮丝·赫勒：《日常生活》，衣俊卿译，重庆出版社 1990 年版，第 3 页；杨建华：《"我们的价值观"的日常生活建构》，《观察与思考》2012 年第 7 期。

笔者认为,所谓日常生活,就是旨在维持个体生存和再生产的各种活动的总称,是除生产活动之外的总称。[①] 本书将日常生活分成三个基本层次。

一是日常消费活动。日常消费包括衣食住行等以个体的生命延续为宗旨的日常生活资料的获得与消费活动,是日常生活世界最基本的层面。[②]

二是日常交往活动。日常交往是以日常语言为媒介,以血缘关系和情感为基础的日常交往活动。日常交往是主要的日常社会活动,反映了人与人之间的社会关系和社会结构。[③]

三是日常休闲活动。日常休闲是相对于工作而言的,指的是人们从劳动状态与负有责任的其他活动中分离出来,在非劳动及非工作时间内以各种方式求得身心的调节与放松,达到生命保健、体能恢复、身心愉悦的目的的一种业余生活。[④]

日常生活以其直接性、真切性,从本源的层面,为个体形成关于这个世界的实在感、真切感提供了初始的根据。本书通过对新工人的日常生活的调查研究,探索新工人如何在日常消费、交往、休闲的实践中,感知、确认自己的身份,将自己归类、生成了"打工的"这种身份,隐秘而真实的日常生活实践塑造了新工人怎样的身份认知与认同;作为农村人与城市人,在日常生活中的差异有哪些;新工人的日常生活是否已经摆脱了传统农村生活的模式;在城市、在市场经济下,新工人的日常生活在多大程度上开始走向现代性。

三、身份认同

在社会学领域,关于身份认同的研究形成了两种有意义的分析范式:一种是本体论,另一种是建构论。本体论者认为身份认同对于社会成员来讲,是其拥有共同的信仰、价值精神以及行动取向的集中体现,身份认同的生成往往要经历社会归类、社会比较和积极区别三个阶段的心理历程。[⑤] 建构论

---

① 参见杨建华:《日常生活:中国村落研究的一个新视角》,《浙江学刊》2002 年第 4 期。

② 参见杨建华:《日常生活:中国村落研究的一个新视角》,《浙江学刊》2002 年第 4 期。

③ 参见杨建华:《日常生活:中国村落研究的一个新视角》,《浙江学刊》2002 年第 4 期。

④ 参见曹健:《苏州休闲游憩地的类型与布局研究》,《苏州教育学院学报》2010 年第 1 期。

⑤ 参见杨金龙、王桂玲:《"农转非"之后的身份认同分化及其逻辑》,《吉林大学社会科学学报》2020 年第 5 期。

更强调身份是一种建构的过程[①]，身份的建构既依赖于主体对自我身份的主观认同，也离不开客观的社会性建构，因此具有主观与客观双重属性[②]。

沿着建构主义分析逻辑，本书认为，身份认同是人际互动或群体互动的产物。[③] 所以，本书中身份认同指个人对自我身份和隶属某一社会群体的认知、建构和分类的过程，体现了对所归属群体的认可程度与接受态度。身份认同具有社会建构性和过程性，属于社会认同。

王春光《新生代农村流动人口的社会认同与城乡融合的关系》一文开启了国内学者关于国内移民社会认同的研究，他将社会认同定义为"对自我特性的一致性认可、对周围社会的信任和归属、对有关权威和权力的遵从等"，并试图从社会时空和社会记忆的视角来分析社会认同的建构、解构、重构和变化过程。[④] 王春光还发现，新生代在对农民群体认同的比例上比第一代少一成左右。

杨宜音认为：中国新市民身份认同的二元模糊危机表现为身份的多元化——两个或多个身份，是新市民自身无法确定也难以取舍而产生的一种状态，这种身份认同的危机具有模糊性和过渡性的特点，带来的危害是"认同盲区"与安全感的丧失，导致新市民心理的落魄与行为的失序，进而影响社会稳定。[⑤] 郭星华在《漂泊与寻根：流动人口的社会认同研究》一书中提出了农民工认同二维性概念，认为认同二维性是一种中间状态，是农民工认同转换的一个阶段。[⑥]

本书对新工人的身份认同，在已有研究成果的基础上，基于建构主义的研究思路，通过新工人劳动和日常生活的叙事，倾听他们在具体劳动实践和日常生活中对身份的界定与认同，突出其主体性和其对自己身份建构的过

---

① 参见钱超英：《身份概念与身份意识》，《深圳大学学报》（人文社会科学版）2000 年第 2 期。

② 参见赵晔琴：《身份建构逻辑与群体性差异的表征——基于巴黎东北新移民的实证调查》，《社会学研究》2013 年第 6 期。

③ 参见杨金龙、王桂玲：《"农转非"之后的身份认同分化及其逻辑》，《吉林大学社会科学学报》2020 年第 5 期。

④ 参见王春光：《新生代农村流动人口的社会认同与城乡融合的关系》，《社会学研究》2001 年第 3 期。

⑤ 参见杨宜音：《新生代农民工过渡性身份认同及其特征分析》，《云南师范大学学报》（哲学社会科学版）2013 年第 5 期。

⑥ 参见郭星华等：《漂泊与寻根：流动人口的社会认同研究》，中国人民大学出版社 2011 年版，"导言"，第 10～11 页。

程性、实践性,以及对自己所属群体的认知与认同状况。新工人如何界定“我们”是谁?“我”与谁是一样的?“打工的”我们是怎样成为一个共同人群的,共同经历了什么?新工人对“农民工”称谓的排斥,对城市人身份的含混不清,说明了什么问题?在城市生活时间长了,就能产生“城市人”的认同吗?等等,都是本书探索的内容。

四、研究方法与研究对象基本情况介绍

本书采用建构主义方法,通过新工人在城市的劳动和日常生活,分析其叙事如何建构自身关于农民与工人、农村人与城市人的身份。在对国内外新生代农民工、身份认同、日常生活等文献资料进行检索、梳理的前提下,运用社会学、心理学等理论知识,在对新工人的深度访谈、实地考察、问卷调查所获得的真实、充分的第一手材料的基础上,以质性研究为主,辅之以定量分析,对新工人的劳动、日常生活、身份认同的基本状况和特点进行客观描述,形成对新生代目前身份认同的理论探索。

本书主要采用访谈、实地考察、问卷调查的方法来收集第一手材料,具体来说,主要的研究方法有以下几种:文献法、访谈法、问卷调查法、实地考察。下面就研究方法与具体开展步骤进行详细的阐述。

(一)文献法

本书对国内外关于劳动、日常生活、身份认同、农民工研究等相关学术研究进行了系统梳理,对农民工研究的学术史进行了文献梳理,同时关注相关政策、文件以及媒体的有关报道。

本书通过文献综述分析了目前有关农民工研究,尤其是对新生代农民工研究的主要路径、研究方法和基本观点进行了梳理,阐述了目前研究存在的不足;同时分析了上述概念的沿革过程,并界定了本书中劳动、日常生活、身份认同的具体内涵。

(二)访谈法

访谈是质性研究的一种直接的、一对一的访问形式,是通过谈话收集资料的一种方式。笔者最初是通过工友社会组织接触新工人群体,在参与机构活动的过程中,慢慢熟悉工友,开始进行正式访谈。笔者分别在青岛市城阳区,菏泽市巨野县,广州市番禺区、中山市,枣庄市山亭区,上海市浦东区,淄博市淄川区,临沂市兰山区等城市、城镇和农村进行了访谈,采取开放式

访谈与半结构式访谈相结合的方式。笔者进行个案访谈时，一般会提前邀约被访谈工友，告知保密原则，取得工友同意后，通过录音记录访谈过程与内容。在农村进行访谈时，一般采用开放式访谈，访谈地点根据访谈对象的实际，选择家中、工厂、田间等地。笔者在访谈对象的选择上充分考虑了其年龄、性别、婚姻状态、户籍地、省份、工作种类等要素，尽可能做到访谈的饱和程度。四五年时间的访谈调查，主要做了新工人及其家属、企业管理者、农民、社会服务机构工作人员等对象的深度访谈，对每位访谈对象的时间一般控制在 90 分钟左右，重要的个案进行了次数更多的访谈。从 2011 年 12 月到 2017 年前后，共访谈 65 人。

除了进行个案访谈，笔者还通过参加工友论坛等活动的机会，进行小组访谈，对工友群体的状况有更深的了解。

在访谈基础上，笔者将访谈录音、笔记整理成文字，对访谈文本进行整体性的内容分析。本书内容主要建立在整体性内容分析的基础上。笔者对新工人个体的流动过程和生活史进行了重点访谈，通过流动经历与生活史的记录，发现新工人群体共同的经历与人生历程，还有他们所处的共同的社会环境与结构，从中探索新工人群体的劳动、日常生活、身份认同等的特点。下面对具体访谈步骤和过程做一说明。

2011 年 12 月，笔者在青岛市城阳区流亭工业园的新市民家园开始第一次访谈，前后持续 5 年左右时间。

1.新市民家园

新市民家园是专门为外来务工者服务并提供文娱、就业等服务和法律援助的社会组织，性质属于 NGO，其前身是专为外来务工者提供维权法律咨询和服务的“小陈热线”，即“青岛小陈打工法律免费咨询热线”。该热线创办于 2000 年 11 月 23 日，创办人和主持人是来自陕西省旬阳县的打工青年陈法正。陈法正于 1999 年通过自学获得了山东大学法律专科毕业证书。他在打工过程中发现很多涉及打工者维权事件，于是本着为打工者提供帮助的初衷创办了热线。2005 年 3 月，“小陈热线”在青岛市李沧区成立，主要是解答外来务工者在打工过程中遇到的各种纠纷和法律问题，热线成立后受到了在青打工者的热情支持，打电话咨询问题的人数也越来越多。慢慢地，一部热线电话已经无法满足打工者的需要，2006 年，在原来“小陈热线”的基础上成立了市南区新市民之家。新市民之家的服务范围更大，包括法律咨询、法律课堂、文化娱乐、图书借阅和生殖健康等,旨在借助这样一个服务机构帮助在青岛打工的新市民熟悉城市生活、融入城市生活、享受城市生活。青岛市城阳区是出口贸易加工的聚集地,企业多,外来务工的打工者多。为适应形势,2007 年 5 月在城阳区流亭工业园内,成立了城阳区的新市民家园(下文简称"家园"),为打工者提供维权、娱乐、学习和信息中介,属于公益性社会服务机构。2013 年,根据实际需要,新市民家园在上马工业园又设立了上马新市民家园,服务内容与流亭工业园的"家园"基本一致。

笔者在"家园"的访谈前后持续了 5 年多时间,因为流亭工业园区的工友们(新工人内部称"工友","家园"工作人员一般也使用"工友"这个称谓)所在企业普遍实行 6 天工作制,即一周工作 6 天,只有周日休息,平时上班时间一般在 10~11 个小时,包括上午、下午和晚上,晚上属于加班。所以周日到"家园"的工友的人数最多,根据这种情况,笔者一般在周日去"家园"进行访谈,访谈前先与"家园"的工作人员联系,经"家园"工作人员介绍并预约被访对象,这些被访对象是经常到"家园"来参与活动的,部分受访对象是"家园"发展的骨干成员。在长期考察与访谈中,笔者也参与"家园"的法律培训、工友论坛、消夏晚会、维权讨论、志愿者活动、外出郊游等,并受邀去工友的出租房做客。在"家园",笔者共访谈近 40 人,其中重点访谈对象访谈不止一次,而且跟踪访谈数年,保持着通信和网络联系。笔者见证了不少被访谈工友入职、恋爱、结婚、生育、跳槽、返乡、再进城务工等重要事件,从长时段访谈中较深入地了解新工人的流动史和生活史。

访谈过程中,笔者一般从开放式访谈开始,了解被访谈对象的基本经历和信息,建立起信任关系;第二次则进行半结构访谈。访谈之前,与被访谈对象预约时间、地点,向被访谈对象提出保密约定和协商访谈录音。因为"家园"已经建立起在工友间的良好声誉,成为工业园区工友们信赖的机构,也因为笔者长期参与"家园"活动,建立起与工友们的信任关系,笔者访谈中大多获得被访谈者的同意,进行了录音,保持了访谈资料的完整性,为后期研究奠定了良好的基础。持续 5 年多的访谈,笔者充分考虑了被访谈对象的性别、年龄、地域、工种、婚姻状况等的差异,以期达到访谈的饱和;同时,也试图通过这样各方面的差异对比发现新工人在流动、打工过程中的差异性和不同叙事。

2.菏泽市巨野县 Z 村

2012 年春节前,笔者作为学校"三农"学会的指导老师,跟随山东省菏泽市巨野县的学会小组在Z村进行了为期一周的实地考察和访谈。笔者重点访谈了4位新工人,采用的是开放式访谈。

巨野县位于山东省西南部的菏泽市,属于山东省比较落后的地区。当地农民主要种植小麦、玉米、花生等传统农作物,并且已经实现了机械化,所以农业生产不需要太多劳动力,普通农民家庭里的青壮年男女大多数外出务工,务工收入是家庭经济收入的主要来源。老人、孩子、妇女是留守在农村的主要人群,是比较典型的"386199"留守型或空巢型农村。

近年来留守妇女主要是在本地的木板加工厂干活。笔者之所以用"干活"一词,是因为访谈过程中,当地人都把在厂子里的劳动称为"干活"。"干活"不是上班,也不叫"工作",而是当地农民对自己从事种地之外的能带来货币收入活动的说法。在农民的认识里,"上班""工作"都是城里人专有的表达,一般暗含着有知识水平的人从事的劳动。农民认为自己一不是城里人,城里人上下班都有"准点儿";二不是有文化的人,文化水平低,上学少,所以"干活"虽然能挣钱,但挣的是自己"下苦力"的钱,不是靠知识挣钱;三是"干活"是相对灵活的,有活就干,没活不干,不稳定,也不是长期的,往往根据自己的体力、时间、就近可能找到的活计等情况来安排。"干活"的语言表达其实反映了普通农民对于自己身份的朴素认知:农民就是农民,不仅因为自己种地,住在农村,还与自己文化水平和挣钱方式联系在一起。但是,农民对外出打工就说是"打工",不说是"干活",体现出他们对于"打工"与"干活"的差异叙事。这种差异性叙事主要因为:"打工"是离开农村进入城市的挣钱行为,离开家乡、家人,外出进城挣钱;"打工"都是进大厂子、大公司、大企业劳动,"大"不只是对"打工"所在经济组织的规模的描述和认识,还包含规范性、严格管理的意思,严格的上下班时间、严格的操作规范等,就是"受人管"。

"抓钱"是笔者访谈过程中听得最多的一个词。"抓钱"是挣钱,因为家里事事都需要钱,对于家庭生活的迫切需要来说,男人打工是最主要的"抓钱"来路。为了多抓钱,家里一般不耽误男人的时间,外出打工的男人会在农忙时短暂回家帮忙,现在种地机械化后,男人们农忙回家也少了,所以大部分留守妇女说,男人们一般在年中、年末各回家一次,往返的车费很贵,回家一趟还得给老人、孩子"备上礼",花费太大,所以"能省就省",一切安排"都是为了家"。"一切为了家"是笔者在Z村访谈中听到的妇女、老人说得最多的话,家庭既是打工者外出的起点,是为了挣钱让家里生活好一点,是为了孩子上学费用,是为了孩子结婚盖房攒钱,等等,这是外出打工的动力,也是家庭责任;同时,家庭也是打工者在外劳动的情感支撑,是坚强的后盾。从留守在家里的妇女和老人口里获得的打工叙事,是基于家庭本位的外出挣钱,无关个人发展,“都是为了这个家”。

笔者在Z村考察了4个规模不一的木板加工厂:家庭作坊式的建材预制板厂,一般是10人以内的规模,妇女、老年男性是主力,老年男性主要做刨树皮的体力活,妇女在机器上顺树皮、压平树皮,还有一部分晾晒木板。家庭作坊式的预制板厂没有厂房,一般在自家院内干活,机器的活有的在农田里,就近将压平的模板晾晒。中等规模的木板加工厂干活的人数在20人左右,主力也是妇女。这类板厂有固定的厂房,厂区面积在400～500平方米,机械化程度更高,除了家庭作坊式的模板厂的活,还有将晒干的模板用胶粘压的活。笔者考察的规模最大的一家木板加工公司,人数在50人左右,主力是妇女,但需要体力较大和技术较难的环节是中年男性在干活。厂区面积在800平方米,分工更细,有自己的锅炉房,车间在600平方米左右。但即使这样宽敞的车间,粘胶这道工序污染严重,车间里没有风扇,妇女们干活的时候也没有戴口罩等劳保护品。为了能“抓钱”快,干活的村民不惜牺牲自己的健康。笔者考察的木板厂加工车间,粘胶环节是污染最严重的。即使厂房是半敞篷式的,一进车间,扑鼻而来的呛人气味还是令人难以忍受,从头到尾走完车间不过10分钟,眼睛就开始流泪,嗓子难受。但是因为这个环节“抓钱”最快、最多,妇女们还是忍着浓烈的气味和污染干活。笔者在村里的一周时间,重点访谈了外出务工的4个新工人,还有家里有外出务工人员的数位家属。4位新工人是因为本家人结婚请假回家的,4位新工人中有2位男性,2位女性。

3.上马街道的企业

2012年7月,笔者实地考察了青岛市城阳区上马街道外来务工人员聚集的企业。笔者分别考察了4个企业。

第一个考察的是服装加工点,其所有人是一位从事过服装加工的妇女,在自己家里设的加工点,共有外来的10余名妇女在加工服装。加工点有20平方米左右,几台缝纫机放在中间,除了留出一人能走的过道外,没有多余的空间。加工点采光不好,白天也亮着灯。缝纫机上堆满了布料和加工的衣服。干活的妇女们没有统一的工装，戴着各自的帽子，没有口罩等劳动保护品，房间只有一个小窗户、一个门，未见其他通风口。笔者访谈了加工点的老板，时间约30分钟。

第二个考察的是韩资服装企业，员工200余名，办公场所、厂房、职工宿舍分隔。厂房面积在1000平方米以上，高10米以上，作业区分工明显，缝纫、包装等环节主要是女工，熨烫、裁剪环节主要是男工，机械化程度高。车间内有饮水区，排风设施健全。宿舍区在车间西面，是三层楼房。笔者访谈了车间的负责人，访谈时间约50分钟。

第三个考察的是韩资机械加工企业，员工200余名，主要是新生代打工者。企业生产精密仪器，笔者考察时员工正在休息室，上午劳动间隙有10分钟休息时间；正值夏天，虽然车间里有巨大的排风扇，但车间温度仍然很高，闷热难耐。人事部门负责人带领我们参观了宿舍区，宿舍区在企业的西北角，是座二层楼房。人事部门负责人介绍，现在每个宿舍只安排4～6人，多了，这些年轻人不愿意。宿舍里提供简易衣橱、电视等，我们参观时，正好有3个女工在宿舍。宿舍有点像大学生宿舍，面积在20平方米左右，一人一个单人床，每个床上挂着围帘，餐桌上放满了杯子、饭盒等生活用品，桌子旁是暖水瓶、脸盆等。人事部门负责人在我们考察的全程都在抱怨现在的年轻工人不好管理，老板不好干，工人们稍微被批评一下就不行了，说不定第二天就找不到人了。现在招工很难，青年人找工作，先问几人一个宿舍，有没有网络，是否双休，等等。很多女工与当地人结婚留在了上马街道附近的村里。笔者对人事部门负责人访谈时间约50分钟。

第四个考察的是日资阀门制造企业，员工150人左右，外地人较多。部分工作车间噪声超大，近距离讲话都很难听清楚，部分分工需要体力较多，机械化程度较高，企业员工以男工为主。车间内卫生很好，地面干净，窗户明亮，工作台干净有序，每个车间、工位都贴有值日、职责表。笔者对车间负责人的访谈时间约40分钟。

在4个企业的考察中，笔者重点访谈的是企业的中层管理者，包括人事部门负责人，了解企业中新工人的情况，考察了企业的车间、职工宿舍等。

4.广州番禺区与中山市工友机构

2012年11～12月，笔者到广州市番禺区旧水坑的女工服务NGO机构、中山市的新工人NGO机构分别进行了考察。笔者重点访谈了直接服务工友的机构工作人员,他们之中除一位是大学毕业生,其余 5 位之前均为普通打工者。5 位中的两位是因为打工中出现工伤,机构帮其维权成功后,转而开始服务工友,成为正式工作人员。在旧水坑,笔者考察了打工者聚居的中心区,并有幸进入工友的出租房进行考察。在女工服务机构,笔者参与了周末活动,与工友们聚餐并进行了深度访谈。在中山市的新工人服务机构,笔者经工作人员介绍,访谈了数位云南籍工友,他们都在家具加工企业打工。在番禺区和中山市,笔者共访谈了 11 位工友。

5.新市民生活馆

2013 年 9 月,经人介绍,笔者考察了位于上海市浦东新区 S 镇的新市民生活馆。新市民生活馆主要服务对象是聚居在 S 镇的外来务工人员,他们主要来自安徽省。笔者与几位在生活馆的安徽籍务工妇女进行了访谈,她们当时因为需要照顾小孩没有务工。访谈时间约 2 个小时。

6.P 村工友之家

2013 年 11 月,笔者实地考察了位于北京市 P 村的工友之家,参观了打工文化艺术博物馆和 P 村打工者艺术团录制打工者春节联欢晚会的会场、电影放映室、同心互惠商店、工友之家图书馆等。笔者对在机构工作的女大学生进行了访谈。

7.枣庄市山亭区七里河镇

2014 年 8 月,笔者带领暑期社会实践小队在山东省枣庄市山亭区七里河镇 X 村、Z 村等地进行了为期 4 天的考察。X 村、Z 村地处鲁南丘陵地带,以种植业为主,除了种植玉米、少量的小麦之外,还栽种花椒、板栗等经济树种。X 村、Z 村是比较典型的留守型农村,正值花椒采摘季节,村里男性大多外出务工,妇女们白天都上山采摘花椒了,笔者主要访谈了村委会主任、村小学教师,通过他们了解外出务工者的留守孩子的情况。笔者访谈的是三位接近退休年龄的男性教师,因为农村小学条件差,没有年轻教师来任教,即将退休的老教师们也很无奈,英语、体育、音乐这种课程,他们都无力教授,孩子们只能学习语文、数学这两门主课。基层政府也给学校配置了多媒体教学设备,但是老教师们不会使用,再说自己快退休了,也没有学习新技术的动力。电脑等设备都闲置在教室了。留守在家的孩子大多跟着爷爷奶奶生活,爷爷奶奶对于孩子谈不上教育,就是看护,别有人身方面的危险。他们根本无法完成关于学业的教育,孩子一闹就知道给钱买零食和玩具。

对村小学老师的访谈时间约2小时。

笔者另外走访了村里一位50岁左右的男教师，他在村小学任教已经近30年。说起小学教育，目前小学教师主要面临的是留守儿童的问题，一半以上的孩子父母一方或双方在外打工，孩子跟着爷爷奶奶的多。孩子白天在学校还能顺利完成课堂教学的任务，放学回家和假期就不能保证了。学校老师老龄化严重，受限于观念、精力等，也无暇照顾留守儿童。除此之外，在零食安全上小学老师也提出了问题。爷爷奶奶为了不惹孩子哭闹，给零花钱买零食是应对的主要方式，由此带来的不仅是零食质量差影响孩子健康成长，对于塑造孩子健康观念、人格等方面也相当不利，通过哭闹马上就能获得满足，不利于孩子的健康成长。学校老师还反映，近几年，在校孩子外出务工父母一方出轨或组建临时的夫妻关系，导致离婚家庭增加，男孩一般留在爸爸一边，女孩一般跟随妈妈离开本村。也有外出务工的妈妈离婚后不愿意要孩子的情况。

留守儿童和老人是外出务工者的主要牵挂，作为母亲的女工，有更多的不舍和无奈。笔者访谈的新生代女工在访谈中不止一次地提到对留在老家孩子的歉疚。老家不仅有留守的父母，还有年幼的孩子，这些既是在外务工的女工们的奋斗动力和情感归属，也成为她们在城乡辗转和流动的牵绊。

除此之外，寒假、暑假，笔者在淄博市淄川区L纺织有限公司对外来务工的新工人进行深度访谈，对临沂市某化工公司的外来务工工友进行了访谈，两地访谈女工共20余名。

在历时5年多的时间里，笔者通过朋友、同学、同事等介绍，对新工人的打工企业、企业管理者、打工者、打工者的出租房、打工者服务机构及其工作人员、打工者老家等进行了全面的考察和访谈，许多受访者与笔者保持了长期的联系。这些为全面了解新生代打工者的日常生活和身份认同积累了丰富的第一手资料，在这个过程中笔者也深受启发和感动。5年左右时间共访谈65位对象，几十小时的访谈录音和上百万字的文字材料。被访谈者的基本信息参见本书附录。

（三）问卷调查法

问卷调查在本书中作为辅助方法。本书问卷调查涉及对新工人的劳动、日常生活、身份认同等方面。调查问卷参考、借鉴了郭星华等《漂泊与寻根:流动人口的社会认同研究》中的问卷。[①] 调查问卷包括三部分:一是新工人的基本信息和家庭背景,A1～12;二是关于身份认同,B1～50;三是关于个人工作和日常生活,C1～20。2012年1～6月,笔者组织了省内问卷的调查,主要调查地点是外来务工人员集中的工厂。为保证问卷的有效性,省内农民工集中的工厂问卷调查采取了集中发放、集中回收的方式,借助工厂晨会的机会,集中发放问卷并答完立即回收。省外问卷调查在2012年7～9月,利用暑假时间,外省学生就近进行一对一新工人问卷调查。放假前课题组对参与调查的大学生进行了培训,每位大学生负责10～15份问卷调查。外省调查涉及广东、江西、安徽、江苏、上海、湖北、重庆、宁夏等10余地。课题组共发放问卷1800份,最终获得有效问卷1502份,有效率83.4%。

通过问卷调查,获得新工人的劳动、日常生活和社会认同的基本状况,与深度访谈形成互补,能够尽可能反映新工人劳动、日常生活和社会认同的整体状况。

(四)实地考察法

实地考察法就是研究者深入所研究对象的生活背景,在具体地点,考察研究对象日常社会生活的过程中所进行的观察。笔者用5年多的时间分别在新市民家园、山东省菏泽市巨野县Z村、青岛市城阳区上马街道的企业、广州市番禺旧水坑的NGO机构、中山市的NGO机构、上海新市民生活馆等地,通过实地考察,了解新生代打工者的工作环境、居住环境、老家农村的社会状态等。

1.新市民家园

新市民家园是笔者实地考察并参与观察新生代农民工最早也是最多的地方,在“家园”的访谈前后持续了5年多时间,共访谈工友40余人。

“家园”在青岛市城阳区流亭工业园最初的工作地点是6间待拆迁的平房,平房坐北朝南,面积在150平方米左右,东面拐角接了一间小厨房。“家园”门朝西,面向主街,门口宣传栏里张贴着“家园”最近的活动计划。宣传栏附近墙面上排列着大学和各种机构将其作为实习基地的牌子。

2011年12月,笔者与基层妇联一起前往“家园”调查。当时的工作人员

---

① 参见郭星华等:《漂泊与寻根:流动人口的社会认同研究》,中国人民大学出版社2011年版,第241～260页。

有 6 个，分别是 3 个男工友、2 个女工友、1 个社会工作专业的本科毕业生。6 人分工不同，主要负责人是 YYL，原来在工业园上班，后来加入“家园”。“家园”6 间平房中，靠西头的一间是独立工作室，面积在 15 平方米左右，是工作人员的办公地点，有电脑、桌椅、档案柜。最东头一间分隔成两半：一半是志愿者临时宿舍，有上下单人床；一半是卫生间。“家园”中间 4 间房没有隔断，用书架分隔成两部分：一部分是阅览室兼培训室；一部分是文娱空间，还有象棋、乒乓球等。阅览室有报纸、杂志、图书，报纸以青岛当地报纸为主，杂志是“家园”自己印刷的。图书总量在 1000 册左右，是城阳区图书馆等单位捐赠的，出版时间较早，按内容的门类分为儿童类、文学类、创业类等。书架并排放了三列。阅览室中间有一张方形大桌，周边一圈椅子，很多人喜欢坐下来读读最近的报纸，翻看图书的较少。受空间的限制，“家园”的活动室都是兼容性的，同时发挥好几个功能。6 间平房地面均是水泥地。“家园”安装了 2 台空调，一台是工作人员办公间的壁挂空调，另一台是在阅览室的立式空调。工友借阅图书较少，原因是“太陈旧”。报刊架的报纸翻阅得较多。“家园”的桌椅多是城阳区各单位捐赠的，音箱、相机等设备是城阳区团委配置的。

“家园”的空间布置与设施状况是工友们能接受的，没有过于寒酸，也不至“高大上”让工友们望而却步。工友们喜欢“家园”，既是工作人员的热情服务吸引来的，也是“家园”环境的朴实亲民，对工友提供无偿服务，是“家园”的一贯原则。“家园”的经费来源主要包括基金会的支持，地方政府购买服务获得的经费，基层工会、妇联、团委给予的临时活动经费支持，创办人陈法正部分个人讲座收入等。

“家园”每周活动的安排如下：

周一，电影放送。

周二，全天休息。

周三，文娱 K 歌。

周四，宣传“家园”。

周五，工友论坛。

周六，工人教育。

周日，综合，15:00 为驻地做好事。

除此之外，“我们是朋友”“我们在一起”也是“家园”工友参与较多的社区文化演出活动。因为工业园区的工友们每周工作6天,"家园"的活动时间主要安排在晚上,但是这些时间到"家园"的工友并不多,因为多数工友晚上也加班。2007～2013年,经常参与"家园"活动和服务的稳定工友数量在150～200人,这些工友是骨干,通过这些骨干,在其工作的企业宣传"家园"并组织参加"家园"的活动。

上马工业园的新市民家园是上马街道无偿提供的空间,在商业步行街的中间。上马的"家园"有3层楼,每层面积在200平方米,总计600多平方米的活动空间。活动室是上马街道装修之后交付使用的,崭新的硬件设备,让很多工友觉得"高大上得不敢进去"。一楼划分为两个片区:一个片区是服务大厅,有柜式服务台,负责给工友们提供部分就业信息等服务;另一个片区是阅读室,150平方米左右,桌椅是新的,阅读物是新购的杂志、图书、报纸等,书架贴墙竖立,阅读桌椅在中间,桌椅舒适。二楼是面积150平方米的综合会议室,中间是方形桌,椅子围桌子摆放,墙上挂着各种与工友权益相关的宣传画。三楼是运动、娱乐室,有乒乓球台、桌球台、跑步机等运动器材,还有供观看电影、K歌的多媒体设备,桌椅靠墙摆放。三楼还有为工作人员留出的单人宿舍2间,每间宿舍面积在15平方米。

上马"家园"的服务时间和内容与流亭工业园的"家园"是一致的,"家园"的工作人员有2位。虽然上马"家园"的硬件设施和空间更"高"更"大",但是人气不如流亭"家园",工作人员讲上马"家园"看上去"太高大上了",工友们觉得不像"家园",像是收费的活动机构。

"家园"每周中最热闹的时间是周日,因为周围企业都实行6天工作制,工友们只有周日休息,所以"家园"的培训或工友活动也基本安排在周日。一年中"家园"最热闹的是暑假,青岛驻地高校大学生实习、社会实践基地在"家园",假期会有不少大学生到"家园"来实习和实践;另外,在暑假,工友的孩子们放假也会到青岛来与爸妈团聚,"家园"的象棋、乒乓球、图书和冷气(空调)都是吸引孩子们到"家园"来的原因(工友们10余平方米的小出租屋夏天奇热无比,难以入睡)。在"家园",工友们不会使用"农民工"这个称呼,新生代首先不认为自己是农民,所以就不存在农民工的问题。"家园"自己印刷的杂志使用了"新市民"一词作为杂志的名称,工友们之间一般称呼"工友",或者称自己是"打工的"。"家园"的门在工作日始终向工友们敞开,下班后到"家园"来放松、聊天、K歌、交友、寻找求职信息等是一些工友的日常习惯，所以工友们在“家园”是轻松的。在“家园”，尤其是大学生在“家园”实习那段时间，如果不刻意告知哪是打工的，便很难区分，青年们的外貌形象差别不大。

在“家园”的长期观察中，笔者发现：未婚工友最关心的是找对象，已婚的工友最关心留在家里的孩子及其教育，还有老人。至于笔者关心的身份认同、阶层阶级、身份政治等，不直接出现在他们的日常话语中，也不是他们关心的方面。打工，在未婚工友看来，是结婚前外出锻炼、积累人生阅历的阶段，挣钱、攒钱不是唯一的。挣钱是自立，是帮衬父母，自己并不是养家的主力。对于已婚的工友，打工首先意味着挣钱养家，学技术、挣更多钱、养孩子，是已婚工友对打工的理解。留在城市、市民化与否，首先要考虑自己的经济基础，甚至叫什么“农民工”，还是“打工的”，还是“新市民”，还是“外来务工的”，并不是工友们在意的，觉得不好听就不用，但不介意，自己的生活要继续下去，打工是谋生活。

通过“家园”这个平台，笔者在“家园”附近工友们出租屋聚集的区域进行了实地考察，并受邀分别去了 4 位工友的出租房做客或吃饭。这个工友们聚居的区域属于流亭街道尚未规划拆迁的一个农村，工友们租住的都是平房，有的甚至是搭建的临时住处。一家农户坐北朝南 3 间或 4 间房屋，一间租住一个外来务工者或是一家外来务工者（带孩子打工的较少，一般是母亲陪伴的情况下有孩子在身边）。东配房是一户，大门口会搭建一间临时性小屋，也是出租，这样一户农民的独立院落和房子就同时出租给五六个或五六户外来务工者。一间 10 余平方米的房子里，床是占据地方最大的，小桌子、电视、电脑、炊具等一般是买的二手货，有些房间终日不见阳光，衣服等都晾在院内或屋内，做饭时临时将煤气小炉灶放在门口，或直接在屋内做，吃饭时将折叠的小饭桌放下，吃完就折起来立在墙边。一户这样的农民院落，所有租户共用一个厕所，院落和厕所卫生轮流打扫。

临时性、一次性、极尽凑付之可能，是笔者走进工友出租房的第一印象：临时的小床，一般是一米宽的单人床或是 1.2 米宽的床，夫妻同住的往往是 1.5 米的双人床，桌椅板凳以塑料制品、折叠式为主，房屋的隔音效果非常差，因为有些出租屋是厂房改建的，为了多出租，相邻的墙是薄薄的板材。门窗也是防君子不防小人。工友聚居的地方治安问题较多，尤其是夏季，犯罪案件很多。青年女工友谈起来都说，新租住的房子第一周都不敢安心睡觉,提心吊胆,晚上一般也不外出。冬天和夏天是出租屋最不舒适的季节,夏天热,冬天冷,工友们一般夏天用小风扇或直接打地铺,冬天用电热毯,电暖器之类因为电压的问题不能使用。整个聚居区极少有本地人居住,有的话也是房主,一般是老年男性。聚居区的小市场就在中心区域,打工者日常生活所需基本可以满足,如餐馆、小超市、服装店、诊所、洗浴中心等。本地人都住楼房区。笔者在小市场买过快餐,进过小超市,食物的安全卫生不能得到保障,假冒伪劣品较多,价格低是显著特点;女工友提过小诊所看病不仅贵还看不好,普通的妇科病"花钱不少还老治不好","一个诊所一个说法"。小孩一感冒就被要求打吊瓶,普通感冒往往要花去几百元。聚居区的街道卫生有人清扫,但垃圾随地乱扔的情况还是比较普遍。

2013 年开始,流亭工业园的"家园"工作人员开始陆续离开"家园",有 3 名男工友,也是"家园"的负责人和主力,结婚及其房子等的紧迫压力,使他们无法靠"家园"的微薄收入维持,最终选择了离职("家园"工作人员的工资水平低于打工工资),"不能凭着情怀过日子"是他们离职时对笔者说的。这之后"家园"搬离了平房,转移到原来工作人员的租住宿舍——本村居民聚居的独幢别墅内,别墅有一个独立小院,面积在 50 平方米左右,院子里工作人员种了些青菜。别墅一楼是工作区,面积在 80 平方米左右,二楼是工作人员的宿舍区。迁移后"家园"的工作空间大大缩小,图书架减至两排,工友到"家园"的更少了,因为别墅的位置很隐蔽。参与"家园"活动的工友越来越少,原来的工友骨干逐渐回家结婚或离开青岛,了解"家园"的人没有逐渐增加,年轻工友的流动性越来越大,工友们也极少去"家园"参加活动了。2017 年前后,"家园"最终关闭,所有工作人员离职。

2.Z 村

2012 年 1 月 25 日,笔者在山东省菏泽市巨野县 Z 村进行了实地考察和访谈。笔者在村里重点访谈了外出务工的 4 个青年:一个在杭州酒店做服务生,男青年;两个在威海电子企业打工,男性;一个在苏州服装企业打工,女性。Z 村是比较典型的山东农村,地处平原,农业种植的机械化水平较高,农民种植的主要是小麦、玉米等粮食作物,经济作物很少。近年刚开始出现木板加工厂,之前村里就一家养鸡户、一家养猪户,没有企业等经济实体。

实地考察中笔者了解到,村民的经济压力很大,主要花费集中在以下几个方面。

首先是建房费用很高。因为婚房近几年流行的是两层楼房的独立院落，二层楼房的建筑面积在200～250平方米。笔者实地考察期间就住在这样的楼房里，高大宽敞是这种楼房的突出特点，一楼楼高3.8米左右，面积在90～100平方米；二楼面积相当。独立院子再加上院落大门、厨房、厕所等，楼房外墙全部用瓷砖装饰，院子的地面是水泥地。一个这样结婚待用的独立院落楼房，2011年前后的造价为25万～30万元。盖房子是生育男孩的家庭需要直面的最大开支，而在Z村，据村里人反映，每家都生养了男孩，超生现象非常普遍，一般家庭有2～3个孩子，为了能传宗接代，交罚金超生是普遍做法。

其次是围绕结婚相关的开支，尤其彩礼越来越高。笔者考察期间参与的一次婚礼，结婚的新郎19岁，新娘18岁，2011年刚订婚。在Z村，结婚条件是独立院落的楼房，订婚礼金6.6万元，加上一套完整的金首饰（包括黄金/铂金的戒指、项链、耳钉、手链等），还有结婚前的各种节日走动费用，总计下来，一个男孩在19岁结婚的总费用在40万～50万元。新郎的妈妈说"彩礼钱高，都是有钱人抬起来的"，农村内部的攀比和面子文化迫使其他人也跟风攀比。结婚年龄因为男多女少也随之小龄化，笔者参加的婚礼新郎是19岁，是这附近村落男青年结婚的一般年龄。适婚年龄男女比例失调，导致婚姻挤压，有钱人家儿子在19岁就能完成婚礼；没钱人家男青年结婚时间就要向后推移，有的在23岁结婚。结婚前父母打工"抓钱"盖房子，结婚后年轻夫妇也需要外出务工，因为结婚盖房等费用太高，一般人家会有债务，所以结婚后举家外出务工"抓钱"，不能外出务工的妇女、老年人，也在本村周围木板厂干活。笔者在木板厂见到了刚举行婚礼的新郎的奶奶，76岁了，在木板厂起钉子（回收来的建筑废板材上有钉子），每天6小时共30块钱。还有一位大爷，当时75岁，在木板厂用铁铲去树皮，一个小时6块钱，计件给钱。大爷有3个儿子，老人说儿子还孝顺，自己能干就不伸手问儿子要，自己养活自己，"儿子们还得养家呢"。农村土地已经不能承担农民盖房、结婚即养家糊口的重任，人情往来的礼金加上前面所述建房、结婚等费用，土地无法满足农民的经济开支。家中有儿子待婚的父母往往需要双双外出务工"抓钱"。

笔者有幸在考察期间参加了学生堂弟的婚礼。在以往的农村，婚礼是最吸引人的仪式，尤其是春节前的婚礼，往往能吸引大半个村的人参与。

但是现在,举行婚礼的一家必须专门打电话请五服以内的相关族人回家帮忙,因为大家都在外打工挣钱。实际上真正肯请假回家帮忙的并不是所有相关的人,能肯回家帮忙的是关系最近的人,因为请假误工影响经济收入。所以这个婚礼参与的主要群体就成了留在村里的老年男性和妇女。主办婚礼的人家请了歌舞团助兴,但是围观、欣赏演出的只有寥寥几个看孩子的妇女,看着歌者敬业、孤独地在舞台上歌舞,笔者这个旁观者颇有些惋惜。

Z村里年轻女孩外出务工,如果能找到当地的城市人结婚当然好,若是没有,父母一般不会让女儿远嫁。女儿远嫁在村里"会被人家说闲话"。笔者参加婚礼的新郎的姐姐,被母亲强制与在外打工时自由恋爱的异地男友分手了,在附近村找到了结婚对象。母亲的理由是:不能找城里人结婚,找一样的农民,还那么远多不放心,不如在附近找,将来有个照应。能找到城里人结婚最好,没有也没什么,回家找结婚对象对于农村女孩来讲一点不难,甚至有很多选择。相对于适婚年龄的男青年,女青年的压力,无论是经济上还是婚姻上,都要小很多。所以笔者在城市访谈的女工,一般不太焦虑和紧张,从容也坦然一些,外出打工,能留在城市就留下,不能留下就回乡结婚,也很好,可以随性一些;而年龄相似的男工友明显表现出了压力——找结婚对象、攒钱盖房结婚等。

通过在Z村的实地调查,笔者对农民外出打工有了更深入的认识:农民外出打工是主动的也是被动的。农民主动外出打工是基于家庭生活改善的动力,增加收入改善生活,挣钱给孩子盖房结婚是有男孩家庭的最大外出动力,这是已婚家庭成员主动外出的主要原因;初中毕业或技校毕业的孩子外出打工,主要动力是开阔视野,长长见识,学技术,度过结婚前的这段单身时间。

农民外出打工又是被动的,因为外出打工意味着离开家乡、离开家人。"妻离子散"的不完整家庭生活是不幸福的,因为农民说"谁不愿意一家人热乎乎地生活在一起呢",但是紧迫的经济需求,种地的收入已无法维持日渐增高的日常开支和更高的盖房结婚等费用,他们被迫外出寻求机会,学技术挣钱。

基于农村实际状况的考察,笔者认为大多数农民工,尤其是新工人,很难通过一代人打工就能留在城市。因为打工收入目前不足以支撑在城市购房定居,所以现实的做法仍然是打工—返乡—再打工—再返乡的不断循环。

打工赚钱在农村盖房结婚，然后再打工还债，继续挣钱养家，直至最后身体无法承受城市的打工后最终返回农村。这是大多数新工人流动与打工的历程和轨迹。

3.上马街道企业

2012 年 7 月，笔者对建于青岛市城阳区上马街道外来务工人员聚集的企业进行了实地考察，包括一个服装加工点、一个韩资服装企业、一个韩资机械加工企业、一个日资阀门制造企业。笔者考察了企业的车间、职工宿舍，重点访谈了人事部门的中层管理者，了解企业中新工人的情况，并且参观了女工宿舍。

当然企业不同，宿舍条件差异也大，某一韩资服装企业的女工宿舍就相当破旧，而且安全性不好，一楼宿舍没有安全窗。韩资服装企业管理者说，现在招工年轻人不好招，所以企业员工招聘年龄从原来的 18～23 岁变为 18～35岁，实际应聘的女工已婚的占一多半，未婚的年轻女工越来越远离服装加工行业了。

4.广州市番禺区和中山市

为了较全面地了解不同地区新工人的情况，2012 年 11～12 月，笔者到广州市番禺区旧水坑的女工服务 NGO 机构、中山市的 NGO 机构及工友宿舍区等进行了实地考察。

番禺区旧水坑是非常典型的出口工业加工区和外来务工人员聚集地。作为中国对外开放的前沿阵地，旧水坑的面貌是打工经济的缩影。2012 年底去旧水坑时，女工服务机构工作人员介绍说，此时的旧水坑已是萧条阶段了，受 2008 年金融危机影响，大量企业产品出口受阻，订单减少、企业减员，外来务工人数迅速减少，从近百万人减到 40 万人左右，租房子也越来越容易，越来越便宜了。笔者考察的是外来务工人员聚居区，本地居民的住房很少。本地人一般住在森林公园对面的公寓区和别墅区，公园和人工湖将本地人与外地人的居住空间隔离开来。为了能最大限度地利用土地，本地人将出租房盖成楼房，一般是 6 层或 7 层，不安装电梯。笔者在聚居区的家庭旅馆里留宿，狭窄漆黑的楼道，十几平方米的房间，没有向阳的门窗，从出租屋/旅馆内的窗户伸手就可触及另一个楼的外墙，楼与楼之间极尽“亲密”。出租楼房基本是一个楼属于一户出租房的本地人。在北方，笔者调查的出租房一般为平房，房门简易，安全性不高；旧水坑出租楼的楼栋门实行严格的门禁,只有租户才有安全门的钥匙,据租房的工友讲,安全性很好。与北方还有区别的是,旧水坑的出租房使用面积较大,一般在15平方米左右,有独立的卫生间兼洗浴间,整个出租楼内的卫生较好。但出租楼外的街道卫生不是很好,垃圾随处可见。

番禺区旧水坑的女工服务机构有3位工作人员,均是女性,每月工资收入在3500元左右。机构就坐落在聚居区商业街一个二层楼房,一楼是商铺。机构使用面积在200平方米左右,包括两个独立的房间和一个开阔的大活动间。两个独立的房间,一个是办公室,一个是储物间。办公间一共3张办公桌,有电脑、打印机、复印机等办公用品。大间的活动室没有隔断,一部分是相对独立的阅览区,有书架、桌椅,一部分是乒乓球台、桌球台;除此之外是一大片空地,工友们周末参加文娱活动(如跳舞等)。女工服务机构的活动没有固定的内容,不像新市民家园那样有固定内容。笔者考察期间,到机构来的工友人数不多,在5人左右。

番禺区旧水坑外来务工的年轻人一般来自南方,如广西、贵州、四川、安徽、湖北等地,北方人到这里打工的较少。南方新生代女工敢于闯荡的勇气、自信给笔者深刻印象。

中山市的工友服务机构在市区的一个商业楼上,独立一居室的办公空间。在机构介绍下,笔者考察了云南工友的出租屋并对3位工友进行了访谈。3位工友是同一个村的,一起来中山市打工,目前在家具企业做工,都已结婚生子,3人共同租住在郊区一个老旧的小楼,共两层,房间狭窄阴暗,面积不超过10平方米,有独立卫生间和厨房。

5.上海市新市民生活馆

2013年9月18日,笔者考察了上海市新市民生活馆。新市民生活馆在浦东新区S镇归泾村朱家队,共两层,一年租金5万元,费用由镇政府支付。两层楼房分成不同的功能区,楼下10余平方米是儿童活动区,6～7个外来务工的妇女带着孩子在活动区玩耍。活动区只有小滑梯等几样简单的玩具;一楼还有15～20平方米的开阔的舞池,晚上和周五,生活馆有志愿者过来,教外来务工的工友跳舞,收费很少。二楼一部分是做餐饮的活动区,生活馆会在一些节日做糕点,低价卖给周边的外来务工者;二楼还有两排桌椅,是生活馆为放学后无处可去的外来务工子弟学习、辅导的地方,每周有志愿者过来免费教英语。

6.枣庄市山亭区七里河镇

2014 年 8 月，笔者在山东省枣庄市山亭区七里河镇 X 村、Z 村等地进行了为期 4 天的考察。因为村里的青壮年男性大都外出务工，妇女都上山采摘花椒，笔者有幸到村里小学老师的家里进行了访谈。山亭区七里河镇 X 村、Z 村是青岛农业大学“第一书记”的挂职村落，X 村在青岛农业大学第一书记的协助下，修了一条直通镇上的公交线，村民外出方便了许多；Z 村通往外面的道路只是硬化路，而且是单行道。X 村村民的房子一般是 4 间砖房，院落东有厨房，西南角有厕所。屋内是地砖铺地，院子是水泥地。房子无论房型还是面积，都比笔者调查的巨野县 Z 村低一级。山亭区七里河镇 Z 村农民住房比 X 村又低一级，房屋以石头外墙为主，依山势而建，村里没有平整的街道，全是石子路。

贫穷，农村没有出路，使山亭区七里河镇 X 村、Z 村这种农村成为外出务工人口的主要流出地。目前首先表现为交通不便，其次是丘陵地带，发展农业没有太大前途。距离城镇相对较远的偏僻农村，外出打工成为当地农民摆脱贫穷的主要途径，家有打工人不会变为贫困户，是普遍的现象。

（五）关于访谈的一点说明

1.学习方法

笔者在撰写本书前，没有经过专业、系统的访谈训练，所以关于新工人的访谈就变成了笔者的学习、实践过程。笔者在进行新工人的访谈前，对质性研究、访谈法、叙事分析等相关研究成果进行了详细研读，其中包括陈向明的《质的研究方法与社会科学研究》，边国英翻译的《建构扎根理论：质性研究实践指南》，陈向明主编《质性研究：反思与评论》，张芬芬翻译的《质性资料的分析：方法与实践》，申丹、王丽亚的《西方叙事学：经典与后经典》、《叙事研究：阅读、分析和诠释》等，通过研读掌握质性研究、访谈、叙事分析等相关的理论和方法。为了更科学、准确地展开对新工人的调研，笔者在广泛研读之后，对笔者所在大学的在校大学生进行了访谈，在实践中总结访谈的经验，为展开对新工人的访谈奠定较好的方法基础。

2.研读文献

在访谈之前，笔者对国内外关于农民工日常生活、身份认同等方面的研究成果进行大量阅读，熟悉、掌握相关研究的现状与不足。在此基础上，拟定了自己的访谈提纲，提纲涉及基本信息、劳动状况、日常消费、交往、休闲和身份认同等方面。

3.了解研究对象

确定访谈对象之前，笔者在“家园”已经实地考察了一段时间。通过在“家园”的考察，包括“家园”工作人员对工友打工等方面情况的介绍、自己对工友在“家园”的观察，已经比较熟悉工友打工、生活等方面的基本情况。最初的被访谈对象是通过“家园”工作人员介绍，一般是经常到“家园”来参与活动的工友，比较容易交流，他们在流亭工业园打工有一年以上的时间，也认同“家园”及其相关的服务。之后的访谈对象是笔者自己选择，或是通过工友介绍。因为访谈地点选在“家园”，被访谈对象一般是熟悉“家园”的，也接受过“家园”相关的法律等培训或参与公益服务等。

4.熟悉日常生活

确定了访谈对象后，笔者在正式访谈时，一般会明确告知访谈的主要目的和内容。最初访谈过程中，笔者先从被访谈对象打工的情况谈起，发现工友对自己打工情况不愿多说，经常会说“没什么好说的，整天都一样”。后来笔者开始调整访谈的切入点，从工友们日常生活开始谈起，租房住还是住宿舍，每天的作息时间，日常购物，平时与什么人交往，周末有什么休闲等。这些话题的切入能较快激发起被访谈工友的积极性，访谈进行得比之前顺利了很多。所以作为访谈者，应该对被访谈对象的日常生活比较了解，包括他们的生活环境、生活情况、家庭情况及老家的地域文化等。对日常生活的访谈，容易建立双方共同对话的基本知识，更易形成信任融洽的气氛。这样为理解被访谈对象打下良好基础，更好了解被访谈对象的行动动机等。

5.以生活史为切入点

笔者在长期的访谈中发现，关心并谈论被访谈对象的个人生活史是访谈较好的切入点，尤其对于外出打工的工友们，他们初中或技校、高中毕业后就开始外出打工，在不同城市流动、辗转过不同的打工工种和企业，访谈中很多工友讲很少有人倾听自己，讲自己的经历。笔者认为，对于弱势群体的访谈，包括打工人员，倾听被访谈对象的生活史、生命历程包括他们上学、毕业或辍学、外出打工、辞职、恋爱、结婚、家庭生活、应付生活中的各种事件、个人生存策略和经验等，都是非常必要的也是重要的，对于研究他们日常生活及其打工历程有重要价值。被访谈对象的生活史、流动史或打工史、生命历程等体现被访者的性格、兴趣、动机、抱负等，对于研究者来讲，倾听的过程也是理解的过程，容易让访谈更自然流畅，这样被访谈对象的叙述也是主动和连贯的，能够形成完整的、全面的对访谈对象状况的掌握和理解。弱势群体生活史、生命历程的访谈也是我们记录他们生存生活的一种方式，丰富和补充主流研究中的宏观视角。

6.全方位观察

访谈过程中，对访谈对象进行全方位观察也是必要的。包括被访谈对象的衣着、神情、细微动作、口头语、语态等细节。笔者提早预约的被访者，经过其同意之后进行录音，所以能够实现对被访者全方位观察。观察被访谈对象细微的动作、表情能够帮助笔者理解其叙事的真伪，并提醒笔者注意前后表达；关注被访谈对象的口头语或习惯用语能帮助笔者理解其身份、话语权力，等等。

7.理解意义和事实

访谈是质性研究获得资料的主要方式，深度访谈的目标是通过研究者与被访谈对象的语言交流获取事实资料，通过被访谈对象的口头叙述，研究者获得被访谈对象的事实与经验，根据被访谈对象的叙事研究其主观建构，研究被访谈对象话语叙事背后隐含的被访者赋予的意义与价值，并通过分析探索、理解其动机。所以，从叙事角度讲，被访谈对象的叙事无论真伪，都是研究者进行分析的基础。研究者需要通过被访谈对象的叙事分辨真伪并探索其真伪背后的动机和意义，这就是质性研究区别于定量分析的价值所在。质性研究将被访谈对象作为主体性的个体来看待，理解人作为主体的叙事及其叙事隐含的意义和价值，即使叙事有掩盖有虚假，通过这些掩盖和虚假，揭开其掩藏的深意，理解被访谈对象的价值观和行为动机。

8.多层次文本分析

访谈结束后，笔者会及时进行笔记的补记和录音的转录。将录音转录成文字，然后对文本进行解读和分析。笔者对访谈文本的分析采用了整体性内容分析的方法，即通过文本不同层次的研读，总结文本的主题，梳理文本层次，理解文本内容。文本解读主要通过三个层次：第一个层次是对访谈文本字面的解读，就是对文本中语句的字面理解；第二个层次是对文本中语句字面之外的意思的领会，是对被访谈对象叙述的主观意图进行理解和把握；第三个层次是文本隐含意义和价值的认识，深层挖掘和探索被访谈对象意义、观点、价值的发现和类特征的把握。

(六)关于访谈中的伦理问题

作为质性研究的主要资料收集方式,访谈法的有效性和可信度一直存在争议。笔者就在访谈中自己的经历、经验、体验与读者分享一点个人的看法。

1.关于悬置态度

所谓悬置态度,就是研究者注意悬置自己原来持有的"成见",即研究者已持有的理论假设、预设或前提。这其中包括研究者对于某些事物持有的习惯性观念、价值的悬置,访谈时,研究者应该注意摒弃这些"成见",用一张白纸去面对被访谈对象,全方位观察、关注被访谈对象的整体状况,如外貌、衣着、语言、神情、细微动作、口头语、语态、访谈环境等。作为初学者,笔者最初把自己"城市比农村好"的观点和倾向无意中带入了访谈,在问及被访谈对象未来计划和打算时,被访谈对象如果计划返乡结婚或发展,笔者会不自觉地反问:为什么不留在城市发展?言外之意是留在城市发展前途会更好。后来在一次访谈中,一个年轻的女工反问:"为什么总是劝我们留在城市呢?"这次访谈之后笔者开始反思自己的态度,才意识到没有悬置自己的"成见"。这之后的访谈,笔者会清醒地注意自己的观点与"成见"对被访谈对象的影响。所以研究者在访谈中需要意识到自己的观点、价值、信仰等对被访谈对象的影响与引导。

2.关于知情同意

访谈需要获得被访谈对象的同意,其同意的基础是被访谈对象对笔者存在一种信任。笔者是通过"家园"开始接触工友,因为"家园"在工业园附近的工友中间已有良好的声誉,"家园"通过长期的宣传和服务,已经获得了工友们普遍的信任。笔者在"家园"预约工友访谈没有遇到太大的困难。但是,想要获得工友的信任还需要笔者与工友们建立一种信任。每次完成一位工友的访谈,笔者会根据工友的年龄、性别、婚姻情况,送给他们不同的小礼品以表示感谢。工友们慢慢熟悉笔者以后,知道笔者是大学教师,遇到问题和困惑也会找笔者聊天、寻求帮助,笔者会在力所能及的范围给予他们必要的帮助。碰上笔者访谈过的工友结婚,笔者还会随份子并送上祝福。在"家园",笔者逐渐获得了工友的普遍信任。建立在信任基础上,正式访谈时征询同意获得录音,基本是比较顺利了。在其他地方的访谈,经熟人介绍,被访谈对象均在知情同意下接受笔者的访谈。所以，研究者要获得被访谈对象的同意，需要先建立与被访谈对象的信任。

3.关于信息保密

笔者在访谈前，会告知被访谈对象信息保密原则，包括对涉及姓名、地址等信息进行学术化处理，访谈内容只做学术研究使用，绝不外泄。但并不是所有被访谈对象相信笔者的保密承诺，笔者在访谈中也没有强求，如果不同意录音，笔者会放弃录音，在访谈结束后及时补录笔记，尽可能完整地记录访谈过程。笔者在长期访谈中发现，被访谈对象对研究者真正放下戒备和不信任的时候，双方才能建立信任关系。这需要研究者尽可能理解被访谈对象，并将自己与被访谈对象放在平等的位置，尤其是高校研究者，更需要警醒自己的社会阶层与被访谈对象所处阶层的结构性差异，与被访谈对象建立起平等、信任关系。

第二章 打工、工作的劳动实践

劳动是人类生存和发展的基础，也是新工人在城市打工的基本物质活动。马克思主义认为人类劳动具有二重性：它既是人类为了自身生存而进行的谋生活动，也是使人在劳动中实现自由与解放的活动，即劳动的生存性与自由性、超越性。

新工人在制造类工厂、企业的劳动环境是怎样的？他们的劳动主要是体力劳动还是脑力劳动？是生存性的还是让他们通过劳动获得了自由性和超越性？新工人认同自己在工厂的劳动吗？新工人开始逃离流水线而流向城市服务业，是经济理性还是追求自由？除了挣钱，劳动对新工人来讲还有什么意义？“劳动”与“工作”意义是否一样？等等，这是本章探讨的主要内容。

通过新工人个体的人生历程与流动打工经历的深度访谈，本章以新工人个案深描的方式，深入探访新工人劳动的状况与意义，从新工人主体叙事中认识其未能职业化为工人、仍然流动和徘徊在打工中的社会结构和个体能动性。

一、漂泊与迷茫[①]

大武，男，1989 年出生于山东省聊城市的农村，是笔者访谈的新工人中时间较长、印象深刻的一位。笔者认为他是新工人群体的典型，代表了这个群体的大部分人的状况：他们在中学毕业后就开始外出打工，在不断转换工

① 参见刘霞：《漂泊·成长·抗争·迷茫——新生代农民工的打工叙事分析》，《西北人口》2013 年第 3 期。

作中寻找自己真正想做的事情，初期频繁换工作，中间开始相对稳定，在城市打工、生活并不如意，但也不是特别差，一直在不同企业打工。随着年龄的增长，婚恋问题逐渐凸显，在返乡和留城的选择中不能做出明确决定，打工的经历和生活的境遇在新工人群体中有较大的相似性。

笔者对大武的访谈调查近 2 年，从最初在工友 NGO 机构"家园"认识，前后正式访谈 2 次，访谈地点均在"家园"，时间一共约 4 小时。笔者平时还与大武在"家园"之外闲谈和 QQ 聊天，对大武居住的出租房环境进行了实地考察。在此基础上，笔者对大武的打工叙事进行了整体分析。大武的打工叙事主要突出了 4 个主题：在城市边缘漂泊，在打工中成长，打工中的抗争和对没有预期的未来的迷茫。

(一)漂泊在城市边缘，成长在打工中

笔者在新生代农民工生活史的田野调查中听到最多的表述自己生活的一个词就是"漂泊"，这是他们走出校园、进入城市后的突出的生活体验。大武是家里的独子，2008 年高考结束后，大武等到了专科学校的录取通知书，录取专业是机电一体化。

> 听他们说学不到什么东西，再说学费挺多的，年龄也大了。20 岁，在自己的同伴中就算大了，小时一起玩大的，没有上高中的，在家干活的，相比自己就大了。再说上专科还不如出去闯闯呢。

对于刚从学校出来的新生代来讲，第一次打工的工作地点一般是离家较近的，而且是父母决定的，大武就在聊城亲戚家的卷帘门厂干了半年。为了学技术，经过中介，父母决定让大武去威海某船厂学铆工。从新生代初次工作对家庭的依赖性上可以看出他们成长中明显的未成年的痕迹。中介的骗局很快就被识破了，在船厂，不仅没人教技术，简直就没活干，20 天一共上了 5 天的班，同来的人都陆续走了，大武也决定离开船厂，并再次经过原来的那个中介来到青岛。在青岛，2009 年大武的第一个工作是在某文具厂做文件夹，住在厂方提供的宿舍，月工资 1400 元，一个多月后，因为厂方裁员，好多人不干了，大武也跟着不干了。在接下来的一个多月里，大武开始自己找工作(见图 2-1)。

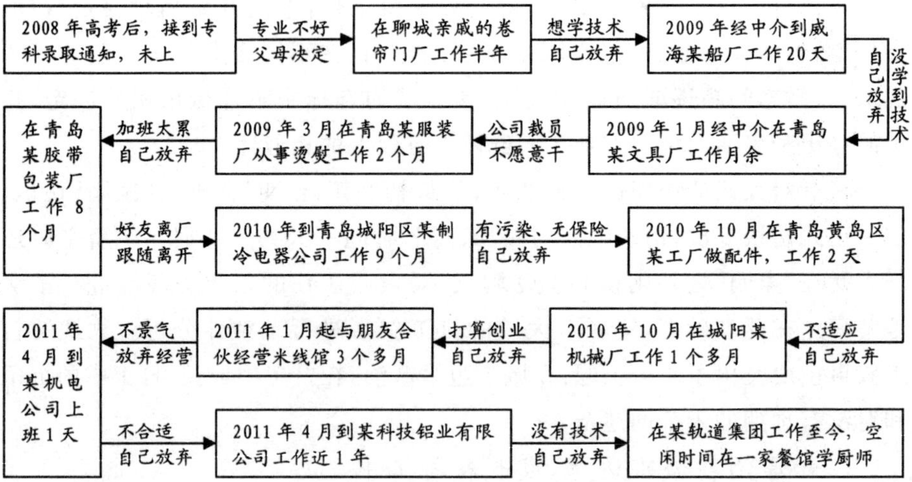

图 2-1 新工人大武的流动图景

从文具厂出来就自己找工作,毕竟是自己,人生地不熟的。和我一起出来的我们两个找工作,后来找的这个服装厂,谁也不知道找什么招工的地方,就知道一个中介。经过这些也不愿再找中介了,就自己一家一家问。

经过独立找工作的艰辛,大武对于漂泊的城市生活已经开始有了体验。在找到服装厂工作的时候,他在自己的QQ空间里兴奋地写下了自己的感受:

今天我找到了一份工作好高兴呀,因为我找了将近一个月的工作了,在这段时间里我觉得自己好累好累……在外让我体会到了什么是无奈,什么是寂寞,什么是无望,什么是期待……我在外一个人真的好痛苦。不过今天我找到了一份稳定的工作,我要认真地做下去,一直一直……(2009-3-9 QQ:我的感受)

对自己辛苦找到工作的珍惜之情显而易见,但是毕竟走出校门不久,还没有形成成熟的自我认识,大武的社会角色和人格都具有不确定性,这也决定了生命周期这个阶段的不稳定性。在服装厂干了2个月,因为工资低(每月800),还加班,大武就干不下去了。

每天做着同样的事情，我快要发疯了。我觉得这样的工作使我对生活变得无语，整天对着熨斗说话，好无奈呀！（2009-4-24 QQ：毫无意义的生活）

接下来在青岛的工作，从胶带包装厂，到制冷电器公司，再到机械厂，在与朋友一起开饭馆之前，大武共换了 4 个工作，或通过网站或与朋友一起找工作，工作时间最长的有 9 个月，最短的只有 2 天。在开饭馆失败之后，大武又换过 3 次工作，时间最长的干了近 1 年，最短的只有 1 天。

通过大武打工的流动图景可以看出，新生代对于频繁更换工作从最初"孩子气"的不喜欢、不适应、太累等理由慢慢开始向自己发展的方向靠近，找工作要考虑是否能学到东西，是否有利于自己长远的发展。流动频繁绝不是一些媒体所报道的这个群体"太浮躁"所能说明的。

换工作主要是因为学不到东西，不自由。开始不大清楚自己该学什么，就是四处转，转的过程中慢慢知道自己该干什么。年龄大了，也慢慢去想这些。

打工最深的体会，就是打工没有出头之日。在厂里待长了，都没有思想了，待腻了，都说打工打工一场空。

这样评价自己的打工生活，正说明了流动对于新生代来讲，只是为了得到"更好"的生活和实现"向上"的流动，只是一种工具而非目标和追求；同时，频繁的流动也不是他们的个人意愿，更多的是在排斥性制度和刚性社会结构作用下做出的无奈选择。① 大武对于工厂工作的具体评价更能说明上面的观点：

感觉厂子太压抑，不自由；收入少，还得受别人管制；不太喜欢别人的管制，在厂工作是受不了那种机械化，人都成机器了，大脑一点用处就没有了，现在感觉不是人玩机器，而是机器在玩人。（QQ 聊天记录）

新生代对于打工已经不像上一代那样以挣钱为唯一目标，他们不愿当机器，当机器上的没有名字和感情的零部件，对个人发展的考虑，对自由和尊严的渴望，对做有意义工作的向往，都鲜明地展现出这一代对工作的发展

① 参见符平、唐有财：《新生代农民工的流动图景》，《文化纵横》2012 年第 1 期。

性和舒适性期望更高,对工厂非人性化管理的排斥和反抗,对异化劳动的感性体验和初步觉醒,这些都为他们日后的抗争埋下了伏笔。

农民工聚集的工业区一般在城市边缘,大武所在的空港工业园就位于青岛的北部,生活的地方属于城边村,村里的本地人主要以出租房屋为业,真正居住的很少。所以对于像大武这样的外来务工人员,很少接触本地人(能接触的一般就是房东和联防员),更遑论参与社区活动了,他们进入的只是地理空间概念的"城市",而不是蕴含着文化与关系的社会空间的城市。[①]在城市边缘的漂泊,不仅是空间上从一个城市到另一个城市,或从一个工厂到下一个工厂,还包含由此产生的更深切的心灵漂泊感——没有归属,没有终点。

> 今天3点多又睡不着,心里现在也不知道往哪走。漫漫人生之路,我一个人孤独地走着,我的一生注定非常寂寞。坎坷的道路需要自己填平,孤独的时候只能在心里与朋友分享快乐。今天的路走完了不知明天的路该往哪走……(2009-4-19 QQ:我的感受)
>
> 心真的累了,茫然而不知所措。现实的无奈,生活是如此的残酷,我的心一直在漂泊,心里的故事也无从诉说。(2011-10-31 QQ:漂泊)

频繁变换城市,不稳定的工作和生活,不可预期的未来,已经延伸成为一种心理体验。因为新生代大多数尚未组建自己的婚姻家庭,处于生命周期的青春期后至结婚前的阶段,婚恋是新生代在这个阶段面临的主要任务。但是在婚恋这个问题上,农民工特殊的再生产制度,缺乏"社区公民"和"企业公民"的身份[②],再加上工作时间太长没有时间结交朋友,或交友圈子狭窄,或不敢和本地人相处等原因,新生代的感情尚处于无着落状态,爱的归属难以解决,婚姻也成为他们目前的主要压力。面对"无人问津"的爱情,23岁的大武笑称自己是潜力股,不怕没人发现。

> 不知道以后干什么,也不知道往哪走,我有一种说不出的无奈。现在我很想发泄一下内心的情绪。(2009-7-27 QQ:无眠)

---

① 参见符平:《青年农民工的城市适应:实践社会学研究的发现》,《社会》2006年第2期。

② 参见清华大学社会学系课题组:《新生代农民工与"农民工生产体制"的碰撞》,《中国党政干部论坛》2013年第11期。

这种内心的漂泊感，如果缺少及时的疏通和释放，是否能演变成更具有破坏性和传染性的社会情绪或破坏行为，是很值得我们关注和重视的。大武自己讲，他有写日记的习惯，非常郁闷和压抑时就通过写日记排解，而且他指出打工中最大的收获是认识了一个朋友，自己有什么解不开的问题和困难就找这个朋友帮忙，他总是向好的方向引导和帮助自己。新生代的不满和反抗也部分存在从个人的行为发展成群体行为，而且非正常渠道的成分较多。

在漂泊的过程中，随着年龄的增长，新生代责任的意识也慢慢生长起来，从“孩子气”成长为自觉肩负责任的男人。

> 男人最重要的是事业，事业就是自己的，不是打工，哪怕是个小酒店，自己控制的属于自己的。男人遇事还是自己解决，不能靠别人，靠自己。得学会赚钱了。

与第一代农民工“生计窘迫—进城挣钱—回乡盖房”的生活轨迹相比，新生代农民工的人生轨迹在意愿上更倾向于发展而不是循环。在访谈中，对于笔者提出的“是否愿意继续父母那样的生活”的问题，新生代农民工一致果断回答：不会！他们不认同自己制度性的先赋身份——农民，非常清楚地回答自己是工人，渴望通过努力成为城里人；对于自己的“家乡”，更多的是与家人联系在一起。对自己身份、职业的清晰认知，说明漂泊的打工生活中新生代已经逐渐形成自己的社会角色和人格定位。

（二）漂泊与迷茫

打工诗人郑小琼曾在调查中发现：“第一个 20 年前来广东的女工，问她为什么来广东打工，是因为广东有机会，在家里没有工作的机会；第二位，是一个 10 年前来广东的女工，我问她来广东有什么打算，她说她希望能留在广东；如果第一代要回去，第二代是要待下来，第三代反问我们为什么要回去。第一代是听天由命的，第二代是顺从命运，抓住改变，第三代会对社会发出询问，这种询问是有力量的。”[①]通过第三代的询问，相信郑小琼所感受到的是新生代的不满和抗争。

---

① 郑小琼：《女工记》，花城出版社 2012 年版，第 1 页。

新生代农民工已经不能满足于只为城市做贡献,带着薄薄的一点钞票和病弱的身体返乡。对于自己合法正当的权益受损,新生代一般采取的抗争行动分为三种类型:第一种类型是保持沉默或忍气吞声,或在日常生活中采取类似斯科特所讲的"弱者的武器"(如消极怠工)的抗争行为。因为很多打工初期的新生代并不了解、不熟悉投诉及其相关程序,或是清楚可以向政府或有关职能部门反映,但考虑到烦琐的程序、不菲的花费、可能失败的风险,大多数人选择了忍气吞声。第二种类型是通过正规制度化渠道向劳动部门等有关机构投诉,这是像大武这样在工友 NGO 机构参与法律培训等活动的新生代农民工最多的选择。但这可能会遭到当地的劳动部门以各种借口来阻止,或是将问题比较严重的引入司法程序。但这些在无形中增大了工人的维权成本,有些工人的权益问题在进入司法程序后遭到厂方的恐吓或威逼,得到圆满解决的很少。第三种是采取偏激行为,如他们发起的罢工、静坐、堵塞交通等。

大武在长达5年的工作中尚未参与过一次工人罢工,也没有通过法律的途径维护自己的权益,对于不稳定的无保障的受压制的打工生活,大武的反抗是"用脚投票"——不停地换工作,有明显的短工化现象,这从他的流动过程可以看出。在青岛的近4年间,工作时间最长的是一年,最短的是一两天,平均4个多月换一个工作。通过换厂来"选择"适合自己的工作,虽然这个"选择"的自由是极其有限的。除此之外大武尝试过自己创业,以此摆脱不能忍受的打工。大武就与朋友一起开过小饭馆,并想通过自己创业改变生活。

> 打工以来没有什么最大的困难,没什么大事,很大的挫折没有。开饭店算是吧,一个教训吧,当时心里和割肉一样,确实挺难过的。但你不能硬撑吧,处于很低迷的状态。朋友还想再撑一段,再坚持坚持,毕竟没有基础。反思过教训,开店以前考虑不全面周到,想得太少了,这方面不足,那方面不足,毕竟和工厂不一样,两种性质。社会上的关系和工厂不一样,别人帮不了什么,那时都靠自己解决。想拼一把,说不准以后会有改变。

斯科特在研究东南亚小农的生计和政治时指出,农民往往遵循"安全第一"的原则来对抗外来生计压力,一般不想通过冒险发横财、获得大成功,体现出了“生存理性”[①]。新生代农民工在实际生活中，已经不再遵循生存的简单逻辑，更不是收入的“自我剥夺者”；相反，他们不轻易放弃任何发展的机会，他们的观念和行为选择依循的是生存理性之上的发展逻辑。在总结自己的失败教训后，大武后来在工作之余开始在一家饭店当学徒学厨师，计划将来回聊城开一个属于自己的饭店。与父辈力求获得更好的生存机会而来到城市不同，新生代农民工有着自己的创业梦。创业梦一方面表达了一种新的自我发展的渴望，不愿忍受工厂的压制，向往自由和有意义的工作；另一方面也是因为他们在城市见证了日益扩大的贫富差距。[②] 不过令人遗憾的是，大多数新生代只能在一些城市的制造业或低端的服务业中工作，难于从这里找到自我发展的机会，就连晋升也没有多大空间，于是忍耐和等待就成为他们日常生活中的一个重要体验。当然他们中的很多人也努力发挥着主观能动性，尤其尚未成家的新生代，通过频繁换工作以摆脱“等待”中的无聊感，所以从一个工作换到另一个工作，从一个工作点换到另一个工作点，祈求发展的新机会，这也成为新生代在城市流动的一个基本图景。当然，他们的城市社会时间就由此演变成了无休止的奔波，这反而又加剧了他们在城市中的漂泊和迷茫，同时使得对他们的法律保护形同虚设。

（三）从农民工到新工人到城市居民

就像琼·司各特所说的，“主体具有能动性。但他们不是行驶自由意志的完整的、自主的个体，而是能动性取决于他们的处境和地位的主体。因此成为一个主体意味着受制于一定生存条件、行动者的天资条件以及实践条件。这些条件使选择成为可能，但是选择本身绝不是无限制的”[③]。在访谈中笔者感受到，新生代反映他们自己陷在这样一个困境当中，即任何一种他们可以选择的主体位置，对他们来说都在一些重要的方面很不合意。这就是被边缘化和处在社会政治秩序底层的真正含义。对于无数个大武这样的新生代来讲，面对回不去的农村、留不下的城市，无论是返乡与留城，他们都

---

① ［美］詹姆斯·C.斯科特：《弱者的武器》，郑广怀、张敏、何江穗译，译林出版社2011年版，第102页。

② 参见张乐天、徐连明、陶建杰等：《进城农民工文化人格的嬗变》，华东理工大学出版社2011年版，第187页。

③ ［澳］杰华：《都市里的农家女：性别、流动与社会变迁》，吴小英译，江苏人民出版社2006年版，第14页。

在重要的户口、房子、工作、发展、婚恋等方面存在困难,都是不合自己心意的。笔者更愿意把他们比作一片片绿叶,绿色代表希望和梦想,而叶子终究是要归根的。对于他们来说,也许归根以后,梦想才能绽放,城市虽然与梦想有关,却不是他们梦想放飞的地方。对于在城市的"半城市化"的尴尬人生,大武"自己也会感到无奈,说不上来,很反感在厂里,但自己创业的条件也不具备。睡觉前想将来,想的头疼,最后作罢"。

新工人能否平静地生活在迷茫甚至绝望之中?他们漂泊和迷茫的未来走向是什么?是"游民化"还是"问题化"?是"边缘化"还是"内卷化"?他们能否顺利完成从农民工到工人、到城市居民的转变?《中华人民共和国宪法》第一条从法理方面规定了中国的国家性质:"中华人民共和国是工人阶级领导的、以工农联盟为基础的人民民主专政的社会主义国家。"但现实更趋复杂。从20世纪90年代的国企工人到前后两代的进城农民工,从职业角度界定的工人群体为40多年改革做出了突出贡献,也为此承受着改革的巨大成本。新生代农民工包括新工人夹在城市与农村之间,现有体制下,以他们的收入若想在城市定居、真正成为城市居民变得十分困难;而仍然靠农村承担劳动力再生产的模式也已经无法维持。[①] 新生代路在何方?这是国家和社会必须面对和解决的问题。要想让这个数量庞大的群体真正融入其中,不仅需要新生代自身的努力,更需要国家做出制度、政策的安排和支持,整个社会也应该给予这个群体更多的宽容、关怀和帮助。大武QQ空间的留言反映出新生代在打工当下的疲惫、困惑、无奈与对未来的迷茫:

> 我的感受 2009-3-9 21:43
>
> 今天我找到了一份工作好高兴呀。因为我找了将近一个月的工作了,在这段时间里我觉得自己好累好累,在外让我体会到了什么是无奈,什么是寂寞,什么是无望,什么是期待。我在外一个人真的好痛苦,明知道自己做错了还要坚持,自己没有办法。不过今天我找到了一份稳定的工作,我要认真地做下去,一直一直……

---

① 参见清华大学课题组:《新生代打工者的困境与出路》,《中国改革》2012年9月11日。

无眠 2009-7-27 23:20

经过这半年的社会生活,我不知道以后干什么,也不知道往哪走。我有一种说不出的无奈,现在我很想发泄一下内心的情绪。

2009-4-24 04:11 毫无意义的生活

每天做着同样的事情,我快要发疯了。我觉得这样的工作使我对生活变得无语,整天对着熨斗说话,好无奈呀!我发现一开始就错了,而且是一错再错,好疲惫呀!

2009-4-19 04:26 我的感受

今天3点多又睡不着,心里现在也不知道往哪走。漫漫人生之路,我一个人孤独地走着,我的一生注定非常寂寞,坎坷的道路需要自己填平,孤独的时候只能在心里与朋友分享快乐,今天的路走完了不知明天的路该往哪走……

2010-2-3 00:53 深夜的表达

这个主意也是我爸想出来的,在家过完十五,我就开始了自己的旅程。我们一家三口在正月十七来到中介所,也就是技校。家里人也是想让我学个技术,所以在中介交了1000块钱让我到船厂学铆工。当时我没出过远门,不知道外面的情况于是就去,可是并不是我想象的那样。

2010-2-3 00:41 深夜的表达

好久没写日志了,回忆2009年的风雨历程,我感到极大的悲伤和后悔。因为2009年的第一步我就迈错了,本来2009年2月份我是计划去学厨师的,但是由于我在家待得实在太无聊了,所以家人给我做出了最后的决定。

2011-10-31 11:06 漂泊

心真的累了,茫然的不知所措。现实的无奈,生活是如此的残酷,我的心一直在漂泊,心里的故事也无从诉说。我是一个自私的人,对任何的事我都是一种淡然的心态,也许这就是我的性格吧。看着每个人都有了自己的家庭和事业,我便开始了羡慕,这几年的生活已经证实我自己一个道理,任何事情都不是那么的简单,每件事情都有它的两面性,有得也有失。成功的人总是在失败的基础上积累经验、认真地反思从而来证明成功的存在,他们坚持着一个信念,这种人大约占20%吧。剩下的就是一般的了,我也就是其中一个,之所以做每件事情没有成功是因为信念不够强烈,没有坚持下来的恒心,遇到困难总是一味的退缩。有些事情我们再怎么躲避最终还是要面对,父母已经渐渐地老去,他们已经不再年轻,他们已经付出了太多太多,我真的不想他们再为我担心了。前途还是那样的迷茫,我们还是一直不变的生活,大爱无私谁能真正地明白?生活的一切淡然视之……

2012-8-10 只有靠精神支持,无奈!

2012-8-12 现实,现实,太现实了。当面对一切的时候,一切的现实都出来了!

2012-8 感觉厂子太压抑,不自由。学会赚钱了,收入少,还得受别人管制,有了收获感,也不可能在厂子一辈子。我不太喜欢别人的管制,现在我感觉自己是这样。在厂工作我是受不了那种机械化,人都成机器了,大脑一点用处就没有了。现在我感觉不是人玩机器,而是机器在玩人,应该操作自动化机器,那样才能发展。

到本书完成前,2021年大武还在青岛打工,在工厂做气焊。大武以前特别喜欢听《百万个梦想》这首歌,后来不听了,说怕越听越伤感。这里借用这首歌的几句歌词,祝福怀揣梦想、勇敢闯荡世界的无数个新工人早日梦想成真。

多少次彷徨　不知路在何方
遥望着夜空　一闪一闪的光芒
心跳的声音　湿润了眼眶
勇敢是我的能量
多少次迷茫　却总是很倔强
才忽然觉得　丢了昨天的时光
站在舞台上　用歌声去点亮
这一刻让我尽情释放
在我心中有百万个梦想
燃烧在我那炽热的胸膛

哪怕我只有微弱的力量

也要勇敢的闯一闯

……①

二、寻求向上的职业发展②

亮亮来自山东省潍坊市的农村，男，1987 年生，初中毕业就外出打工，在青岛辗转了 10 余个工厂、企业，后进入工友社会组织工作。2017 年，亮亮开始在青岛某地产公司做房屋销售员；2019 年在青岛当地按揭买房；2020 年结婚，现在已经有了一个女儿。笔者认为，亮亮很好地代表这个群体中有想法、爱思考、喜欢并适应城市生活的一部分。笔者对亮亮的访谈、调查持续多年，从最初 2012 年在工友 NGO 机构"家园"认识到现在，前后正式访谈 5 次，访谈地点分别是"家园"、亮亮自租房和笔者的办公室，时间共约 7 个小时。此外，平时在"家园"的闲谈和 QQ 聊天也是主要资料来源。

（一）打工历程

亮亮在 2002 年初中毕业前放弃了学业，因为学习长期跟不上，亮亮清楚地知道通过考学脱离农村的道路是走不通了。

> 2002 年（15 岁），转过年来（2002 年 2 月），没等初中毕业（7 月毕业），上学待了几天，待不下去了，学不到东西，也没有意思。反正学习就那个状况了，再开始学也学不进去了，学不到东西了，都开始复习了，那时候都开始复习准备考高中了。我看着也没有前途，就下来了，提前锻炼锻炼。

在父母的安排下，他就近在亲戚办的家具厂干起了喷漆的活。按亮亮的说法，家里人只知道干喷漆能挣钱，并不在意这个活是否有污染，他自己因为年幼也考虑不了这些。在 2005 年来青岛以前，亮亮在两个家具厂做过工，都是干喷漆。其间家人还是希望他能上学，交了 3000 元学费让亮亮又去中专学习，但半年的学习之后，亮亮还是选择了放弃学业外出打工（见图 2-2）。

---

① 刘霞：《漂泊・成长・抗争・迷茫——新生代农民工的打工叙事分析》，《西北人口》2013 年第 3 期。

② 参见刘霞：《我的未来何处安放——新生代农民工的打工叙事分析》，《中国劳动关系学院学报》2013 年第 4 期。

当时家里还是觉得应该上学(中专),上学分配工作什么的,家里轮流做工作,最后就去上学了。去了待了不到半年,不到一学期,交了一学期学费,学的是热能动力,上半年学不下去了。一开始上学的时候,还有个想法:好不容易又再上学了,一定好好学点东西,但是确实跟不上,想学力不从心吧。待了一段时间确实感觉没有意思,都在谈恋爱、上课玩,没有一个好的环境,就又回去了。

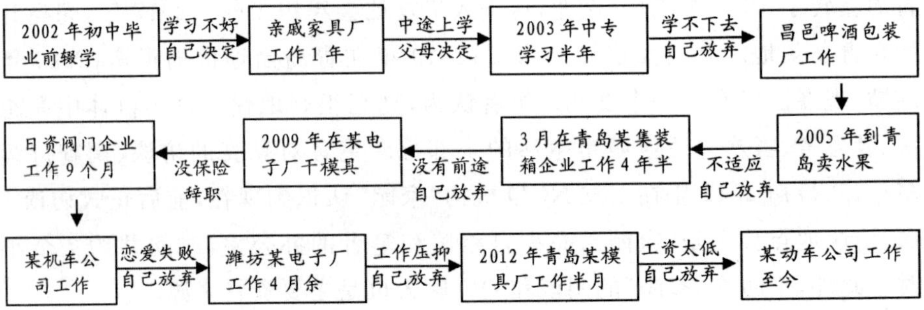

图 2-2　新工人亮亮的流动图景

对于出生在农村的新生代来讲,如果不能通过升学走出农村,想要实现向上发展的话就只有外出打工这一条可选择的途径了。没有父母会让孩子继续留在农村种地,况且像亮亮这样的新生代,一直在学校上学,根本就没种过地。农村也不能给这些刚刚走出校门的新生代提供什么发展机会和空间,所以新生代走出校门就意味着外出打工。对于亮亮这样上到中学的新生代来讲,考虑年少、安全等问题,家人还是选择就近打工,选择的企业也大多有亲戚关系,便于对孩子的关照。

2005 年,亮亮跟随亲戚来到青岛,经过短暂的一个月练摊,亮亮发现自己实在放不开嗓子招揽客人,最终选择跟随表哥进工厂打工。从 2005 年 3 月开始截止到笔者访谈结束,亮亮在青岛打工已近 8 年时间,其间换过 7 家企业(包括潍坊某电子厂),工作过的企业主要是外资和私营企业,工作时间最长的是 4 年半,最短的只有半个月(见图 2-2)。亮亮对自己打工生活是这样描述的:

刚毕业出来找工作根本没有想法,没有目标,就是找个工作做,甚至有时随大溜,大家走自己就跟着辞职了。这是一个成长的过程,因为当时在家里没有什么信息。

换了这么多工作，当时开始就是没有目标，行业太多了，我想多干几个行业试试，但是试过以后都是一样的。当时换工作就是单纯考虑不喜欢，没有想到适合不适合的问题，去的时候理由就一个，想去赚钱，确实没钱花了，但是辞职的时候理由很多。刚开始工作，很累，不适应，我现在适应下来也没觉得什么，主要没把工作当成全部。我就是把它当成挣钱的，这么多公司走过，就觉得在公司干没什么前途，就是个挣钱的工具。

从亮亮的叙述中可以看出，新生代在流动的过程中对工作的选择最初单纯考虑喜欢与否，选择的盲目性、辞职的冲动性都显示出他们这个阶段还带有很强的孩子气，包括想尝试多个行业的雄心也隐含了新生代在打工初始对新生活、新工作的高期待和未经艰辛的理想成分。初始阶段的孩子气在辞职的冲动性上表现较突出：

当时有个想法挺幼稚的，就觉得从毕业以后到马士基（集装箱企业）的工作，都是靠别人找的。当时就觉得看看自己有多少本事，辞了马士基自己找工作，当时想试试。但辞了以后就后悔了，玩了 3 个月，光玩没找工作。当时比较小，思想很幼稚，我不知道找工作需要借助什么途径，自己很想出来找还不知道怎么找，不了解。我只能在附近找，了解了解，消息非常的闭塞。

随着打工生活的历练，新生代就会越来越关注工作环境，关注自己的发展和未来，这从亮亮后来辞职的原因中可以看出：没有晋升空间，没有保险，不愿意过于紧张严格的管理，受不了流水线的紧张，工资太低，对工伤的担忧……新生代产生了不同于老一代打工者的职业追求，需求层次正由生存取向向发展取向转变。他们更关注工作环境，希望工作环境安全、企业管理规范，并且更多地关注工作本身的意义和发展前景。2012 年亮亮目睹的一次生产事故，让他再一次有了换工作的念头：“机器出故障伤到了同事的眼睛，他还蛮镇定，捂着眼自己拨打了‘120’，”亮亮说，那一瞬间“心被刺痛了”，不仅仅是因为近在咫尺的同事出事，更在于出事后领导事不关己的态度。“工装、防护用品都没有准备好就开始生产，催产量、要质量。”在亮亮看来，这个缺乏人文关怀的公司并非久留之地。

“你怎么又换地方了?”

每次得知亮亮换工作后,同在青岛打工的父亲都会用这句话表达自己的惊讶。这位49岁的农民从年轻到现在干的是同一份工作:装卸工。“咱们出来不就是为了赚钱吗?安安稳稳地在一个地方干下去多好呢。”父亲劝说亮亮。亮亮有时并不清楚自己的准确工作定位。但他心里明白,自己不想干什么——“出大力的活,没技术的活,在流水线上工作一坐就是12小时的活……”对流水线工作的反感和抗拒集中体现了亮亮对“工厂专制政体”的态度:

> 流水线的压力就是早7点到晚7点12个小时。特别是冬天的时候,不明天,黑着天起床,6:40还得开早会,换鞋换衣服,手机放在工具箱,不能带手机。车间是封闭的,一进去感觉压力比较大,就跟一个机器似的,密封的,这就给你一个无形的压力。再就在流水线上,它那个活是撵着你干。非常烦躁,压力非常非常大,尤其白天大小领导不停进车间检查,人就做那一个动作,不停地干,就像机器一样,根本谈不上什么创新,还不让说话。
>
> 流水线上工作非常非常压抑,而且去了以后,除了中午吃午饭出来一下,就跟坐监狱没什么区别。先有人工检,还有安检门,复杂,我感觉非常非常不自由,非常非常压抑。

“工厂专制政体主要指生产过程中高强度、长时间的简单劳动,微薄的工资待遇,严苛而缺少人性的管理制度,肮脏、恶劣与危险的工作环境等。”①像亮亮这样的新生代已经呈现出不同于老一代的新的社会群体特征:他们比老一代更加厌恶“农民工”这个提法,亮亮甚至觉得“新生代农民工”这个提法很可笑。新生代对完全公民身份的要求更强烈,他们自身的发展定位也开始放置在城市,因此,他们不再满足于埋头干活,挣钱吃饭,对规范的公司管理、工作的意义和个人发展前景产生了更高的期待和憧憬。这使得他们对“工厂专制政体”更加难于忍受,当然现实存在的工厂专制也成为新生代职业发展的制度性障碍,所以工厂打工就变成了亮亮没有前途的挣钱

① 清华大学“新生代农民工研究”课题组:《新生代农民工的困境与出路》,《传承》2012年第17期。

工具。新生代不愿当机器，当机器上没有名字和感情的零部件，对个人发展的考虑，对自由和尊严的渴望，对做有意义工作的向往，都鲜明地展现出这一代对工作的发展性和舒适性期望更高，对工厂非人性化管理的排斥和反抗，对异化劳动的感性体验和初步觉醒，这些都为他们日后的反抗埋下了伏笔。

对“工厂专制政体”的抗拒不仅反映出新生代对缺少人性的管理制度以及肮脏、恶劣与危险的工作环境的反抗，同时折射出他们对人格尊严等权利的意识萌醒，对公平公正的渴望。斯科特发现：“以前许多是农民的工人的许多抱怨不仅集中于工资和工作环境等一般问题，也同样地集中于不被重视和被无礼地对待。应有的人类待遇的需求频繁地出现在工人的报告中。工人们愤怒的来源基本上是两类事物的结合：特定的物质剥夺以及他们自己所称的缺少应有的人类待遇。应有的人类待遇的缺少伤害了他们的公正感。”①对人格尊严的重视，对公平公正的关注，某种程度上代表着新生代开始要求“企业公民”的合法身份。

新生代职业发展的现实障碍除了工厂方面的问题外，还有延续了 30 年之久的“农民工生产体制”——拆分型劳动力再生产制度。“拆分型劳动力再生产制度的基本特征是将农民工劳动力再生产的完整过程分解开来。其中，更新部分如赡养父母、养育子嗣以及相关的教育、医疗、住宅等安排交由他们在乡村地区的老家去完成，城镇和企业只负担这些农民工个人劳动力日常维持的成本即工资。国家通过一系列规制安排和政策措施，如户籍制度、高考招生政策、对劳工集体组织争议权利的约束等固化了这种制度。”②在这种制度的限制下新生代夹在城市与农村之间，收入已经无法支持他们在城市定居，成为城市居民；靠农村承担劳动力再生产的模式也已经无法维持。拆分型劳动力再生产制度与工厂专制政体成为新生代职业发展的根本的制度障碍。③

① [美]詹姆斯·C.斯科特：《弱者的武器》，郑广怀、张敏、何江穗译，译林出版社 2011 年版，第 102 页。

② 清华大学“新生代农民工研究”课题组：《新生代农民工的困境与出路》，《传承》2012 年第 17 期。

③ 参见刘霞：《漂泊·成长·抗争·迷茫——新生代农民工的打工叙事分析》，《西北人口》2013 年第 3 期。

我打算干完这个自己干(目前动车公司),哪怕卖早餐也自己干,不愿意在公司干了,第一没有保证性,还有安全问题,即使是算了工伤也是一辈子的事情。再就是老从事一个工作,一眼就看到50岁的时候,50岁还干这个活,没有盼头了。一眼看到头就没有意思了,还是想干点有变化的,有挑战性的。

我现在面临最大的困难是创业的事,肯定很多人都和我有一样的想法,想上进,想进步,想创业,可是他们对这一方面不了解,对政策什么了解的少之又少,只是一个想法的阶段,面临学习,不了解具体实施的问题。政府需要重视这个问题,打工时间长的,像我这样的,已经不满足于打工了。但无论是职业晋升还是创业,初中没毕业,自己学习的能力有限。①

亮亮给自己定的初步目标是,攒下一笔钱,做一个早餐点。再远的目标是,经营一处农村经济合作社。像亮亮这样对于职业发展具有更高期望的新生代农民工,与父辈力求获得更好的生存机会而来到城市不同,他们有着自己的创业梦想,这一方面表达了一种新的自我发展的渴望,不愿忍受工厂的压制,向往自由和有意义的工作;另一方面也是因为他们在城市见证了日益扩大的贫富差距。但如亮亮自己叙述的,创业面临的困境也是自身无法克服的。

(二)积极公民意识的萌发与职业上升

亮亮积极公民意识的萌发经过一个过程:从最初来青岛的低姿态甚至低自尊,到“家园”法律培训的收获和意识萌醒,到初次维权的成功,逐渐从听天由命转向积极公民。

我从家里出来的时候我就了解,到这边身份放得很低,就感觉吃点亏无所谓。我刚出来就是这么想的,反正有个底线在这放着:别太过了,别让我太难看了,能过去就过去了,自己就当是弱者,想大事化小,小事化了。

刚来就把自己当外来人,来了两年多以后才交往的圈子大点了,以

① 刘霞:《漂泊·成长·抗争·迷茫——新生代农民工的打工叙事分析》,《西北人口》2013年第3期。

前就是公司里的同事。一开始就在外面租房子，一开始我就是自己的心打不开，不敢相信人，防人防得比较谨慎。每个人都这样，一是自我保护，还有就是找朋友的方式不知道，上网、QQ太虚幻了，缺少像“家园”这样的地方，还有人际沟通的技巧。刚来不敢和人交往。

亮亮的叙述反映了外来务工人员到异地打工初始的普遍心理：自己是外来者，是到“别人”地界上来的，是从“乡下”进“城”来的，这意味着自己不仅是一个外来者，还是一个相对于发达、现代、洋气的城市人而言的落后、传统的乡下人，是卑微的，需要小心翼翼，时时在意。很多人包括企业就抓住外来人群的这种心理对其进行欺诈或威吓，致使外来人群权益受到损害时不敢抗争，大多数选择自认倒霉，并保持了沉默。亮亮后来明白了：“其实这样想不对，应该是我们都是一样的，但是意识到这个问题的人不多。”

2007年，亮亮认识了工友NGO机构“家园”，这个被工友们称为“在异乡的家”的机构为亮亮的成长，包括维权意识的启蒙、提升发挥了关键作用。“我的成长是离不开这个平台的，我现在感觉自己在思想上比较成熟了。”亮亮讲“家园”有些活动挺好，如刚来时怎么坐公交车，遇到什么样的情形怎么处理，大家实际演示一下，情景表演的方法不错，“我们工友最欠缺的是引导”。在“家园”，亮亮比较系统地参加了工友权益维护的法律培训，并逐渐发展成“家园”的志愿者骨干。

到现在我也感觉自己还在漂着，心里面有个家在那里(老家)，自己在这里还是漂着，唯一的就是朋友在这里，在这里就是还能实现自己的一点价值。怎么算是体现自我价值呢？不是打工，是在“家园”。

作为“家园”的志愿者骨干，亮亮在帮助别人、服务社会的过程中感受到了自己的价值。亮亮帮助朋友通过正当渠道维护权益。受“家园”熏陶，亮亮投诉公交车到站不停，打市长电话投诉成功增强了亮亮维护权益的行动意识和能力。2009年，亮亮所在的青岛城阳的一家电子企业，只有工人工作到第4个月时才通知员工办理社保，经常去“家园”参加法律培训的亮亮很清楚，按照相关规定，用人单位应该在用工之日起30日内为职工向社会保险经办机构申请办理社保登记，如未能按时办理需要补缴。“公司领导一开始说没有这规定，后来改口让我问问有几个想补缴的，结果大家都想补缴。一看这种形势，他就要赖不缴了。”亮亮直接向公司提出辞职，临走前到城阳区劳动仲裁部门对这家企业进行了投诉,2010 年 3 月,亮亮终于拿到了 1800 元的社会保险补偿金。“其他的工友一看这样都服了。”这次维权成功,让他更加坚定了在这个陌生的城市要主动维护自身合法诉求的想法。之后,亮亮帮助在模具厂上班的工友拿到了 3 万余元的工伤赔偿金。

对于亮亮热心地维权,父亲也曾经怀疑:“我们找工作,只要人家老板不拖欠工资就行了,哪管保险、加班费、工伤这些事。”父亲开始很难理解,不过“看他忙活一阵子倒能维权成功,也替他高兴”。

> 我干了这么多工作,从来没有扣工资的情况,干哪怕一个礼拜,我也把工资要回来。他们说干十天八天的工资就不给了,我说没有的事,我走的时候都找经理谈,有好几次是我个人的原因,我可以接受你开除我,但是不能扣工资,他们就说可以。我都找负责人谈,我这方面意识挺强的,就是在“家园”了解的。

从亮亮的叙述中不难看出,新生代逐渐从听天由命转向积极公民,当权益受到侵害的时候,具备一定法律意识和维权意识的新生代开始选择法律相关的途径解决问题,意识与行动都明显向积极公民的方向转变了。显然,新生代在权利意识上比上一代更为强烈、清晰,更接近通常所理解的公民人格,而且行动取向也更清楚了。

笔者在访谈中了解到,很少有工友提到工会。很多企业根本就没有建立工会,或是有也是“贴牌工会”,根本不维护工人的利益。工厂专制与拆分式劳动力生产制度导致新生代个体的流动性,成为这个群体实质性维权的制度性障碍,决定了新生代“社区公民”与“企业公民”身份的获得还很遥远。可以预见,由于新生代更多地以城市为基点来思考今后的发展,对于他们的社会歧视和不平等的制度安排如不消除,必将引发更为强烈的反抗。

王江松教授曾提出,劳工维权是撬动整个中国政治民主化进程的“阿基米德支点”,认为:“与农民阶级相比,工人阶级将是一个积极得多、主动得多的经济、政治、文化主体。”[①]清华大学郭于华教授也认为:“新生代农民工在学校中所学到的知识、技能在生活和工作中的体现极其有限,真正发生作用的是他们对城市生活方式的认同和新的社会关系的建立。这潜在地提升了

---

① 王江松:《微博与劳工文化的传播》,《中国劳动关系学院学报》2012 年第 2 期。

农民工维权行动的能力。”[①]面对这些更具维权资质和能力的新生代，最有效的途径是赋权，因为他们不是弱者，而只是处于不利位置的弱势者。“向打工者赋权，首先是要赋予他们团结权和结社权，让他们拥有结社力量；结社力量的形成会强化打工者的结构力量，国家也要通过立法、行政监管等手段来平衡和调节劳资关系，避免劳动力的过度商品化，从制度层面保障打工者在劳动力市场和生产过程中具有讨价还价的能力。一言以蔽之，所谓的公民权政治，其最终的指向就是让打工者成为有尊严、有权利、有体面收入的公民劳动者。这应成为流动的中国的理想图景。”[②]

（三）不愿回农村的新工人

对未来的预测是我们分析、想象和创造我们所希望的未来的第一步。想象未来的最终目的是为计划未来提供信息，以带来我们所希望的变化。人们现在是积极采取行动还是被动地对待，这将决定创造的是一个什么样的未来。亮亮对于自己的未来计划一直处于摇摆中，虽有较明确的方向，但缺乏具体清晰的计划。

就认同与未来定位而言，亮亮明确排斥自己在户籍制度下的“农民”身份，积极认同自己的“工人”身份：“‘农民工’这个词放着就感觉有歧视，我觉得叫什么新生代农民工非常搞笑，连地都没有种过，你可以叫‘打工青年’，可以叫‘新市民’。”但具体怎么样才能留下来，怎么才能拥有城市身份，亮亮就很迷茫了：“想留在本地，非常想留下。你要问我通过什么方式，我很迷茫。你说我把户口迁过来，不可能，在这最起码得有个房子。一说房子，国人都头疼，接收户口没有地。”

如果说新生代的父母一代还有一个家可归，“回去修一幢好房子”是老一代农民工的精神信念。但是对于年青一代来说，这样的信念也没有了，他们很少会留恋家乡的一切。他们从价值与情感上早就不认同家乡了，与自己的父辈相比，他们对农村生活已失去了认同感。

> 自己出来打工，觉得离开自己家，更喜欢现在的生活是肯定的。不知道怎么说，回老家待不住了，回去不适应，在这边有朋友有交流，回家不适应。

---

① 郭于华：《新生代的苦闷和改变》，《南风窗》2012年10月17日。

② 熊易寒：《新生代农民工的权利意识》，《文化纵横》2012年第1期。

现在想老家,故乡,哈哈,实在想不起什么来,就是能想起父母来。没种过地,去年回家打了一次农药。对老家发展什么的完全不了解,也不去想。

我不喜欢父亲那种两点一线的生活。他们可能认为出来就是赚钱的,其他不用考虑,交际圈也是周围的几个同事。但我总觉得这种生活太无聊了。

亮亮说他与父亲两代打工者的心态已经完全不一样了:父辈们想的就是赚钱回乡,养活一家老小;而亮亮想着如何在这座城市扎根。工作之余,亮亮穿着从网上买来的T恤衫和牛仔裤,只在和亲人交流时才说家乡话。看上去,在青岛打拼了8年的亮亮越来越能融入这座城市。下班后,他并不想憋在自租房里熬时间,他认为要有自己的生活。这两年,他先后喜欢的作家有吴晓波、韩寒以及余华。他主动拓展着自己的交际圈,周末休息时,他会到“家园”做法律志愿者,接触新鲜的知识,结识很多“同命人”。像亮亮这样的新生代所表现出的群体特征,决定了他们中的一部分人在未来选择上要倾向于坚守城市。

从新生代个体来讲,因为处于生命历程的青春期后未婚阶段,还未组织家庭,家庭责任意识尚未明确。在没有明确的职业规划情况下,他们没有像那些结婚后外出务工者努力坚持保证稳定工作和收入,表现出较强的流动性。但是对于他们来说,可以逃离一个工厂,但逃离不了整个工厂体制,没有技能和经济积累,他们只能当流水线上的流水兵。即便有多年的打工经历,也不可能获得赖以谋生的技能,因为缺乏实质的人力资本和经济资本的积累,他们实现向上流动的机会仍然渺茫。这种纠结于徘徊的生活轨迹也将延续一段时间。

从宏观上来看,整个的社会结构和社会秩序对于新生代来说是既定的、确切的和难以改变的。这是一种结构决定行动者的关系。“由于当今社会制度安排的限制以及个人能力和机遇的缺乏,他们中的多数并不能融入城市,而向上流动的渴求只会使他们处于生存与超越之间的焦虑状态。”①在当前城乡二元结构和各种排斥性制度仍然无处不在的背景

① 符平:《青年农民工的城市适应:实践社会学研究的发现》,《社会》2006年第2期。

下，选择的机会空间对于新生代来说仍然是相当局促的。城市既给他们提供了奋斗和追求梦想的场所，但诸多设置也限制了他们的发展，影响着他们对未来的认同。

我只是想在这个城市有一个自己的爱人，有一份能养家的工作，这是我来青岛最初的目的。我的要求也不高。

现实城乡二元结构和各种排斥性制度与新生代所处的生命周期的发展阶段的共同作用，左右着他们的未来认同。为了生活，无数像亮亮这样的新生代选择在城市里坚守，像蒲公英的种子一样坚强地落地生长，无论是务工还是经商，都竭尽所能在城市里购房、结婚、生子。但是没有制度性的变革他们能坚守多久？城乡两头求解仍是不能如愿。整个社会需要为这个青年群体的成长营造良好氛围，使他们真正进得来、留得下，这不仅需要新生代自身的努力，还需要国家做出相应的制度安排和政策支持，社会也应该给予他们更多的宽容、关怀和帮助。①

三、选择与规制之间②

《中国青年报》2009 年 2 月 6 日报道了“一个第二代女农民工的人生轨迹”——熊金霞从打工到结婚，再到生子然后失业的人生轨迹。调查发现，社会上有众多类似熊金霞的新生代女性农民工，她们一般在初中辍学或初中毕业后外出打工，待到婚嫁年龄基本都选择了返乡结婚。作为女性，性别角色与这些女工的打工、返乡实践之间存在怎样的相互作用？城市与农村，打工与返乡的选择究竟是女工的主动选择还是客观规制？看似个性的人生轨迹折射出怎样的共同命运？这些劳动着的女性新工人不仅是中国劳动密集型产业的主要劳动力，还是中国社会的基石——家庭的主要支撑者。新生代女性工人的打工经历与渴望，给予打工的意义，感受到的打工和生活的压力、成就感和挫折感，等等，这些问题学术界关注和研究较少。

生命历程理论分析新生代女工的人生轨迹，探索隐含在她们“打工—返乡—结婚”实践中的个人、家庭、社会的深层原因。作为一种社会科学的分

---

① 参见刘霞：《我的未来何处安放——新生代农民工的打工叙事分析》，《中国劳动关系学院学报》2013 年第 4 期。

② 参见刘霞：《选择与规制之间：新生代女性农民工的返乡调查》，《青年探索》2014 年第 2 期。

析范式,生命历程理论将个人所经历的生命事件放在成长过程中来理解,把个人的生命历程看成是更大的社会力量和社会结构的产物,由此将个体和社会结合起来。作为一个理论视角,生命历程理论超越了具体事件的微观分析,实现了对范围更大的社会文化现象的解读,做到了在宏观和微观结合的状态下分析人的生活。这里的生命历程是指在人的一生中通过年龄分化而体现的生活道路,它告诉我们:人总是在一定社会建制中有计划、有选择地推进自己的生命历程。本书涉及的主要概念及含义如下。

人生轨迹是指在生命跨度以内诸如工作、婚姻等的发展轨迹,它依据角色发生的先后次序而建立,并且反映人在较长时期内的生命模式。

生活机会是指一个人在生活中的选择和机会,就宏观而言是个人在社会结构和社会关系制约下的选择过程。

性别角色是指社会赋予特定性别在一定情境中应表现出的一套心理与行为模式。对每个个体来说,性别角色是在生理性别基础上,受社会环境和自我概念的影响在后天的社会生活中逐渐获得的。

(一)打工经历与返乡选择

环环来自山东省济宁市的农村,属于“90后”女工。环环初一没有上完就外出打工了,年仅15岁的她跟着堂姐到威海的一家太空棉加工点干了两年的缝纫工。2007年,她跟随堂姐来到青岛某韩资服装厂工作。到笔者访谈时她已经在青岛工作了5年多,并且一直没有换工厂。笔者分别在2012年5月、8月、9月与她访谈了4次,共计6小时。笔者还曾去她的自租房进行探访,参加了由她组织的郊游,观看过她策划、主持的消夏晚会。

因为在农村上小学,环环只上过语文、数学两门课。初中课程她应付不过来,所以上课就难以集中精力,为此环环哭过好几次。她虽然英语学得很轻松,但无法忍受其他科目不及格的现实。环环放假回家看见以前的同伴打工回来,穿着色彩鲜艳的衣服,羡慕极了,后来发现在学校确实学不进去,就辍学了。

辍学没多久,环环就跟随堂姐来到威海的一家太空棉加工点打工。

> 那是一个加工点,福利什么的没有,休假也不固定,一个月可以休一天,整天干、整天干。管饭但吃得不好,还扣1000多块饭钱,七八个人就炒那么一碗菜,够吃就够吃,不够就拉倒。老板娘做饭,她自己蒸馒

头，有时发了霉的馒头还端上来让我们吃。那时我年龄也小，觉得吃饱就行了。刚去不适应，想家，自己什么也不会，不会踩缝纫机，她就骂我，骂得可难听了。我感觉受不了了，我在家还没有受过这种委屈呢，于是我就给家里打电话，妈妈说学会了就好了。那时感觉不上学挺痛苦的，离家又远。老板一年才发一次钱，每月给50块钱买点零用。我差不多适应了半年，干了一年，扣了食宿剩下4000块钱。上学的时候羡慕别人打工回来买衣服啊什么的，自己当初是羡慕这个才不上学出来打工的。可当自己真挣钱买了衣服什么的，感觉并不是自己想象的那样，没那么好。

因为第一年回家时老板说保证下一年继续干给一万块钱，还送个彩色电视机，环环堂姐干了3年，送了台21寸彩电。环环在家人的说服下就又回到加工点干活了。

但第二年老板最后给我7500元，我自己算的应该给我1万元，计件，我都记账。一看发那么少，感觉很不合理，他说就这些，还这理由那理由的。以前过年老板还送我们回来，这次我不准备继续干了，他就不送了，我们自己回来的。我对那边的印象挺深的，我还给老板打电话，他还说保证给我1万多什么的，让我继续回去干。我说还是快乐最重要，不回了。在那边人一点自由都没有，一个月出去一次，那边属于开发区，去镇里逛逛，有义乌商城。来活就干、来活就干，最后也没有电视机。当时什么法律都不懂，比我年龄大的也不懂，她们也都是初一没上完就来打工了。

没有快乐和自由，除了干活就是干活，这就是环环体验到的真实的打工生活。

2007年，环环跟随堂姐来到青岛某韩资服装公司。

刚来这边又不熟悉了，因为这边厂子比威海那边大，刚来的时候厂里有四五百个人。我在六班，班长可不好了，她说话可难听了，大家都很烦她，我又是重新学技术，很不适应。班长动不动就说我“没长脑子啊，叫你这样你偏那样”什么的，我说“我是按你说的做的啊”，她却一直说我推卸责任。我受不了了就打电话和我妈说不干了，我妈说既然别人干的都行，要不我再适应适应，如果再干两个月确实不行就不干。过了一段时间我又慢慢适应了，所以我就一直在这个厂。

因为偶然的机会，环环认识了工厂附近的工友 NGO 机构“家园”，并很快发展成为“家园”的志愿者骨干，参加“家园”组织的法律、公益、文娱等各种培训和活动。作为文娱部部长，环环负责策划、组织工友们的文娱活动，在“家园”的帮助下环环还成功地组织了工厂的一次全厂罢工，实现了增加工资的目标。环环说，在青岛“印象最深的是对我们‘家园’比较留恋，在‘家园’里我找到自信”。于是，下班到“家园”就成了环环每天的习惯，并在参与“家园”的活动中收获了自己的爱情。

2012 年 10 月，环环决定返乡结婚。

不想在工厂上班了，感觉累了，也乏味。

也没有保障，社会保障金什么都没有，你说万一工伤了，你找谁？找厂子还是找劳务？人家办公室的人一进厂就有保险。社会保险五险我们都没有，我们公司对保险不太关注，你想自己缴得少，企业缴得多，他根本不愿意给你缴。我来的时候，第二天厂子就有人叫你签字，说本厂不给工人缴保险，你得签字写“我愿意”。有的人看不懂，不知道怎么回事，叫写“我愿意”就写“我愿意”。公司里缴保险的人很少，老板和办公室的人说好不要告诉工人，也没有负责人告诉你是怎么回事，如果自己执意要缴，他就说缴呗，反正缴的人不多，所以很多人就不坚持了，都不缴就不缴吧，无所谓了。我第一天问办公室的人，他说公司统一不缴了，我说不对啊，怎么不让缴呢。我就上二楼直接找社会保险的人，他说，缴，自愿缴。你不找，他就给弄第一级的级别，有人干 4 年了还是二级，你要找他，他就定高一点。不好说、不敢说的就吃亏，老实了不行。工资条能看到自己的级别，但别人的不知道，一般也不打听。很多工友不知道这些政策。

从 2005 年辍学，环环在外打工共 7 年有余。在青岛，因为“家园”，环环找到了自信，收获了爱情和友情，但渐近的婚姻压力还是迫使她选择了返乡。

（二）新生代女工返乡的影响因素

何明洁在调查“和记小妹”时发现：对于“和记小妹”这样的新生代农民

工来说，打工不仅是她们在城市立足的谋生手段，也是她们从体力、观念和情感上改造成为符合城市资本要求的劳动者的过程，“而参与城市工作、生活的经历更为这群怀有新市民梦想的年轻人扎下了留在城市生长、茁壮的根基”[①]。与这些“和记小妹”不同，笔者访谈的新生代女工没有想过在城市落脚，对这些有点遥远的事物，她们没有太多的奢望。工厂打工对于这些新生代来讲，并没有给她们带来更多的选择和机会，打工也没有成为她们人生的转折点，她们大多还是在婚嫁年龄就返乡结婚了。

新生代女工返乡的影响因素包括以下六个方面。

1.生命历程发展阶段的内在要求

生命历程是个体在一生中按照年龄层级不断扮演社会规定的角色和完成相应的生命任务，不同年龄阶段的人担负不同社会角色，年龄在生命历程中受社会结构决定，并代表一定社会期望。新生代女工因为年龄阶段的规定性，其所承担的社会期望是大致相同的——处于青春期后的她们，生命历程的阶段性任务是婚恋，是女性完成从女儿向妻子、母亲的性别角色转变。女性需要对这个人生阶段有着充分的把握，完成社会规定的角色任务，否则就难以获得家庭、社会的认同，并引发自我内心的不安。因此，无论在城市打工多长时间，等到婚嫁年龄逼近，她们都得在舍或不舍中离开城市，回到农村。还有部分女工选择在打工地恋爱、结婚，并在婚后一直在外打工，没有返乡。

> 随着年龄的增长，感觉压力越来越大，有时还会感觉有些迷茫，婚姻和未来还处于未知的状态。

环环的迷茫主要是婚姻的无着落。

> 现在留在青岛的困难是，女孩子家庭还没有成，觉得不确定。作为一个女性，家庭是最重要的，从古至今女人就是以家庭为主，包括其他女工友，她们的想法和我是一样的，就是回家结婚。

返乡结婚，婚后生育，待孩子到了足够留在老家的年龄，一般是1～2岁后，年轻的母亲会再次踏上打工的道路。女工的人生轨迹与女性不同生命

---

① 何明洁：《工作：自我转换的平台——服务业青年女性农民工日常工作研究》，《青年研究》2008年第2期。

历程阶段的性别角色相关联并保持一致,从女儿到妻子到母亲,女性人生历程中不同阶段应担负的性别角色内在地规定着她们的人生轨迹。

2.打工的感性体验与理性反思

新生代女工赋予打工更高的期待:打工不仅是挣钱、谋生的手段,还应该是一种有尊严和体面的生活方式。但目前真实的打工实践是:在随便延时、不付加班费的专制型工厂制度下,每天重复着单调的动作。环环对打工的结论是:在工厂打工就是下苦力。专制型工厂的体制、集体住宿的制度、异化劳动的体验,让环环真实感受到自己只是工厂生产线上的一部机器。面对打工,对于环环来说,要么忍受并继续这没有前途的工作,要么早点结婚来逃离这单调乏味的生活。但是通过婚姻这条途径来逃离打工生活,也不是一件容易的事情。环环所有的人际关系几乎都在打工的流水线上,接触的异性大部分也是流水线工人,而她所在的服装工厂,男女比例是 2∶8,很难找到合适的对象。无论在城市打工多少年,除了流水线、回家、工资……“环环们”不知道还能想象些什么,她们只能面对没有奇迹发生的生活。因为接受的教育有限,“环环们”没有诸如转行、升迁、创业等逃离打工的渠道,“失败了回家嫁人”,笔者听到不少女工这样说。对于新生代女工来说,她们对工厂打工没有前途和希望的理解更加深刻。“觉得自己还是一个农村人。因为自己或许打几年工就又回到村子里,在城市里很多东西都保障不了,缺乏安全感、依靠感。”阿云的话也许是女工对打工最好的注解。

3.城市生活成本的理性核算

笔者针对新生代女工的问卷调查结果显示:在“您平时比较关心的社会问题是”这一问题的回答中排在第一位的是“物价问题”,关注度超过“住房、社会保障”等问题;在“您觉得平时的工作生活压力来源主要有哪几个方面”的回答中,“物价上涨,影响生活水平”的选项最多。由此可见新生代真实感受到了城市生活成本之高,房租、日常开支、购买服装费用、通信费、网费等累积起来的生活成本,与辛苦加班之后拿到手的 2500 元左右(2012 年的收入水平)的可怜收入来比,生活成本占到了一半以上。城市生活成本高成为新生代女工选择返乡的一个重要原因。

4.城市婚姻难实现

在目前的社会制度与国家政策下,新生代女工还无法像城市居民一样享受住房、就业、教育、医疗等基本保障,要想在城市成家立业必定要面临许多障碍。通过婚姻实现留在城市或向上流动，只是少部分女工可以选择的路径。

5.女性人生归属体系的特殊性

在农村，女性的人生归属有一定特殊性：由于农村普遍实行外婚制，女性结婚从父姓村落到夫姓村落意味着身份与角色的转变，同时也是人生归属的转换；并且农村社会对女性做女儿、媳妇、母亲、婆婆等不同的角色，有着不同的规定和限制，女性需要完成社会规定的相应的角色与任务，否则就难以获得归属。目前，中国的农村虽处在转型之中，但仍属于父权制主导的社会，女性无论是在父姓村落，还是在夫姓村落，始终被界定为外人角色，属于依附性身份，这就决定了归属对女性的特殊意义。[①] 女性只有在获得稳定的归属条件下，才会有安全感。新生代女工在家做女儿时，依托父亲而获得在父姓村落"栖居"的资格。但随着年龄的增长，"外人"和"他者"的感受越来越重，青年女性必须通过结婚为自己寻找下一步的归属。结婚涉及人生归属，较之城市化、市民化更关乎个人的命运和幸福，所以在工厂打工并没有也不必然成为她们人生的转折点，城市打工是她们初中毕业到结婚之间的成年阶段，到城市打工虽然有着开阔视野、赚钱、交朋友等不同的动机，但对于这些出生、成长在农村的普通女工来讲，人生归属仍然是在有亲人的农村，陌生城市的繁华和诱惑，仍无法带给她们漂泊不定的人生以归属。

6.伦理压力与女性特殊的道德选择

环环曾表示自己正面临着伦理压力，主要包括孝顺父母，早点结婚让父母安心，按父母意愿嫁人，做好女儿、好老婆、好母亲。越来越多的女工内心渴望婚姻自主，渴望自由的爱情，但是大部分新生代女工最终还是抵挡不住父母、家庭的压力，在经济和情感无法自主下选择返乡相亲、结婚。这与女性道德选择的特殊性有关："如果说男性把道德视为一种权利、准则的等级制结构，女性则把道德看作网络性的关系结构，把道德选择和判断视为关系中的理解和对话。在没有一种选择能够满足每个人最大利益的情况下，在责任冲突和决定包括了要牺牲某人的需要时，女性便选择成为受害者以保

---

① 参见杨华：《隐藏的世界：农村妇女的人生归属与生命意义》，中国政法大学出版社 2012 年版，第 9 页。

持关系的完整。"[①]当自己渴望的自由婚姻与父母的意见相左时,绝大多数新生代会选择听从父母的意见而返乡结婚。

(三)选择与规制之间

环环的个案反映了一般普通新生代女工的人生轨迹,本书借此从生命历程研究的视角来发掘存在于新生代女工人生轨迹中的个人、家庭、社会的深层原因。在个人、家庭、社会的框架中分析新生代女工的打工生活,个人方面的差异具有个性特点,但家庭、相同的社会制度与环境是导致返乡这一共同命运的共性原因。

1.家庭

对于新生代女工来讲,年龄阶段的规定性决定了她们承受的社会期望大体相同:打工不仅是自己的主动选择,也是家庭、村庄对她们的一种社会期望,是被社会文化规定了的一种生活模式。对于像环环这样的新生代,自己未来建立的家庭是她们打工的基本动力,原生家庭是她们返乡的坚强后盾。新生代外出打工的生活机会主要取决于其家庭所处的社会结构和社会关系,在目前城乡二元结构下,因为农村家庭及其所处的社会结构的嵌入机制,新生代女工的生活机会其实是有限的。也就是说,共同的家庭结构性位置使返乡新生代的人生轨迹具有共性特征。

2.社会

在中国产业转型未完成之前,大多数女性打工者还只能在劳动密集型企业中务工,劳动密集型企业所能提供的技术性岗位是有限的,只有少数人可能成为技术工人,这是一种结构性矛盾。从宏观上来看,整个社会结构和社会秩序对于新生代来说是既定的、确切的和难以改变的。这决定了她们中的多数并不能融入城市,选择的机会空间对于她们来说仍然是相当局促、狭小的。现实排斥性制度与新生代所处的生命周期的发展阶段的共同作用,迫使大多数新生代在城市闯荡数年后选择返乡,她们的人生轨迹表现出共性特征。同时,乡村社会对女性的角色期望并没有因为外出打工而发生很大的转变,仍是以家庭为本位、围绕传统性别角色展开。作为新生代女工,按时建立自己的家庭,从女儿向妻子、母亲的性别角色转变,是合乎乡村生活规定的。乡村社会对新生代女工的人生轨迹仍具有强势的规定性,从

① 刘霞:《守贞与当代大学女生的自我概念》,《青年探索》2012 年第 2 期。

而决定了新生代具有共性的人生轨迹。

3.个人

在社会结构相对固化的现实中，新生代女性农民工要实现城市化的生活无外乎两条途径：一是制度化途径，像高考；二是职业化途径。大多数完成或未完成义务教育就外出打工的新生代女工已经放弃了第一条途径。职业化的道路是一个漫长的过程，需要在长远的发展规划中来完成，对于大多数的新生代女工来说，经济处境劣势的无声压力、没有技能和人力资本积累的简单体力劳动、婚配年龄面临的婚姻压力、传统性别角色对女性的规定，等等，都使她们很难真正走上职业化道路。她们的职业发展大多以家庭为本位，围绕妻子、母亲的性别角色而展开、转移，所以即使个人能力与性格存在差异性，但对于新生代女工来讲，返乡仍然成为大家共同的选择。

我把自己的肉体与灵魂安顿在这个小镇上
它的荔枝林，它的街道，它的流水线，小小的卡座
它的雨水淋湿的念头，一趟趟，一次次
我在它的上面安置我的理想，爱情，美梦，青春
我的情人，声音，气味，生命
在异乡，在它黯淡的街灯下
我奔波，我淋着雨水和汗水，喘着气
——我把生活摆在塑料产品，螺丝，钉子
在一张小小的工卡上……我生活的全部
啊，我把自己交给它，一个小小的村庄
风吹走我的一切
我剩下的苍老，回家[①]

这是打工诗人郑小琼《黄麻岭》组诗的一首，描述了普通女工的打工经历和最终命运。2005年初中辍学的环环如诗中女工一样，怀着对城市的向往，来到威海，开始了自己的打工生涯。虽然除了吃饭、睡觉，打工成为环环生活的全部，她还是满怀期盼——期望尽早成为城市的一分子。但8年后，

① 熊家良：《漂泊在乡村与城市的边缘——从〈黄麻岭〉、〈黄斛村纪实〉解读郑小琼的身份认同》，《名作欣赏》2009年第9期。

环环还是无法在城市扎根,城市只是暂时收留了她们,返乡仍是“环环们”人生最后的选择。透过新生代女性农民工在城市的打工历程和人生轨迹,我们实际上可以看到社会结构、社会关系与作为实践主体的女工的互动:因为处在相同的家庭、时空、社会情境下,女工个体的人生轨迹呈现出高度的相似性,这些相似性和共同轨迹正是社会现实、历史力量在她们的打工生活中留下的印记。个人的人生轨迹不仅是其经历、经验的记录,同时也是社会结构和社会过程的记录,个人的生命历程嵌入在历史与现实的社会结构中。新生代女工“辍学(或中小学毕业)—打工—返乡—结婚”的流动过程既是自主的选择过程,更深受现实与历史的规制。

四、打工与工作的差异[①]

培培来自山东省泰安市的农村,生于 1988 年,笔者在 2012～2015 年对她进行访谈时,她是工友 NGO 机构“家园”的工作人员。在此之前,她在服装公司打工。笔者与培培正式访谈了 6 次,分别在“家园”、她住的宿舍完成,时间共计 10 个小时左右。因为培培同时是笔者在“家园”长期调查的助手,平时接触、联系较多,深入观察和了解得较充分。

培培 2005 年技校毕业后经老师引荐到青岛市城阳区,在某服装厂做工。城阳区是青岛市出口贸易加工区,加工企业较多。从 2005 年算起,培培在青岛已经生活了近 10 年,其间一直没有离开青岛,在服装厂工作到 2011 年 11 月,之后加入 NGO 机构“家园”,成为其中一名工作人员。

(一)打工没有意义

从 2005 年来青岛算起,到 2011 年转到“家园”,培培在同一家服装公司总计工作了近 7 年时间,其间出来找过别的工作,不如意又回去了。但提起在服装厂的打工生活,培培总是轻描淡写地讲同一句话:“其实没什么好说的,每天都是千篇一律。”

培培对于打工很不认可,认为打工没有意义,打工和工作不一样。

> 在工厂和在“家园”不一样,在“家园”是工作,在工厂是打工。我挺喜欢在“家园”的工作,排斥在工厂打工,那是没有什么学历、没有什么

---

① 参见刘霞:《打工与工作的差异性叙事研究》,《当代青年研究》2013 年第 2 期。

经验、没有什么技术的，就是干活的，就和家里下苦力的一样。就不喜欢工厂里的那种工作模式，整天干一个工序就是一个动作，太没意思了。如果我还一直在工厂做的话，现在肯定是找不到对象，准备回家了。

打工，简单说就是“为老板工作”，带有强烈的劳动力商品化或出卖劳动力以换取工资的意味，尤其是在为私营企业老板劳动的情况下。香港学者潘毅认为：“打工一词意味着从社会主义劳动关系向资本主义劳动关系的转变，打工仔/妹则是清楚劳动剥削、具有工人意识的新蜕体。”①

在培培的叙事里，没有凸显潘毅阐释的“打工”的深刻含义，而是包含自己的理解：打工是没有学历、没有经验、没有技术的苦力活，和辛苦的农活没什么区别，而且每天都是重复的没有变化的工序和动作，单调而枯燥，没有任何前途可言，只有回乡嫁人这一条退路，在培培的意义世界里没有打工。透过培培的打工叙述不难看出，她所代表的新生代对于打工的理解有别于老一代：如果说老一代是为了谋生、为了让家人过上更好的生活出来打工，打工就是挣钱养家，就是家里期待的新房，就是孩子们需要交纳的学费，就是老人等待的养老钱，新生代却赋予打工更高的期待——不仅是挣钱、谋生的手段，应该是有尊严的、体面的、充满人性化的管理，并伴随生活方式的变迁。而所有这些目前的打工都不能满足，所以打工还不是工作。

现在的管理模式和以前的不一样，我上班的时候是打骂式的，打倒是谈不上，但是骂。每天都能听到的，男的女的都骂，那个骂不是粗俗的骂，就是训你……工友哪敢反抗，听着受着。而且干活还拖点，什么时候干完什么时候下班，我来的时候最晚的时候能延时 2 个小时，不让吃晚饭，就白干，对管理人员都反感。

每天都是千篇一律的，每天 7 点上班，6 点起来，上班，加班加到晚上八九点，有时 11 点左右，后来少点了到 8 点左右，一周 5 天加班。其实没什么好说的，下了班就在宿舍里，早的话出去转转买点吃的，晚上八九点钟的话比较晚了就待在宿舍里，洗洗衣服，看看电视，和同事聊聊天。在工厂里就是觉得没有发展，每天都重复一个工作，一点想法也

① 潘毅：《中国女工——新兴打工者主体的形成》，任焰译，九州出版社 2011 年版，第 12 页。

没有了,没有希望,但大家知道没有希望,出来再找工作也一样。出去还得再重新适应环境,在这里还有工龄,个人环境还都适应,虽然没有希望,但大家还是愿意待在一个老的环境里,比较叛逆的少。大家没有办法,没有学历。

周而复始、“每天”重复单调的动作,没有尊严、经常被辱骂,随便延时、不付加班费,加上随时加班、没有私人空间的集体住宿形式,培培对服装厂打工的结论是:“在工厂打工就是下苦力,没什么好的,并没有接触、分享真正的城市生活和文明。”打工诗人郑小琼在接受记者访谈时曾提道:如果从旁观者看来,外来女工上班、加班、休息,跟普通人没有区别。一些从来没有在工厂生活过的朋友甚至说羡慕女工们的生活,为此她跟不少人有过争论。郑小琼认为说这话的朋友没有经历过流水线高度紧张的作业,没有了解到加班、没有双休日、微薄的工资、集体宿舍、夫妻分居、家人长期各在一方的分离之苦。① 可能视角不同,会造成很大的差异性,在旁观者看来,女工友们是一个劳动者的群体,从他们的角度来看女工常常会忽视自己真实的感受。笔者也是在对新生代女工的长期调查中慢慢体会了她们的感受。

专制型工厂管理和工作体制、集体住宿制度、异化劳动的体验,让培培真实感受到服装厂的劳动与自我的分离,并逐渐意识到自己沦为工厂生产的一部机器。对于像培培这样的年轻女工,她们还没有认识到劳动异化与阶级的深层关系,但对工厂专制型的管理、工作模式的体验让她们开始有了初步的反抗意识,这种反抗源于“每天”“千篇一律”的劳动和生活体验,源于对“每天”“千篇一律”所代表的没有希望的不断领悟,这些都说明新生代对工作的发展性和舒适性有了更高的期待。但目前工厂专制与拆分式劳动力生产制度②现实地阻止了她们的进一步发展。如果说男工以频繁换厂——“用脚投票”的方式来抗拒这样的打工,或是通过自己创业来结束打工,对于女工们来说则更多的是选择日常策略,她们的日常策略仍是活泼开朗,尽量让自己适应环境——她们或攒钱旅游,或自由恋爱,或长期在一家工厂做工,让自己待在一个熟悉的环境里,避免频繁换厂带来的不适应和安全方面

---

① 参见郑小琼:《女工记》,花城出版社 2012 年版,第 1 页。

② 参见清华大学“新生代农民工研究”课题组:《新生代农民工的困境与出路》,《传承》2012 年第17 期。

的焦虑。

> 女工友在一个单位干时间比较长的不算少，如果你让她们去别的陌生的单位，她们就有种不适应和恐慌的心理，接触陌生的环境她们担心会不会承受得了，会不会适应。

(二)打工没有前途

面对打工，对于女工们来说，"大家没有办法"就意味着要么忍受并继续这没有前途和希望的打工，要么就返乡嫁人，嫁人似乎成为女工不错的退路。因为缺乏足够的条件，青年女工们没有诸如教育、转行、升迁、创业等逃离打工的渠道，剩下的就是嫁人这个选择了。

> 出来打工就是长见识，想在青岛居住，困难太多，没有人可以帮助、依赖。女工绝大多数会回家结婚，少数与工友恋爱结婚，极少数与当地人结婚，当地人瞧不起外来女工。

《中国青年报》2009年2月6日刊登了记者雷宇关于"一个第二代女农民工的人生轨迹"的报道，报道了"熊金霞"这个第二代女性农民工的"打工—结婚—生子—失业"这样具有代表性的人生轨迹。笔者在近一年的跟踪调查中同样发现：辍学—打工—返乡，这几乎是一般工厂青年女工共同的人生轨迹。笔者访谈过的贤贤、环环、党党、大卫、小欣、阿云等十几人（均为化名），均是初中辍学后就外出打工，在经过3～8年不等的打工之后，无一例外地返乡了，她们或返乡相亲，或返乡结婚。工厂打工对于这些青年女工来讲，并没有给她们带来更多的选择，从农村到城市，从故乡到异乡，打工并没有成为她们人生的转折点，自己并没有因打工而留在城市、融入城市。主流媒体关注的城市化和市民化远未进入这些青年女工的话语世界，也并未进入她们的现实生活，这种现象与何明洁调查的从事服务业的女性农民工也存在差异。

何明洁通过调查"和记小妹"认为："对新生代农民工来说，工作不仅是立足城市的谋生手段，而且是一个具有多重意义的转换平台：它通过在体力、观念和情感上改造劳动者，使之由'准劳动力'转变为符合城市资本要求的'和记猛女'；由工作带来的自立推动劳动者从青涩天真的中学毕业生变成人情练达的社会人；而参与城市工作、生活的经历更为这群怀有新市民梦想的年轻人扎下了留在城市生长、茁壮的根基。”①

但是,对于新生代女工来说,她们更深刻地理解了工厂打工没有前途和希望,工厂打工反而让她们更清醒地发现自己陷在这样一个困境当中,即任何一种自己可以选择的主体位置,对她们来说都在一些重要的方面很不合意——不想回到农村去,或很多时候已经回不去了,但城市也不是自己能留下来的,无论是返乡或留城,她们都在重要的户口、房子、工作、婚恋等方面存在困难,都是不合自己心意的。这正如琼·司各特所说的,“主体具有能动性。但他们不是行驶自由意志的完整的、自主的个体,而是能动性取决于他们的处境和地位的主体。因此成为一个主体意味着受制于一定生存条件、行动者的天资条件以及实践条件”②。这些条件使选择成为可能,但是选择本身绝不是无限制的。这就是被边缘化和处在社会政治秩序底层的真正含义。

(三)从打工到工作的转型

与很多对外出打工抱有羡慕和高期待的女工不同,培培外出前对打工就有自己的看法。

> 当初出来的时候,就是出来看看外面的世界。上初中的时候,村里出来打工的就很多了,那时候知道他们一年才回去一趟,打工工资低还很累,那时想我才不那样生活呢,我才不要打工,还那么累。也有羡慕的,我才不羡慕呢。

打工很累,工资很低,还只能一年回家一趟,忍受远离亲人不能团圆的孤独的没有亲情的生活,这样的打工在培培看来是没有吸引力的,不值得羡慕。培培外出打工主要是看看外面的世界,开拓自己的视野,而不是辛苦挣钱。培培对打工的看法是影响她后来转型的一个非常重要的主观因素,因为从内心一直排斥打工,加上厌倦了服装厂的打工,2011 年,当“家园”负责人邀请她加入时,培培很痛快地同意了,而且积极主动地实现自身的转型,迅速适应机构的工作。笔者访谈的另一位女工阿玲也曾加入“家园”并工作

① 何明洁:《工作:自我转换的平台——服务业青年女性农民工日常工作研究》,《青年研究》2008 年第 2 期。

② [澳]杰华:《都市里的农家女——性别、流动与社会变迁》,吴小英译,江苏人民出版社 2006 年版,第 14 页。

了两个多月，但最终放弃在“家园”的工作重新返回企业打工了。培培接受并融入“家园”的工作，与她对“体面工作”的理解和期待紧密相关。

有尊严的体面的工作，不是干苦力活，干净，轻松，时间短，工资不会很低这种。在办公室的就这么想，并不是工资高。（打工）矮人一等，干这种活大家就觉得只有那些没有学历、没有特长的这样一种人才会干这个活。大家把他们归于没有学历、没有想法、没有一技之长的人，自己也把自己归于一类人，以前看到那些体面的人，就觉得你看人家干活多轻松。

培培试图通过自己的努力改变打工身份，脱离受歧视的打工妹群体，所以她主动接受了在“家园”的工作，并通过不断学习进修快速实现转型，重塑形象和身份。培培认为“家园”的工作是受尊重的、体面的，虽然实际上她在“家园”的待遇比在服装厂低，虽然自己要面对转型带来的诸多挑战。

我都不想回家，感觉在这边待习惯了。我以前还感觉在这里自己就是个外来务工的、打工的，但现在不一样了，我感觉在“家园”有很多机会，会锻炼自己，再一点就是认识很多人，帮助她们也其实就是帮助我自己，我感觉就慢慢地融入进来了。那时候在工厂里包括现在她们在工厂里的，涉及范围很小，就是玩，市场、宿舍、车间，宿舍里交往还行，就是四五个人，知道“家园”的会来“家园”玩玩，别的就是老乡，老乡顶多就是串串门、聚聚，如果像出去参加培训和去看展览什么的，她们就不去。其实她们自己也很想去，但是她们自己就觉得自卑，觉得自己没有这个能力或机会去参加这种活动，自己觉得没有资格去。自己都有种排斥感，包括我做志愿者的时候，自己感觉（打工）没什么好的，认识的人也不多，没什么依靠，人生地不熟的，亲戚朋友都不在。在“家园”工作后，慢慢有留在这里的想法了，在“家园”的工作地位稍微提高了一些，然后包括参加一些学习参加一些培训，逐渐认识一些青岛人，更熟悉了，也觉得自己能融入进去，自己慢慢地学习，自己肯定会有提升的。我觉得比以前感觉好多了，包括交际方面，就是这种社交方面，就是融入上感觉好多了。

怎么算是融入？

首先就是从外面来说，市区城区比较熟悉了；从里面来讲，就是和青岛的包括一些政府部门沟通过了,怎么说呢,就是有一些接触就比较了解了,这些人做什么的,和气不和气什么的,都知道了。在来"家园"以前,觉得自己和他们是两个世界的人,也感觉人家会排斥我们,完全没有自信,不是因为户口什么的,我觉得就是对外界事物了解太少,圈子太小。我之前,就像对大学生,就觉得是可望而不可即的,不是一类人,交往不上来,但是现在我还不是大学生,但接触上来了,就觉得没什么,和我们一样,以前自己刻板印象在起作用。

工作制造着改变,改变充实着梦想。培培到"家园"工作后,"在'家园'的工作地位提高了一些,慢慢有留在这里的想法了",对于自己已经生活了8年之久的城市,"感觉慢慢地融入进来了",对于未来也有了更多的规划和自信。

对自己未来的打算,我就是想得挺美好的,先上学拿学历,大专、本科,3年内不结婚。长远的没有,最近的就是不断提升自己,作为女的最重要的事情就是提升自己。

从一位服装女工,到NGO机构的社会工作者,培培顺利实现了职业的转型,也实现了自己渴望的身份转变。"现在觉得自己加入'家园'很庆幸,如果我当时决定不来的话就错过了一个很好的机会了。"

主动选择转型,说明培培之前的身份以及附带的生活方式并不是自己的选择,而是先赋的制度性产物。从农村向城市流动,培培不仅是为了工作,还是为了获得有别于先赋性身份的另一种身份,为了选择不同于农村生活的另一种生活方式。从这个意义讲,工作与她从农村到城市、在生产和生活方式上的转换合而为一,代表着现代文明的城市工作会成为她在城市生活的根基。

考察培培对于打工与工作的差异性叙事,为我们提供了重新审视新生代农民工关于劳动及其意义的契机,有助于改变我们以往经济学的宏观、结构性视角,使我们对工作、劳动的关注拓展到社会学的微观、社会、文化意义的挖掘。培培作为普通的新生代女性农民工的一个代表,她对打工、工作的叙述和理解必然与社会发展变迁的轨迹相吻合,透过她的叙述及其意义的建构,完全可以从一个侧面折射出社会变迁对个人生活的影响,从而使这样的理解获得一种宏观意义上的普遍性,也使得在这样的理解的基础上给出的解释可以获得社会学层面的充分的社会意义。培培对打工、工作的叙述已经超越了单纯的经济学，包含了丰富的社会、文化意义，笔者试将其梳理如下。

一是就劳动性质而言，打工与工作的差异首先表现在体力与脑力的差异上，后者是需要学历、技术或经验支撑的，是能力高低的体现，非此就是下苦力，就是没有什么学历、经验和技术的，就和家里下苦力干农活一样。而劳动本身是在公有制企业还是在私有、外资等非公有企业并不直接与劳动者对差异的体验相关，香港学者潘毅认为打工意味着从社会主义劳动关系向资本主义劳动关系的转变，在培培这里并没有明确地反映出来；同时，将打工与工作置于体力劳动与脑力劳动的对立下理解，有助于提高人们对个人学历、技术等与脑力劳动相关的能力提升，但不利于新生代对体力劳动价值的承认，有可能助长新生代“不劳而获”的意识和行为。

二是劳动过程中所接受的管理与控制，直接关系新生代对打工与工作的差异性评价。像培培这样的新生代农民工已经呈现出不同于老一代的新的社会群体特征：他们比老一代更加厌恶“农民工”这个提法，他们力图获得完全公民身份的取向也更为强烈，他们自身的发展定位也主要放置在城市，对城市生活的适应和接纳同时意味着对农村老家的疏离，他们中相当一部分人完全没有务农经历。因此，他们在企业中不再仅仅是埋头干活，挣钱吃饭，而是对规范的公司制度、工作本身的意义和个人发展前景产生了更高的期待和憧憬。这使得他们对“工厂专制政体”更加难于忍受。新生代不愿当机器，当机器上没有名字和感情的零部件，对个人发展的考虑，对自由和尊严的渴望，对做有意义工作的向往，都鲜明地展现出这一代对工作的发展性和舒适性期望更高，同时折射出她们对人格尊严等权利的意识萌醒，对公平公正的渴望。斯科特发现：“以前许多是农民的工人的许多抱怨不仅集中于工资和工作环境等一般问题，也同样地集中于不被重视和被无礼地对待。应有的人类待遇的需求频繁地出现在工人的报告中。工人们愤怒的来源基本上是两类事物的结合：特定的物质剥夺以及他们自己所称的缺少应有的人类待遇。应有的人类待遇的缺少伤害了他们的公正感。”[①]对人格尊严的

① [美]詹姆斯・C.斯科特：《弱者的武器》，郑广怀、张敏、何江穗译，译林出版社 2011 年版，第 102 页。

重视,对公平公正的关注,某种程度上代表着新生代开始要求“企业公民”的合法身份。

三是劳动是否有变化,千篇一律的无变化、无改善的劳动就是打工。每天都重复一个工作,就意味着原地不动,没有变化、没有改善的就是没有发展的,不是向前的,不代表发展的方向,是落后与停滞的代名词。新生代渴望有变化和发展的工作,因为变化意味着可能的发展、提升或前进,这与主流话语所倡导的发展话语相吻合,也从中可以看出改革开放后国家力推的发展话语已经深入青年内心,从一个侧面折射出社会的变迁。

四是打工与工作的差异是和家庭伦理联系在一起的。一年才回去一趟,打工意味着离开自己的故乡来到异乡的城市,往往同时代表着亲人分离、夫妻分居、父母子女相隔两地,缺乏完整的家庭生活和温暖,造成留守子女教育、留守妇女与老人的问题,婚姻危机问题等。

五是打工与工作所带来的收入高低差异。这一点放在最后同时说明:打工与工作的差异并不必然就是简单的货币收入的多寡,货币收入的多寡只是差异的一方面。[①]

2018 年“家园”因为种种原因没能维持运行,培培在这一年与当地小伙结婚。结婚后的培培一直做书店销售员。从培培的发展我们还可以预测,未来农民工身份转变必将与打工到工作的转型紧密相连,而且可能与服务业的迅速发展联系在一起。相对于加工业等工业生产,服务业对新生代的社会化程度可能更迅速、更充分,带给新生代的劳动体验是更多样的,更接近城市生活的。同时,新生代自身的素质和观念、要求转型的积极性也是他们实现转型的重要主观因素。

五、服务新工人的法律工作者[②]

学超,男,1985 年生,来自山东省泰安市的农村。学超在打工城市发展得比较成功,但最终在 2016 年返回老家。回乡后,学超开始做树种育苗与销售,后来做起了电商,2018 年结婚,现在是两个女儿的爸爸了。学超很好地

---

① 参见刘霞:《打工与工作的差异性叙事研究》,《当代青年研究》2013 年第 2 期。

② 参见刘霞:《生命历程视角下新生代农民工的返乡选择》,《中共青岛市委党校　青岛行政学院学报》2014 年第 2 期。

代表了新工人群体中认同城市、喜欢并适应城市生活的一部分，代表了他们中大多数的特点和境遇。

笔者对学超进行了3次正式访谈，均在“家园”机构完成，时间共计5个小时。因为学超是“家园”法律课堂的讲师，笔者经常有机会与他闲谈，并听他给工友们上课，对受访者了解较多。作为新工人的典型代表，学超高中辍学后外出打工最后返乡的人生轨迹具有普遍性和代表性。

（一）从高中辍学到工厂仓库保管员

2005年，作为体育生的学超放弃了高考，因为学校让体育生在毕业前交3000多元的上课费。

> 我觉得反正考不上，就回家了。家里说让我自己决定，自己不后悔就行，我上面两个姐姐都是这样（辍学），家里也不富裕，就出来打工——淘金，出来几年挣一二十万。但出来想学技术，不知道向哪个学校学技术，听听这个学校说不行，学不到东西，打听打听那个也说不行，一直没有定下来。后来在家闲不住了，姑家的妹妹在青岛，就说来青岛吧。

就这样，辍学后的学超走上了和姐姐们一样的打工路。

揣着200元，学超来到青岛市城阳区的工业园。坐火车来青岛的路上，学超还满怀信心：条条大路通罗马，上不了大学，自己照样也能闯出一片天地。但是来青岛不到一个星期，残酷的现实让他感到眼前几乎没有通往“罗马”的道路：“没技术，可以干体力活或者上流水线，想上技术岗，没门。”这是工厂给他的一致答复。很快学超吃完了从家中带的两摞煎饼，身上的钱也快花完了。在老板答应可以提前预支200元工资的条件下，学超进了一家韩资企业干起了仓库保管员。保管员实际上是扛包工兼仓库看门人，学超当时一个月的基本工资只有800元，为了多赚点加班费，他每天工作都超过12个小时，晚上身体一沾床板就睡着。

学超在仓库保管员岗位上干了半年多，后来一个老工友的一席话，让他对将来的打工之路有了重新认识。那位工友年近40岁，不到20岁就从老家出来打工了。他对学超说，自己现在年纪大了，老婆孩子都在老家。像这样打工，想在青岛打拼出来一个家几乎是奢望，最后还是要回老家。可在青岛打工生活了20多年，已经很难适应老家的生活了。适应了的地方留不住，必须要回的地方又不想适应，整个人生因为外出打工掉在了空里，想想都心酸。工友一席话深深触动了学超的心，他感到如果自己每天只是被动地在工厂干活，不去规划将来的人生道路，也将走老工友的路。

我是比较稳定的人，公司只要给我个空间，我就不老换单位。但韩资企业不重视基层的培养，他重视的是韩国人啊，公司不会栽培你，不会根据你的能力聘你为车间主任啊什么的，我想还是走吧。公司所有的管理层都是外面的，中下的是工人出来的，干十几年提个车间主任什么的，有什么意思呢。我给你付出了十几年，不值，我觉得没有前途，时间太长了，上升的空间太小，我就走了。

为了避免重复上一辈打工者的无奈，2006 年前，在每月工资已经超过 1500 元的时候，学超决然地离开了工厂。

（二）从酒吧调酒师到法律工作者

一次偶然的机会，学超在大街上看到了“家园”的宣传单。“家园”是他所在工业园一个为外来务工人员提供社会服务的 NGO 机构。

第一次进这个组织的感受我还挺清晰：当时去的时候，我在外面打工已经半年多了，在公司上班感觉特别没有人情味，计件制让大家都斤斤计较，工友之间就这样，流水线压力是很大的，大了就会产生摩擦。而且工作是枯燥无味的，你想整天干一样的，就会产生一些摩擦，内心释放不出来。还有车间里的声音（属于电子产品加工企业），机器的声音，“砰砰砰砰”的，重复的，“你怎么割那么慢”，被说的工友就有压力；“你怎么割那么快，你要干什么啊”，另一个工友就有压力，就这么一句话，矛盾就出来了，火就上来了。所以，当你一个人回到宿舍，这种压力的释放就是给家里打电话，因为离得远还得报喜不报忧，所以你就一直释放不出来。我去“家园”的时候，大家正在 K 歌，外面的在打乒乓球，大家一起聊，聊的和工作没有关系，还有下象棋的，看书的，这个氛围非常非常温馨。当时那种感觉让我至今还是记忆犹新的，就感觉这里的确很放松。

渴望交流、乐于助人的学超一下子就融入了这个新的“家”。后来通过“家园”，学超参加了青岛团市委组织的调酒师技能培训，仅用了半年的时间就以优异的成绩拿到国家高级调酒师证书，当时就有好几家酒吧有意雇用他，工资从3000元到4500元不等。学超后来在酒吧的工作时间并不长，很快就发现自己又走弯路了：因为对酒吧环境没有考察，DJ的声音、全部夜班、生物钟颠倒，最主要的是鱼龙混杂，太乱，学超觉得自己的性格不适合那种环境。同时在“家园”的志愿活动却逐渐让学超认识到“家园”工作更有意义，2006年8月，学超正式和“家园”签订合同，成为“家园”服务团队的专职社会工作人员。

学超在“家园”的收入非常不固定，在工厂工人普遍工资超过1500元的时候，他只有1000多元。他参加“家园”服务团队，看重的并不是工资收入，而是学习的经历。通过主持“家园”工作，他自己的管理和组织能力从无到有，不断提高，特别是2010年他自学社会工作专业课程，考取了初级社工资格证。他还自学了专科、本科的课程。“家园”的工作同时让学超找到了自己的价值实现。学超在“家园”自学法律，不但维持着“家园”的工友维权热线，而且是实践中的工友维权助手，在“家园”的第一年，学超就帮助工友们讨回工资和各种赔偿100多万元。“这是不是比我个人一年多赚个两三万有意义得多？”2007年，学超来到青岛某农民工市场，在这个有着6000多流动农民工的市场里，他干了一年的挂职团委副书记。除了放电影、送演出之外，他还成立了“青年互助委员会”，统计出市场里诸如钳工、木工、钣金工等工种有多少人，以实行统一定价，维护了农民工的权益。这一切，让学超在青大工业园、流亭工业园里颇有名气。

学超的成长和发展与“家园”是分不开的。

在“家园”这边有思维的转变，我的感觉就是真的开阔视野。在老家的话就想着好好工作，打工挣点钱，那都是谋生的手段。但我拿出律师资格证来的话培养我自主学习的能力，而且在老家看来这就是一个从体力劳动向脑力劳动转变，比较大一些，自我价值感也强。当律师帮别人讨薪带来的成就感与自己挣钱还是不一样，个人成就感更大，而且还有很多，整体感觉就是比在我老家要开阔很多。包括我回老家，回去和那些一起长大的也聊不到一块了，感觉他们关注的谁家结婚、谁家吵架什么的。应该更多的关注一下个人的发展，怎么发展，但更多的人还是关注在钱这点上，我把这个活干好，我挣2万3，明年多加点班挣2万

> 5,我肯定就不这样想。我看得长远一点,今年挣2万3,明年我考出资格证来,我有更高的发展,或者我今年挣1万1,你可能笑话我,但是我可能注重比较长远的,我现在虽然1万1,但是时间的安排特别适合我自己的提升,我可能谋求更高的发展。我现在思路的转变已经接近城市人了。

因为“家园”,学超也产生对青岛的归属感。笔者访谈学超时,他总是很坚定地说自己要留在青岛。

> 我为什么就要留在青岛,不走了,就因为我知道怎么规划自己了,不管这个规划能不能实现,最起码我有一个归属感了,有目标了,让我去工作,让我去努力。没有这个的话,我可能还在流动,枯燥无味的活,那我还是回家吧。“家园”的这个组织让我找到了归属感,找到了定位。

学超对青岛的归属感源于三个方面:第一个是人际方面的,在这边有朋友,有自己的人际圈子了;第二个是人生发展方面的,建立在朋友圈的基础上,加入一些职业圈子,与自己的人生定位比较吻合;第三个是对周围环境熟悉与接纳,便民的配套措施、环境宜人、临海环境美等。但这三个因素需要学超经过时间来慢慢积累,前两个扩展不开就不想留下,学超认为自己融入青岛的转折点在4～5年。

(三)不是不想留而是留不下——“一堵难以穿越的墙”

> 从农村到城市,流动的影响最大的是亲情的问题是难以解决的。这边的环境是很好,但你不能独自享受啊,把家人接过来吧你还承担不了,所以这个是很难割舍的。包括我后期可能在青岛定居,我可能照顾不了父母,这个一直是我的牵挂,自己牵挂还无法解决。你说其他方面像不能享受社会的政策啊,各方面的福利待遇啊,如果说能把亲情问题解决了,福利什么的我可以自己多卖点力吃点苦,可以自己弥补。男孩面临这个问题。而且我怕一旦被城市淘汰了,一旦我无法在城市生活了,那么我回到老家时又是什么情形呢?有这种担忧,我这个思想已经城市化了,但是我的生活质量不能,我遭到排斥,那怎么办呢?

留城的困难和来自婚姻、养老的压力最终让学超做出了返乡的决定。2013年1月31日,《青岛日报》记者对学超返乡做了一整版的报道。学超对记者的最后表达是:“城市和农村始终有一堵墙,我个人无法穿越。”

学习法律知识,为工友维权,闲暇时间组织文艺演出,年节时分到劳动力市场、车站等场所宣传劳动法,这是8年来学超活动的圈子。学超在青岛8年的打工、社工工作中已经培养起对青岛的城市认同,这包括建立在人际交往基础上的社会性适应和认同、建立在文化适应基础上的深层城市文化认同,还有学超自己的身份认同,但8年之后的他因为经济上的拮据最终选择了返乡。面对婚姻、留城买房、养老的压力,收入太低最终结束了学超8年的城市闯荡之旅。

(四)返乡的影响因素

不同生活事件发生的时间以及随之而来的社会、家庭对个人的角色期待的变化标志着人生轨迹的重要转变,进而影响到一个人对未来生活的预期。结婚这个每个人都必须面对的生活事件在个体的生命历程中具有里程碑意义,同时也是由家庭、社会所规定的生命历程的社会性时间,标志着从青年到成人、从个人自由到家庭义务和责任的生活轨迹的转变时机。从生命历程的角度分析,影响学超返乡的人生选择因素主要包括以下四个。

1.性别角色与生命历程发展阶段

性别角色指特定性别被社会赋予其在特定情境中表现出的特定的心理行为模式。作为家里唯一的男孩,学超的返乡选择与他性别角色、生命历程发展阶段紧密相关。[①] 新生代农民工处于生命历程中的青春期中后期,其生命历程阶段最重要的任务之一就是完成婚姻组织家庭,否则将不会获得社会和家庭的认同,这就造成了大多数新生代农民工最终因婚姻问题而不得不选择离开城市。

笔者在学超返乡后通过QQ与他联系过。“年龄大了,家中父母也年迈多病,我一走便是8年,只有过年才能回趟家,也没有尽到做儿子的职责。在外做公益工作工资低,难以维持父母所需要的医药费、生活费,考虑很长时间才决定离开。”(2013-2-25 QQ记录)

28岁的学超据说是村里年龄最大的未婚青年,作为父母唯一的儿子,学超感受到了年龄带来的巨大压力:必须结婚了,必须担当起一个农村男孩应

① 参见张世勇:《生命历程视角下的返乡农民工研究——以湖南省沅江镇的返乡农民工为表述对象》,华中科技大学博士学位论文,2011年,第Ⅰ页。

该的责任了。人不可能总活在典型里,在为工友服务了7年之后,学超也没了最初的锐气。收入低,要在城市买房结婚遥遥无期,父母年龄大需要照顾等诸多问题,都让他开始认真考虑自己的将来。

多次让他回家,好坏找个活娶个媳妇,现在倒好,父母在家受罪。

学超姐姐的话也许能代表来自家庭的压力。像学超这样的未婚新生代,"大多是在一种社会期望中从农村外出务工,他们怀着对外面精彩生活的向往,其中夹杂着太多的青春期阶段性目标,这在很大程度上预示着其前途的不确定性。新生代在心智尚未成熟时离开父母外出打工并独自生活,社会已经为他们规定了生命历程的社会性时间。这也预示着新生代所要经历的普遍生活道路,而这种生活道路也仅仅是到城市打工而已。等到生命历程进入婚姻阶段时,他们都得返乡完成婚姻的重要生命事件"①。

2.城市生活的理性反思

在城市生活中,对个人前途由充满期望到日益加深的迷茫让新生代农民工学会不断反思。学超在帮助了数以万计的农民工维权、丰富精神生活后,他自己8年后却仍没有办法融入青岛,跟着他回老家的,只有"山东省优秀团员"等一堆证书以及五六个布包。在帮助工友维权中,学超既实现了个人的价值,也深深感到个人的无力与无奈:工友阿波被机器切去3根手指加大半个手掌的13万块"血肉钱",胜诉两年后还在等着执行……这些让学超理性思考自己的能力到底有多大。在目前国家对社会服务组织发展的有限支持下,社会服务组织的发展壮大受到较大影响,也影响到学超这样的社工的未来发展。

高额的城市生活成本也不得不让新生代农民工学会理性反思。学超认为,应该以男人的身份,做点事情,"但现在来说,我光依靠工资,承担不起来,以后要有小孩的话,小孩的费用就高了"。学超在城市的花费中还有更大的感情投入和学习方面的投入,根本攒不住钱。农民工有那么多,而学超只有一个,名气越大,找他的人越多。他的手机里,存着上千个工友的电话,谁有什么事情找他,他都乐意去帮忙。这让他涨了四五次才涨到2000多元

① 张世勇:《生命历程视角下的返乡农民工研究——以湖南省沅江镇的返乡农民工为表述对象》,华中科技大学博士学位论文,2011年,第Ⅰ页。

的工资更加捉襟见肘。每次听学超说自己在青岛一年帮助工友讨回了几百万的欠款，他姐姐就会黑着脸说："你今年带回多少钱？"每次面对这样的质问，学超都无言以对。

3.奢望的城市婚姻

对于从农村来城市的打工者，由于受政策、制度、偏见等的影响，他们很难具备像城市居民一样的生活基本保障，与本地居民通婚对他们来讲是一种奢望。

4.老家农村的舆论压力

学超老家是个有着3000多人的大村子，村民们都知道他。知道的理由并不是他出名，而是因为"都28岁了"——在外"混"了8年，既不见风光还乡，也不见有大事业。"千万别像XDJ家的超儿那样，天天在外边胡混，连个媳妇都找不到。"这是村里大人们常常教育自家孩子的话。2006年之后，这个不富裕的村庄因为锅炉厂和建筑公司这两个村办企业富了起来，不少外出打工的壮劳力纷纷返乡，在村办企业里上班，平均月工资在3000元左右。村里家家户户都盖起了二层小楼，不少村民还开上了私家车。XDJ家也盖了楼，带装修一共花了13万，多是两个女儿补给的。提起自己的弟弟，开了个加工锅炉配件小作坊、日子过得很不错的学超大姐又恨又疼："我爸妈过年都不敢出去给人拜年，就怕别人说起我们家超。有时候别人来串门，问起来，我爸妈就说超是在律师事务所工作。"在老家的舆论压力与道德绑架之下，大部分像学超这样不愿充当不孝子的新生代在经济和情感无法自主的情形下，还是选择返乡相亲、结婚。来自家乡的舆论压力与道德绑架，让学超和家人倍感紧张。①

> 昨天所有的荣誉已变成遥远的回忆，跌跌碰碰已年近30，今夜重又走进风雨。我不能随波浮沉，为了我挚爱的亲人。心若在梦就在，天地之间还有真爱，看成败人生豪迈，只不过是从头再来。（2013-4-2 QQ空间）

① 参见刘霞：《生命历程视角下新生代农民工的返乡选择》，《中共青岛市委党校　青岛行政学院学报》2014年第2期。

六、技术型的新工人

玲玲,1991 年生,来自山东省泰安市的农村。14 岁辍学外出打工,2004～2008年在淄博某服装厂做缝纫工,2009 年开始在青岛打工,先是在服装厂做缝纫工,后到某电器公司做气焊,之后在农民工社会服务机构短暂工作过,又回到之前的电器公司做气焊工至今。2016 年玲玲与工友同时是老乡结婚,结婚后继续在电器公司上班。目前在青岛城阳区的工业园租住,已经是两个女儿的妈妈了。

笔者对玲玲的访谈持续时间较长,2012～2016 年,断断续续,共访谈了 8 次,时间在 10 余小时。访谈地点在 NGO 机构"家园",还有她的出租屋。玲玲是新生代女工的优秀代表,因为积极参与"家园"和打工地的公益活动,获得了很多荣誉,包括地方政府颁发的针对外来务工人员的荣誉。玲玲也是新生代女工中通过个人努力,学习、掌握生产技术,最终实现向技术工人转型的代表。

(一)打工历程

2004 年 5 月,玲玲和年纪稍大的堂姐一同去了淄博,在一家服装厂工作。

> 记得刚出来工作时,在淄博的一家服装厂。那么幼稚天真的一个我,不敢跟别人说话,不敢多看别人,感觉做什么都要好小心,总怕自己会惹别人生气,怕同事们会不喜欢我,怕舍友会看不惯我的习惯。不过还好她们没有讨厌我,而且我也很快和舍友成了好朋友。记得在我到这家服装厂一年的时候,有一个和我同岁的,来到我们厂工作,和我住在一个宿舍,我们很聊得来。很快我和她成了特别好的朋友,她生日比我小,她的名字叫李敏,但是我们平时都叫她小柳。她是性格活泼可爱也非常细心的一个女孩,虽然她比我小但她特别会关心人,每次我生病的时候,都是她关心照顾我。每次有好吃的都会想着我,而且每次她都吃少的一半,把多的一半给我吃。那时我们都小没有那么多烦恼,下班后就一起出去玩,一起逛街,一起去超市,不爱出去时就在宿舍打打闹闹,我们一起快 3 年吧!那时候好开心。
>
> 服装厂经常加班,而那个时候她又非常的小,老板娘很心疼,偷偷

地跟她说晚上可以不用来，在宿舍待着就行。她说等下午下班的时候天已经很黑很黑了，自己一个人也不敢回，于是继续留在工厂里干，一次也没早回过。

工厂计件，你做多少活儿就给你多少钱。第一个月我不熟练，只赚了240来块钱。之后每个月700～900，最多的一次赚到了1000多，呵呵。

玲玲把赚到的钱绝大部分都带回了家。第一年她只花了30块钱在车站给自己买了件粉红色的上衣。在淄博她待了4年，2009年“五一”的时候来到青岛。

来到青岛工作，来到青岛后又进服装厂，在这家服装厂感觉还行，就是工作时间比较长，每天都要工作12个小时，有时活忙了都要干13～14个小时，工资还不高，在这家公司工作了两年多。之后我想找个加班少工资高的公司，累点不要紧，听朋友说在电器厂做焊接的工资高，时间短，我就突然很想去，我就向朋友打听电器厂。之后在朋友介绍下，我来到电器厂上班，来到之后才知道，一切没有想得那么好，来到之后我选择学气焊，这才知道焊接真没我想的那么简单，活特别累，也很脏。刚学时天天累的手指和手腕疼，每天下班后回到家动都不想动。我告诉自己，既然选择了，不管怎么样都要坚持下来。我做到了，我坚持下来了，从一个对气焊什么都不懂到很熟练，我用了3个月的时间。

其实，至于曾经的8年我自己都不知道是怎么过来的，8年听起来真的很长，但是现在想起来好像是一转眼。有时候真的想把曾经8年的点点滴滴都写下来，但是我这个人很笨，想写却不知怎么用文字表达。8年中有多少擦肩而过的朋友？有多少要好的朋友？虽然曾经的朋友很多都联系不到了，但是每当想起他们的时候，还是会有很多酸酸甜甜难以代替的感觉！8年中我真的不知道自己收获了什么，是经历？是锻炼？还是8年来酸甜苦辣、喜怒哀乐的生活？也许唯一收获的就是自己真的长大了。

来青岛这个电器厂的时候，想干个时间短的，想着这里时间短。去了才知道不一样，活太累了(气焊)，别人去一天两天就跑了，干得住的结婚的多，没结婚的干不住，那么脏那么累！夏天车间里那么热，还得拿着火枪(气焊),那么长的火苗,还得全副武装。没结婚的干不住,结婚的主要因为时间短,接送孩子方便——早上 8:30 上班,下午 5:30 下班,不耽误接送孩子,她们喜欢这个时间,而且工资高,出徒了 3000 多元(2010 年,服装厂加班后工资每月在 2000～2300 元),不少。我干了半年多,到夏天就是干不下去了,一热了就烦了,加上又打眼睛了,磨光机的铁屑打的,当时没在意,没吹风没事,光以为是眼睛进沙子了,回来去保健医院,不敢弄,医生说得去大医院,沙子进黑眼球了,没有麻药没法弄。我很害怕,一说去大医院我就害怕了,医生说快去吧,越往里就越难弄了。去人民医院,一看医生拿的针头就吓晕了,针头很长,挑来挑去的,吓死了,不疼,挑了几分钟,现在的麻药都是眼药水,一会儿一点、一会儿一点,包起来,和独眼龙似的。过两天回医院复查。看完药钱找主任报销,找好几趟不给我报,说:你问也没用,就是不给你报。你不给我报我自己找人报,反正我和你说了,我就自己去厂长那里,我就一直在外面等,最后报了。车间主任就怕挨训,这是安全事故,现钱点给我了。从那时我就不想干了,又脏又累又热,尤其夏天,干不下来。

玲玲因为天热难耐,害怕工伤,报销难,“又脏又累又热”压过了时间短的好处(气焊是 8 小时的工作时间,当时其他打工的时间一天一般在 10～11 个小时),最终放弃了好不容易才学会的气焊工作。

后来就干临时工,干服装。干临时工也不容易,每天早起坐车,换来换去。

玲玲在对比中、在不同打工的实践中,慢慢认识并找到了自己最想要的工作。在服装厂做临时工她最烦“修不良”,扣钱,大件一件扣 4.5 元,小件扣 4 元。干临时工计件,大家有竞争,有人自己干不完却早早抢下活,整体上车间人际关系比较简单。临时工中午管一顿饭,为了赶货,大家都不敢喝水上厕所,一个姿势赶货,太累,有压力。不愿在服装厂继续干是因为“时间太长了”,一般 12 个小时,下班只剩睡觉了,而且挣得钱少。

去新厂子得适应,干烦了,也不认识人,老嫌我干得慢什么的。干烦了,干了半年临时工可不容易了,赶紧找个厂子。不想再去服装厂了,干好多年了,一出来就干服装,干够了。干烦了,也不是因为累,时间太长了，太难熬了，一会儿看一下时间，熬时间，晚上还加班。考虑来考虑去，过年回来后，还是回电器厂，累不累的，时间短点。再说也学出技术来了，那么不容易学那个技术。那个厂原本不要回来的人(辞职后)，不要以前干过的，厂长认识我了，因为报销的事，也是老乡。按照程序，我还得经过面试，程序一样走，厂长和面试的人打招呼了，气焊不好学，留不住人，如果我是普通员工肯定也不要了。我们班我最小，22岁。当时车间很多人说我：你这么小就干过这个，汗就滴答滴答的，一天不断，工作服都粘在身上，热得受不了了。现在回来再坚持。哪一样也不好干，临时工也不好干。他们都羡慕我的工资，3700～3800(2012年的收入)，我是我们班干得最好的、最快的，工资最高。学徒都是跟我学。你干活好了肯定领导对你好，我这回是下决心干了，回去还觉得别扭，有压力，怕人说你怎么又来了，我就怕在人家的眼里是不好好干活乱跑的人，有压力，所以一直好好干。现在挺好的，学徒都跟我学。当班长不可能，让我当组长，我说不行，什么也不会，组长有点补贴，还有带学徒。气焊的乙炔容易爆，很危险，有一次我刚放下枪就爆了，全车间人就跑了，我也跑了，那次我心理压力可大了，我刚放下就爆了，我老想如果是在我手里爆了，我这只手不就废了吗，一想心里就害怕。熟悉点就没有那么害怕了，爆炸后那几天我就不敢点火了，班长给我点火了我再干。挺害怕的，时间长了，熟悉了就不怎么害怕了。先开氧气再开乙炔，如果反了或一块开就爆了，开火前不能混合。才去的时候累得手可疼了，手拿枪拿得累，动作可多了，手腕疼，手指疼，按按有个手指上不来，麻木了，坚持下来就这样了。

在这之后，玲玲坚持干气焊干了3年。2013年，农民工社会服务机构需要工作人员，玲玲是这个机构的积极成员和志愿者，机构的负责人邀请她加入。经过考虑，玲玲加入了服务机构。在机构的主要工作是组织工友周末的公益和文娱活动，涉及活动的设计、总结、新闻撰写等文字工作，工作时间是周一至周五从上午10点到晚上10点左右，周末上午9点上班。习惯了技术型气焊工作的玲玲，还不能适应机构相关的文字工作，自己觉得吃力，工作没有成就感，也不愿意去学；时间上也比气焊工作时间长，“上班不像上班，下班不像下班”；机构工作中走访工友人家不理，搞活动没人参加，“非常沮丧”。在坚持了3个月后,玲玲最终从机构退出,重新回到了电器厂。这次,厂长还是同意她回来了。

(二)成长为技术型新工人

“8年中我真的不知道自己收获了什么,是经历?是锻炼?还是8年来酸甜苦辣、喜怒哀乐的生活?也许唯一收获的就是自己真的长大了。”(QQ:2012-7-25)

打工历程同时也是成长之路,在辨别、对比、参照中,玲玲慢慢厘清自己真正需要什么,打工的价值目标在不断选择和对比中慢慢清晰、明确下来。这个过程同时也是玲玲从一个初中辍学的未成年人逐步成长为一个成熟社会人的过程——自主选择、自己负责。

对于玲玲来说,相对服装厂等工作,气焊的劳动强度更大,技术要求更高,“又脏又累又热”的气焊活蕴藉着常人难以忍受的无奈。“玲玲太强了”,机构的女工这样评价玲玲:因为气焊、电焊对身体有一定影响,工友们之间都传这工作会影响生育,但是玲玲不在乎。玲玲也不像很多打工人,想着是在为老板打工,就充满着抱怨和不满,她认为气焊工作是自己给自己打工,只有通过工作,她才能换取不菲的工资,并提升技术、积累经验,她将精力和热情投入工作中。通过工作,她换取生活费用,拓展资源,为未来铺路。玲玲不沉溺于幻想,被抱怨、焦虑、怨恨包裹,而更愿意以积极的方式,面对当下,主动选择成为一个依靠技术获得经济收入的工人。技术型工作不仅给玲玲带来相对较高的经济收入,也让她获得更多工作之外的自由时间,每天8小时、每周5天工作之外的自由,是其他打工人羡慕的,服装厂、电子厂、工艺品厂等新工人每天工作时间一般在11个小时左右,每周工作6天。玲玲在工作之余开始尝试网络直播和带货,这不仅开拓了赚钱渠道,也使她较快地赶上了网络经济时代。2020年,玲玲和丈夫一起在城市租房生活已经数年,两个女儿都在身边长大,大女儿在读幼儿园。

从血汗工厂到正规公司,从简单体力劳动到熟练技术工人,从漫长的加班到8小时工作,从极低工资到较高收入,玲玲在打工中拾级而上,低调而缓慢地改变着自己的处境。打工同时是成长和发现自我,玲玲对自己的评价是:通过“家园”这个机构、平台,她学会了很多东西,得到了提升和锻炼,从脆弱到坚强,从小女孩到大人,从小我到大我,从逃避爱、友情到敢爱敢付出,内心冷漠到阳光温暖,胆怯到大胆,完成了自我的成长和提升。

对于初中没毕业或毕业就外出的未成年来说，打工之路也是继续社会化的过程，是作为社会个体的社会化的过程，同时也是作为工人职业化的形成过程。流水线劳动对劳动者严格纪律、严把质量、时间控制到身体上的规训，慢慢到技术工人相对严谨的技术训练、技术信仰和职业道德的建立，是构成职业角色的知识、技能、行为、态度以及职业角色价值的获得过程。在这个过程中，玲玲通过坚持和选择，最终成长为一名技术型新工人。

七、关于打工的叙事

每天白天工作 9 个小时，从早晨 7 点半到中午 11 点半，中途吃饭半个小时，12 点开始接着工作，一直到下午 5 点。他们的工厂是白夜班互换，半个月调换一次。晚上从 7 点半开始，工作到 11 点半，然后中途休息，可以吃饭、聊天或者其他，半小时后，12 点接着干，到凌晨 5 点下班。另外，平时工作必须穿厂子里面配发的统一的工作服。工作时间不允许随便说话、随便请假。但如果有人打电话的话，可以接一下，但不能时间过长。

白天累得难受，有歇班的时候就想在宿舍睡觉。如果“五一”长假什么的，可能和同事去外面游乐场玩，可能去 KTV 唱唱歌，放松一下，也可能去溜冰场滑滑冰、跳跳舞什么的。其实，活动很多，想做的想干的也很多，只是没有精力，白天要上班，每天都要加班。虽然表面上说加班自由，其实很难下早班（早下班），领班不请假（不准假）也没有办法。

这是新生代最普通的劳动情况，时间太长、太累几乎是关于打工劳动的所有记忆。现在能记起之前的打工劳动仍是关于时间的描述。

严德是山东泰安人，技校毕业后在青岛某石油机械公司上班。他不认为自己是“打工的”，觉得自己比“打工的高一点点”，因为自己工作是技术型劳动，不是流水线上的低技术甚至简单体力劳动。但是在车间与本地人一起工作时又感觉自己是“外来的”，在老板的眼里自己是“打工的”。严德坚持不在流水线上打工，因为时间太长，人变成机器了；也不会在工厂干一辈子，“太自闭了”，工厂之外没有任何联系，与世隔绝一般。严德自己在外也会感到孤单、孤独，认识农民工服务机构“家园”后，经常参与机构组织的新生代的外出郊游、爬山。严德周围已婚的新生代不少,但是两地分居的多,身边不少"临时夫妻","大家都知道,没人说也没人管,这是私事"。

阿进是湖南人,"80 后",高中毕业后外出打工,现已离婚,孩子跟妈妈生活。阿进先后在上海、天津、济南等地打过工,目前在青岛某石油机械公司上班,已经工作 4 年。阿进觉得在工厂干活就是"混日子","干那么长时间才开那么点钱",都 4 年了,没有从一线工人提拔一个干部,有"被剥削感",所以上班就"磨洋工"。加班时间太长,有时还不给加班费,给的时候也很低,加班一小时 10 块钱。阿进讲"工厂不自由"。这个公司有五险一金。阿进觉得再婚很难,如果回村里找对象更难。村里 10%左右混得好的都在外面买房安家了,50%左右打工的回家,30%~40%的还没有找到结婚的对象。村里的小姑娘 10 个有 3~4 个留在城里了,像北京、上海这样的地方。女孩回家找对象的少了。阿进对"农民工"这个称呼不觉得有好坏之分,领导称呼"农民工"很正常,但是自己不能这么叫,城里人一般也不会当面叫"农民工"。在外打工,阿进与城市人只是一般交往,有事不会找他们。自己从没想过在外面买房,因为"太贵了",他再挣点钱还是回老家养老。阿进在打工中觉得工厂对工人有剥削:平时有点活干不完就延长半小时到一小时,但是这个时间不给加班费。活少的时候就雇用 10 个人,但订单多的时候不加人,只是让大家加班,周一到周六每晚都加班,加班到晚上 8~9 点,但是加班费很低。

佳俊是湖南人,丈夫是陕西人,俩人在广州番禺的打工地认识并结婚,5 岁的女儿带在身边。佳俊认为在工厂打工"无聊"。她以前在电子厂,电子厂有污染,夏天隔几天就会有一个女工晕倒(因为车间太热,加上工作有污染)。车间的门口随时摆着一个担架。电子厂女工占比超过 90%,女工们也知道有污染,但具体是什么污染说不清楚也不太懂。佳俊说厂方是喜欢女工们随时走人的,因为干时间久了,污染导致职业病显现出来就麻烦了。对于劳动中的晕倒,女工时间长了也麻木了。工厂没有给女工买社保,不加班工资只有 1500 元左右(2011 年前),"哪里够花啊!"至于未来,佳俊说"还顾不上"。女工在工厂最多干个线长(最基层的管理者),再往上升就难了。2012 年笔者考察番禺时,佳俊已经从电子厂退出,加入了女工服务的社会组织机构工作,番禺旧水坑所在打工人已经减少了,原来在这里生活着 10 万人左右,现在也就 3 万~4 万人了,工厂搬迁到内地了。旧水坑的房租价格也降下来了。

旧水坑女工服务机构的工作人员红梅，2008 年在工厂做工时发生工伤，左手 5 根手指全部被机器割掉了。在服务机构的帮助下，2012 年才拿到 20 多万的赔偿金，还是法院强制执行后工厂才给的，拖到不能再拖。发生工伤对工友们来说，维权艰难，大多数工人不懂相关的法律和规定，不知道怎么办；即使上升到法律程序，法院也总说再等等。男工友小明，湖南人，17 岁开始外出打工，19 岁时在番禺的家具厂做木工时受伤，左手中间 3 根手指被电锯截断。小明的工伤索赔费尽周折，被老板欺骗，最后拿到了 6 万元的赔偿。因为家里攒钱给自己盖房，小明家举家外出，爸爸在东莞打工，小明、弟弟和妈妈在中山市，弟弟上私立小学一年级，妈妈在服装厂打工。私立小学每年学费 3000 多元，弟弟进公立小学进不去。小明在自己经历工伤后，分析工友遇到工伤维权的困难：工友自己一发生工伤，首先想到的是自己完了，下辈子完了；然后是不知道怎么办，迷茫，不知道找什么部门解决问题；最后只有听老板的，仿佛变成了求老板给自己看病，生怕老板不管了。这样就变成了老板说什么就是什么，工友自己并没有意识到获得赔偿是自己应有的权利。如果没有外力的帮助，工友们很难自己走上维权的道路。

广西的燕丝，女，“90 后”，一年换一个厂，“都一样”，她总是轻描淡写一般说。燕丝在笔者访谈的当天晚上，无奈又悲戚地抱怨：“明天就开始上夜班了，每次上完夜班吃东西，都觉得自己好凄凉啊！为什么别人都在睡觉，我却要上班，什么时候是个头啊！”燕丝换工厂就是为了出来转转，各地都看看，到各地也没有什么不适应的，对陌生的环境不惧怕。这点和笔者调查的青岛女工不一样，在青岛打工的女工山东省内的多，女工大多数跟随亲人或同学外出打工，而且在一个工厂做工时间特别长，有的女工甚至没有换过工厂。

女工机构访谈的佳俊、秋华、红梅都是在打工地恋爱并结婚，没有回老家生活，也没有回家的打算。红梅说：番禺新工人的流动性很强，自己感觉不如意或被主管骂就走人。工友们对旧水坑没有归属感，打工就是暂时的或是攒钱阶段。

伟业是广西人，男，初一就辍学外出打工了。用他自己的话说就是“学习不好就别往里投钱了”。外出打工已经有 10 年了，来广州有 5 年时间了，伟业干过建筑工，干过制鞋，来广州已经换到第四个工厂了。换工作的主要原因是与主管的关系不好，主管分配工作不公平，总分配给他不好干的活。

制鞋厂有气味(污染),有来检查的工厂就发口罩、手套,没有检查的就不发了。制鞋是集体计件制,伟业月收入在3000元左右。原来住在集体宿舍里,后来开始自租房,每天吃饭在厂子里,每月300多的饭钱,"能填饱肚子就行"。伟业觉得外出打工不仅是挣钱,还能出来认识认识人,与别人交流多了,胆子大了,在很多人面前敢讲话了,以前自我介绍后就冒冷汗了!伟业觉得出来应该先挣钱,"将来总是要回家的,老了还得儿子养老,所以没有入保险,一是现在入太早,到60岁才开始领;二是一个月扣100~200块,影响生活。收入太低不想拿不到钱"。

新生代农民工是否走向了工人的职业化道路?新生代对打工已经不仅仅停留在挣钱的层面,工资收入是生活的主要来源,没有务农经历且也不打算回农村发展,渴望学到技术并在工作中实现升迁,渴望融入城市生活。他们已经不是农民的心态而是工人的心态。[①]

无论是选择返乡还是继续留在城市打工,新生代依然从事的是非农劳动,不过有些选择逃离专制化工厂而从事服务业,或者有机会接触、交往城市人的工作。研究发现:生存理性及其更替,两代农民工工作心态的转变,不光是企业环境,还有在属地慢慢发展起来的人际关系。不同于"河南村""浙江村"等地缘型聚居区的早期人际支持,新生代大多以个人身份进入城市打工,个人具备了成为新工人的主观性和主动性,但目前企业和社会环境未能改变管理方式和社会保障,阻碍新生代从农民工到新工人的转变。

关于未来打算,笔者在工友服务机构"家园"的周末论坛中,记录了参加活动的部分工友的未来打算,时间是2012年9月8日。

柏贺(男):我来青岛8年了,从上学(技校)到上班,到城阳来工作4年了,比较稳定,希望自己按时找对象,结婚,安定下来。

亮亮(男):目标很多,好好学习,有随机应变的能力,不回家了。目前还能接受漂着的状态。

国昌(男):食品厂打工,如果每天干8小时,收入每月是2000元,满勤加200元,岗位津贴500元,全部下来3000元左右,厂子管吃管住。对此有人不满意,人都不满,我的想法是先赚钱,赚钱多了,留在青岛。

① 参见[美]W.I.托马斯、[波兰]F.兹纳涅茨基:《身处欧美的波兰农民》,张友云译,译林出版社2000年版,第3页。

青岛是海边城市，首先要买个房子，有房子以后再买车，一个人的生活必须有目标和计划性。但是我不喜欢在厂子里工作，因为厂子里人是不自由的，人是喜欢自由的，没有人管。我也希望自由，我会不断寻找自己的自由，寻找最好的机会，不是等待，是寻找。我不光在厂里工作，业余时间在青岛转转，想去不一样的地方去消费，去玩，去周边掌握一点信息。信息你们可能认为是在电脑里的，出路出路，是需要走出去才有路，这是我不甘心的地方。表面上很安逸，其实内心很强烈，对自己的工作非常不满意，因为家庭的原因，我不得不这样。但命运是这样，运气是要自己找的，不管在哪里，我都会去注意掌握一些信息，毕竟从老家出来就不想回去，老家没有什么发展，不能说是没有发展前途，但是还是城市发展得好，城市才是未来的发展方向。

国卫（男）：现在的生活和工作还算稳定，对于家庭的开支还能应付过来，觉得自己的对象也挺不容易，自己想等几年孩子大了再创业，现在孩子小，用钱的地方多，资金周转不过来，父母年迈有病，暂时安于现状吧！

严德（男）："家园"第二批志愿者，在石油机械公司上班，觉得青岛异地定居相当不容易，很多问题自己无法预料，打算回家结婚生子，自己干养殖，在家还能照应父母，毕竟父母相当不容易，想孝顺他们，好好打拼。

阿涛（男）：现在服装公司，打算以后回家自己干，做生意或技术工作。在外面的生活终究如此，始终要回老家的，家乡的发展也不错。

吴明（男）：创业，想了解更多创业的知识。

环环（女）：准备离开青岛回老公老家结婚，出来的可能性不确定，可能以后会自己干，老公家开旅馆的。

丽萍（女）：现在电器制冷有限公司，年底回家找对象结婚，在家干，出来的可能性很小。

秀党（女）：回家干，出来的可能性不大。

京莲（女）：临沂人的媳妇，回家看孩子，孩子太小了，将来想回家。

相云（女）：电器制冷有限公司，回老家工作，未来的目标太多了，资金的问题是首要，也想过自己干。

相欣（女）：看情况吧，我们厂效益比较好的，和别的厂不一样，不想留青岛。

本书出版前,参加论坛的部分工友还有与笔者保持联系的。10 年过去了,工友们的境况有很大变化,当年打算自己干的很多人由于种种原因并没有实现自己的想法。

亮亮后来转到了青岛当地的一个房地产公司,做了房产销售人员,在本地按揭买房,结婚生女。

国卫仍然在不同的服装厂打工,对象在老家带两个孩子。没有在本地买房安家。

严德在本地买房结婚生子,还在原来的石油机械公司上班,业余做微商,经济收入比较稳定。

阿涛与工友相云成为恋人,并结婚生子,在本地按揭买房,现在有轨机车公司上班,收入较多、较稳定。孩子出生后,相云停工在家带孩子,孩子 3 岁后上幼儿园,相云重回服装厂上班。工作之余,相云有做微商。

环环、秀党前后都回老家结婚了,但是孩子稍大后,她们返回青岛继续打工,孩子带在身边,在青岛租房生活。

【小结】

"打工"一词是从香港传入广东沿海地区,意指受雇于人,是工薪阶层或从事受薪工作的口语表达。"打工"简单说就是"为老板工作",主要指向在非公有制企业,靠出卖劳动力换取工资的情况。[①] 打工意味着替别人工作(包括为政府或私营机构工作),打工者自身不是老板,通过打工获得经济上的报酬,作为主要的收入来源。在工友的认识中,"打工"意味着是临时的,质量与工资无关,所以不必关心质量,也不必学技术。打工者群体主要是从农村到城市的流动人口。香港学者潘毅认为:"'打工'一词意味着从社会主义劳动关系向资本主义劳动关系的转变,打工仔/妹则是清楚劳动剥削、具有工人意识的新蜕体。"[②]

新工人的打工历程呈现出共性特点。从一个个有代表性的普通新工人的流动轨迹研究,我们着力发掘存在于新生代流动与返乡中个人、家庭、时

---

① 参见刘霞:《隐藏与沉默的身份转型——女性农民工的日常生活叙事》,《山东女子学院学报》2013 年第 4 期。

② 潘毅:《中国女工:新兴打工者主体的形成》,任焰译,九州出版社 2011 年版,第 12 页。

空、社会四维框架中的深层因素，从而分析出：新生代的打工生活，个人方面的差异具有个性特点，但家庭、时空和相同的社会制度与环境是导致其流动或返乡命运的共性因素。

1.相似的家庭结构及其位置①

新工人大多在初中、高中或技校毕业后离开家乡进城打工，年龄阶段的特定性，使他们承受了相似的社会期望，即打工不仅仅是其个人选择，也是其家庭、乡亲对他们的社会期望，更是社会文化给他们规定的生活模式。像学超这样的新生代，未来家庭（成立新家）是他们打工的基本动力，原生家庭（父母家庭）是其返乡的坚强后盾。当原生家庭的生命周期进入需要赡养阶段时，新生代将不得不返乡以尽赡养义务。他们外出打工及返乡的人生轨迹是受其在社会结构中所处的位置决定的，新生代的生活机会很大程度上是由社会和家庭所处的结构性位置共同构筑的机会结构来决定，因此说，他们的人生选择具有共性特征。打工是个人寻求发展与向上流动的机会，也是个人继续社会化的过程，同时是家庭积累财力为其准备成婚的过程。

2.共同的时空环境

随着乡村振兴战略的实施，国家产业升级的发展，劳动密集型产业开始逐渐由东南沿海向内地迁移，在自己家乡或附近打工的机会已经逐渐增多，这为新生代返乡后在家乡寻找工作机会带来了极大的便利。这既满足了他们的务工需求，又使他们能享受到完整的家庭生活。

3.具有规制性的社会结构

中国尚未完成产业升级换代的转型，东南沿海地区仍然以劳动密集型企业为主，它们提供的岗位很少是技术型岗位，大多数打工者无法成为技术工人。在这些企业中，打工者们充当的是廉价的劳动力，从事的是单调的、无技术含量的流水线工作，辛劳的结果只能是赚取微薄的收入、为养家糊口而不能提供留在城市的经济支撑；同时城市给新工人提供的公共服务和社会保障水平很低，公租房、廉租房、公积金等对新生代来讲还没有对等实现。这些规制性的结构不能改变，他们的选择空间仍旧非常狭窄，导致他们想真正融入城市变得异常艰难。正是规制性的结构加上社会性生命发展历程的

---

① 参见刘霞：《生命历程视角下新生代农民工的返乡选择》，《中共青岛市委党校　青岛行政学院学报》2014年第2期。

共同作用,使得他们的人生轨迹具有共性特征。

4.相对狭窄的个人生活出路

在现有的社会主义市场经济条件下,新生代获得城市化的生活机会的途径主要有制度化和职业化两种。制度化的主要形式是升学,而新生代外出打工就说明其已经放弃了这个出路。① 职业化的道路需要漫长的时间和长远的发展规划,需要专业的、定期的培训以提升职业技能,同时需要职业道德、情感等职业化的训练。对于新生代来讲,中学毕业即外出务工,缺乏有效的职业生涯规划指导,缺少系统的职业技能培训,没有明确的职业目标,没有职业化的其他方面的训练,还有紧迫的婚姻家庭压力……这些因素都使他们职业化途径的实现变得极度困难。如果缺乏政府的政策支持,缺乏企业的职业化训练,现实留给他们的个人生活机会非常狭窄,尽管个人能力、性格存在个性差异,但大多数新生代在结婚年龄前后选择返乡,表现出了高度的共性特征。只有极少人坚持不懈地学习、掌握职业技能,最终成为技术型的新工人;还有少部分通过转行至城市服务业,脱离了制造业和工厂。少部分女工通过恋爱、婚姻选择留在城市继续打工,或者与城市人结婚。

将这些新工人打工生活中的适应性反应,以及其中所体现出来的打工伦理与他们所处的家庭生命周期联系起来,我们可以梳理一下他们打工初期的心路历程和行为选择过程。在工厂打工对他们来说是一种"被迫",工厂劳动不需要太多的技术,时间长,没有自由,还有少人性化的管理,让他们逐步认识到外出打工只不过如此,并没有想象的城市生活;因为没有明确的职业规划,家庭责任意识尚未明确,他们没有像那些结婚后外出务工者努力坚持保证稳定工作和收入,在一个工厂工作时间稍长或者仅仅是因为对乏味枯燥工作感到不适,他们就会产生逃离的想法,其工作伦理呈现出散漫化的特征。可以逃离某一个工厂,逃离不了整个工厂体制,没有技能和经济积累,他们只能当流水线上的流水工人。即使有多年的打工经历,这些年轻的打工者也不可能获得赖以谋生的技能,没有实质的人力资本积累和多少经济积累,他们实现向上社会流动的机会仍然渺茫。在生命历程的转变时机

① 参见刘霞:《生命历程视角下新生代农民工的返乡选择》,《中共青岛市委党校 青岛行政学院学报》2014年第2期。

尚未到来之前，他们这种纠结于徘徊的生活轨迹还将延续一段时间。[①]

新工人在城市打工与发展的约束机制以“拆分型”的劳动力再生产模式为主要特征，即工人的打工收入可以维持自身劳动力的简单再生产，但赡养老人、养育子女等活动只能在老家进行。在某种程度上，正是农民工生产体制使自身的持续运行面临困境。[②] 户籍制度的存在强化了这一体制的运行。

逐步废除农民工生产体制，“拆分型”的劳动力再生产模式就不可持续了。同时伴随户籍制度改革，有意愿落户的人口就地城市化成为可能。在此基础上，建立健全政府、企业对新工人职业化的政策与培训政策、机制，加快新工人的职业化速度，提升新工人职业水平，帮助新生代农民工向新工人的职业化。

2020 年暴发的新冠肺炎疫情加剧了劳动力产业间的移动。某平台曾公布数据：疫情期间两个月内新增骑手 58 万人，其中 40％来自制造业工人。制造业招工遇冷、互联网就业火热，这一冷一热之间，其实是时代变迁下人们就业观念的转变。清华大学就业与社会保障研究中心主任杨燕绥说：制造业是衡量一个国家生产力的重要水平，科技进步，还有互联网社会，其实都是在提高制造业的能力和水平，并不是取代制造业。稳定新工人队伍是制造业 2025 年规划的保障。[③]

① 参见刘霞：《我的未来何处安放——新生代农民工的打工叙事分析》，《中国劳动关系学院学报》2013 年第 4 期。

② 参见汪建华、黄斌欢：《留守经历与新工人的工作流动——农民工生产体制如何使自身面临困境》，《社会》2014 年第 5 期。

③ 参见刘成乐等：《匠者难求　职业教育与普通教育具有同等重要地位》，《合肥晚报》2021 年 5 月 21 日。

第三章　日常消费、交往与休闲生活

一、日常消费

人自身之“在”，总是与日常生活息息相关；离开了日常生活，人的其他一切活动便无从展开。从人的存在这一层面看，日常生活首先在生命价值的确证和维护等方面展示了存在的本源性；作为人“在”世的原初形态，日常生活不但从本源的层面确证了人之为人的本质规定，而且以主体间的交往行动扬弃了对人的工具性规定。通过接受传统、习俗、常识等的调节，日常生活也从一个方面参与并担保了文化的延续。以直接性、本源性为存在形态，日常生活既使个体不断融入这个世界并获得对世界的认同感，又为个体形成关于这个世界的实在感、真切感提供了根据。①

新工人的日常生活主要包括日常消费、交往和休闲。日常消费主要涉及住房、饮食、通信、人情往来支出等，已婚的新工人还要定期给老家寄钱。这其中，是否租房涉及费用较大，有人选择住在公司提供的集体宿舍，有人选择自己租房。自己租房根据房屋的地理位置及面积、环境等价格不一。

（一）“攒不住钱”

哪有钱自己租房子，现在在这租房子太贵了，只能住老板给提供的集体宿舍，就是人多一点，宿舍比较乱。冬天有暖气，夏天有空调，还算不错，就像是在初中上学住的集体宿舍，比那个还好一点吧。有一个同事是在外边租的单间，很小，一个月得 400 块钱，挺贵的。

---

① 参见杨国荣：《日常生活的本体论意义》，《华东师范大学学报》（哲学社会科学版）2003 年第 2 期。

其实，基本工资不算高，1300元，主要靠加班费，加班的话每小时11.5，一个月总共可以挣3000多元，比起在老家每天面朝黄土背朝天的种地，这算是意外收入了。一般早上8点上班，12点下班，中午休息1小时，1点上班工作到下午5点，一天8小时，加班的话一般是到晚上八九点的，偶尔会工作到凌晨一两点钟。在这工作就是熬时间，刚开始是很受不了的，但咬咬牙就慢慢坚持下来了。好在周末是不工作的，可以好好休息一下。单位里的集体宿舍是免费的，虽然条件不是很好，但我也不想出去租房子，这样可以减少一部分开支。青岛这边民工子弟学校少，尤其是我工作的附近根本没有，其他的学校费用又太高，有的时候还要交借读费、赞助费。想来想去把孩子留在家里吧。

这是一位已婚的新工人的访谈。不愿花钱租房的新工人一般住的是公司提供的集体宿舍，8个人一间房，上下铺，条件好些的宿舍有空调、电视等。宿舍里每个人一个衣柜，只能装下很少的一部分衣服；只有公用的洗漱间和卫生间；照明设施只有一个灯管；冬天的时候通过暖气取暖，但暖气经常不热；夏天的时候，只有一个小型的电风扇。住宿舍唯一好的一点就是住宿费和相关的费用不用工友出，花费相对少一点。当问及业余时间的休闲时，工友说：

我们的大脑现在已经成了一个死系统，每天就是工作、吃饭、睡觉，没有精力去干其他的。即使偶尔有兴致，也就只是上会儿网，逛个街，仅此而已。

对于新工人，劳动时间太长，休闲仅仅是一种奢侈。“死系统”一词，就充分说明他们现在已经极度疲惫，没有时间和精力去缓冲。如果要有，只能是睡觉，让大脑彻底放松，才有可能使这个系统重新运作。

平常无聊时就上QQ和以前的同学及村里的人聊聊现在的生活状况，也在打听有什么好的工作。一直做这项工作很累，也很苦，干够的时候找个没人的角落偷偷地哭一场，要不往家打个电话，和以前的同学打个电话。或许是“90后”的通病，都对生活有种无法言表的不满和失落。或许是那么年轻就经历人生的酸甜苦辣，也或许是对未来的迷茫，所以聊天时多数都是发泄自己的不满。

买日用品啥的都是在附近的小店里面,还算便宜,买洗发水啥的还是去大超市里边买的,比如说去国贸逛逛。但衣服、鞋子很少在那里买,大都是买的地摊货,只有一两件是在品牌店里买的。我有一双皮鞋,冬天穿着还挺暖和,花了300多买的,可贵,不过东西就是好,过年回去的时候,大家都说鞋子真好。

玩玩手机、去网吧上上网,有时候去KTV唱歌,都是在附近,市里边也没去过,公交车都很少坐。有空闲时间就想歇歇。其实,闲的时候也挺无聊的,工作都是在一起,表面上还不错,但心里都是不知咋想的。有时候用手机听听歌,从来都不看书,没那心思了。在学校都不怎么读书。

年轻女工的衣服开支也是日常消费中的一块。玲玲买衣服基本在自己租房附近的市场买,地摊货多,30~70元不等,“很时尚、便宜”。自己不去逛商场也不网购。因为平时上班穿工装,只有周日穿自己的衣服,所以买得不算多。

广西女孩燕丝到番禺旧水坑打工一年多了,她现在制作苹果耳机,一个月能赚到2000多元。

就2000多块你怎么活啊?还能攒几个钱?

就这么活,不攒钱。

在青岛打工的培培说:

以前从市场上买衣服,现在买得少了,有时就从网上淘一个。消费上,吃占一半的支出,别的开支占一点,化妆品不大买,买点书,教育上的投入。买衣服就是适合自己的就行,质量好的太贵了,一年两年就买那么一件,然后交给父母一点。所以剩不下,一年交一点。工资一个月能余一半,人情来往很少,即使有,给的(礼金)也不多,因为大家工资在那里摆着呢。存不住钱。

环环说:

平时一个月能余1500左右,剩不到2000。在这边消费习惯了,回家不花钱,在这就剩不多。在家买不着东西,不习惯了。这边房租、网费、日常开支,不怎么买衣服了,吃上花得多,想吃什么就买什么。从小摊小店买，可能我感觉习惯这边了。

年轻男工友的开支要大一点，亮亮说：

不加班的话挣不着钱，不加班2400，加班3400左右。公司控制加班，不让大家加。每月2400起点加，加班少的话就2400，有五险没有一金，每月剩下2000元，不浪费的话，喝酒聚餐一般是朋友，频繁点就不行了，喝一次4个人左右200多元。没有K歌，一般这边K歌得去城阳，我不去。朋友们也较体谅，不多请。平时晚饭自己做，做得最多的是土豆棍，用电磁炉，以前在家没有做过饭。自己炒菜放心，外面的小餐馆吃上，一半都拉肚子，谁还敢出去吃！扎啤掺水，周围开小店的都是外来的，当地的都不干这个。生病了也就去个诊所什么的，打个吊瓶一次50元，张嘴看看，啊啊啊，发烧，扁桃体发炎了，你看到扁桃体发炎了吗？你怀疑啊？我没感觉我嗓子发炎。你觉得嗓子疼吗？有点，那就是发炎了。哈哈。挂了消炎药。然后看个人抵抗力，抵抗力强的就过去了，不好的就继续挂。去城阳医院一次花太多，就不愿意去，挂专家号，去两个星期都没挂上，恼了，不去了。

学超和工人们曾算过一笔账，如果在青岛这样的沿海城市打工，每个月的生活成本大概是这样的：吃，400元；住，200元；电话费，100元；衣服，平均每月110元（按最低标准算：一年买3双鞋300元，裤子400元，上衣500元，包、首饰等100元）；业余生活，400元（包括买生活日用品200元，娱乐100元，人情往来100元）。

如果月工资2000元的话，按以上开支，每年能节余8000元左右。事实上往往存不了这么多，可见在城市生活成本高，也是很多工友返乡的重要原因。我个人每月开支并不大，住宿不用钱，吃饭也很少，1000元左右吧：通信费比较多，200元左右；饭费300；人情费认识人多了打点；还有交通费。感情投资太大不在列。还有学习方面的投入，反正攒不住钱。[①]

① 邢婷：《打工者为什么不想再做“候鸟”》，《中国青年报》2012年2月7日。

大武在2013年的日常开支情况据他描述:

房租不到200,朋友吃个饭,一次100元左右,一周一次,小炒4~5个菜。一起吃饭的不是老乡,老乡挺少,都是朋友,大家轮着请,都是玩得不错的,是朋友,老乡很少。有的现在不在一个厂,以前在一起。150块左右的饭钱一个月,自己早晚各一顿。买衣服一次性买够,一次买一季节的,差不多一次买下就不买了。衣服都是自己买,夏天T恤牛仔,牛仔春秋都可以穿,冬天羽绒服。买衣服和朋友一起逛,多少钱具体没有算过,一年买衣服花多少,不准,每个月不一样。这个月花了1500吧,上个月就少,不准,平均下来没有算过,但每月剩一半是有的。自己的钱自己存,通信费一月50元左右,工资一月能剩1700~1800块,现在工资高了,但是消费太高了。现在厂子里经济效益不好,一起聚餐的都是朋友,是外面的,很长时间了一起干过活的,不是老乡,工友慢慢谈得来,山东省内的。

未婚的新工人日常消费的差异不大。对于已婚的新工人,冰然每到寒暑假的时候,开支更大,因为在老家的儿子会到打工地来团聚,带在身边的二胎女儿,冬天感冒生病看病的开支也不小。

大的(儿子)放家里,现在放暑假接过来了,十月一、春节回去,大的感情不跟我近,感觉跟奶奶近,孩子5岁开始留家里,把小时候我对他的好都抹杀掉了,我老训他,怕我,我骂他,奶奶宠他。挺伤心的,不在这里,见不着觉得该好好疼爱他,一来身边,不听话就老想训他,疼他的心就没了。我们这些打工的,没办法。(满含眼泪)孩子爸每月发2500~2600块,房租越来越贵了,住了五六年了,现在230块,刚开始才120块,住这么长不便宜,水电费另算,小孩子另交15元房租。这是钱,那是钱,虽然俺们两个加起来4000多,到月底就没有了。房租、孩子入托费、生活费,给家里孩子寄点钱,到月底,不看病的话能剩1000多。这个月买电脑就没有了,网费800块一年。儿子上私立的初中,私立的一年2000~3000块。为什么上私立的?我也不知道,他班差不多都进了私立,有个伴。每个月几乎不剩,女儿看病在住的这边现在可以打吊瓶了,以前不行,都得去人民医院,一去就得300~500块,还耽误我挣钱。孩子感冒,化验血化验啥的。现在好了,在这边打一吊瓶40块,上幼儿园人家感冒就传染她,体格不好,就怕她感冒啥的。生活上花多少我还没有算过,上个月,过年来我们两个攒了就5000多块钱,我买这个手机吧,我对象不想让我买,他也很喜欢玩,在上面下个棋,打个牌啥的,我也很喜欢玩,他不舍得让我买,怕花钱。我说网费也交,电脑也买了,不差这个了。人活这一辈子,就这几十年,管它呢。

同样是已婚的女工正梅,1980年生人,婆婆家在河南,自己是山东日照人。头胎女儿已经5岁,在打工附近的幼儿园上学,现在已怀孕5个月,准备回河南生二胎。正梅在附近的工艺品加工厂上班近10年了,其间因为生孩子回家待了2年,后来带孩子回到青岛,在同一家企业上班。工艺品加工厂工作没有危险、没有污染,但是噪声大。正梅一般不加班能拿到1600块/月,女儿幼儿园学费240/月,与老公一个月收入共5000块左右,开支就得2000多,租房加水电费200多。房子据说是户主将原来的养鸡场改造的,隔音不行,又矮又热,冬天就冷,因为考虑女儿上学方便,市场也近,就将就了。每月开支中,正梅说吃饭最贵,“菜太贵了。”

佳俊是湖南人,丈夫是陕西人,俩人在打工地认识并结婚,5岁的女儿带在身边。佳俊原来在工厂上班,因为接送孩子上学不方便,换到了女工服务机构工作。女儿每月入托费就是1000元,在广州番禺,入托费还有几千元的。每月收入2012年前是1500～2000元,吃饭就要花去700～800元,房租300元,话费、网费得100元,女工买件衣服,男工买个烟、喝个酒就没了。根本攒不下钱,只能维持个人的开支。

笔者在实地考察中看到,工友们下班就是自己上上网:玩QQ,男工打游戏,女工追剧看电影,对于网络的使用基本停留在娱乐功能上,并不关心政治,觉得“离自己太远了”。因为加班太累,也没时间娱乐,每天加班后就想着休息。

2013年9月18日,笔者考察了上海市新市民生活馆。新市民生活馆在浦东新区三林镇G村,生活馆两层楼的用地是租用社区的,一年5万元,费用由镇政府支付。在生活馆,笔者访谈了正在陪孩子玩乐的妈妈们。6个妈妈正在带2～4岁的宝宝,均是安徽籍的外来务工者。她们说天天带孩子来玩儿,“没地方玩,要不就让孩子在家关一天”。她们抱怨这边幼儿园收费太高,一学期4个月收取1600～2000元,房租每月400～500元,一般是10平方米的出租屋。在上海生活开支大,但是工资并不高,每月 2000～3000 元。目前这些看孩子的妈妈们还不能上班,她们一般是全家在上海,大点的孩子在附近上小学。妈妈们讲,附近小学已经不收取借读费了,一个班四五十个孩子,基本是外来务工的孩子,本地人很少。虽然学校不收取借读费了,但还是会变相收取一些“赞助费”。

通过上述访谈不难发现:新工人在城市生活“攒不住钱”,但并不是消费太高。无论是在青岛,还是在上海、广州番禺的访谈,被访新生代反映的都是“攒不住钱”,其主要原因在于:一是挣得少;二是物价高。

挣得少就是收入低。工厂打工的新工人在城市的收入主要或者说是唯一收入就是工资。工资收入的高低主要取决于公司与从事的工种。笔者访谈的新工人,无论是在上海、广东还是山东,从事的具体企业一般是服装、工艺品、电子、食品加工等,这些企业均属于劳动密集型,初中或者高中、技校毕业后打工的新生代在企业一般是流水线上的工人,极少有人做到管理层,因为外地人的身份,流动性也强,新工人能当上“线长”、组长就不错了,再往上很难。作为流水线上的工人,工资收入主要按照计件方式,基本工资很低,主要依赖加班。即使一天工作 10～11 个小时,一周工作 6 天,加班后的工资收入也就是 3000 元上下(2012～2013 年)。劳动时间长、工资收入太低,这是普遍的现象。

2006 年《国务院关于解决农民工问题的若干意见》中明确提出:“合理确定和提高农民工工资水平。规范农民工工资管理,切实改变农民工工资偏低、同工不同酬的状况。”①意见要求各地要严格执行最低工资制度,合理确定并适时调整最低工资标准,制定和推行小时最低工资标准。新工人和其他职工要实行同工同酬。

但是具体实践中,劳动力相对过剩的现实,使企业在用人方面占有更有利的位置,“干不着就走人”是现实中的真实存在。从中国在全球分工系统的位置看,中国作为发展中国家,处于分工体系的中下位置,尤其劳动密集型企业,其自身的利润空间相对有限。加工企业的流水线工人工资水平普遍较低。

---

① 《国务院关于解决农民工问题的若干意见》,2008 年 3 月 28 日,中国政府网,http://www.gov.cn/zhuanti/2015—06/13/content_2878968.htm。

新工人加班后每月工资收入3000元左右，如果与在农村从事种植业的农民比较的话，肯定是收入很多了，因为在农村种地的纯年收入并不多。但是新生代大多数是在城郊或者城乡接合部、工业园，新工人的日常消费参考的是城市物价，尤其是蔬菜、水果、副食等，这些开支是必需的，其价格比农村高太多。青岛市城阳区，笔者2003年开始在这里工作生活，物价高是生活成本高的一个主要因素：蔬菜，无论是冬季还是夏季，没有低于1元一斤的蔬菜，包括绿叶的旺季蔬菜；水果的价格高更是共识了。2012年7月，笔者受被访者冰然邀请，在冰然家吃了顿午饭：10多平方米的出租房，做饭在房门后面靠墙的位置，用电磁炉做饭，主食是电饭煲蒸的米饭。因为是夏天，冰然做了个清爽的凉拌黄瓜，还有素炒绿豆芽。黄瓜在夏季，平均价格是2～3元一斤，绿豆芽在1～1.5元一斤，都是便宜的蔬菜。冰然还招待了西瓜，西瓜价格在消费旺季的夏季，平均价格也没有低于8毛钱一斤，一般在1元钱一斤甚至更高。

新工人开支再加上租房等其他开支，每月能剩下工资的一半就是好的了。所以"攒不下钱"并不是新生代在城市存在高消费，而是物价高等因素导致的基本生活成本高。日常开支为维持性的，不是发展性、提升性的消费，更算不上高消费，生活消费只是维持作为个体的基本生活，维持作为一个劳动力生产的基本标准。为了尽可能降低自己的生活成本，很多新工人周末还会去干一天临时工，因为临时工管午饭，可以省下一顿饭钱。

日常开支中生活日用品，新工人一般会去大点的超市购买，如洗发水、香皂等，因为新工人聚居的地方，小超市的很多日用品都是假冒伪劣产品。笔者在广州番禺的旧水坑地区实地考察时发现，新工人聚居区的超市、快餐店布满街巷，但是超市里货架上的商品，假冒伪劣随处可见。

综上所述，新工人"攒不下钱"是收入太低、物价太高的一个结果，在城市打工劳动时间长，休闲时间太少，影响消费水平，因为休闲时间是消费的基础。2020年农民工月均收入4072元，比2019年增加110元，增长2.8%；从事制造业农民工月均收入4096元，比2019年增加138元，增长3.5%。[①]

---

① 参见《国务院关于解决农民工问题的若干意见》，2008年3月28日，中国政府网，http://www.gov.cn/zhuanti/2015－06/13/content_2878968.htm。

(二)房子！房子！

正梅、冰然所租住的房子位于青岛市城阳区未实行住房改造的城郊村，本村村民大都不在这里居住，将平房改造成出租屋租给附近打工的新工人。城郊村附近是出口贸易加工区，企业林立，主要涉及服装、电子、石油机械、工艺品、食品加工、机车制造等。附近Q村和L村两个村相邻，大部分平房是20世纪90年代前后建的普通民居，坐北朝南的设计，一排排平房中间有排水沟，主干道是水泥路，胡同只是硬化的路面，排水沟常年有污水，味道较大。主干道路边有集中的垃圾箱，但是数量不多，很多垃圾就堆在周围，一次性的饭盒、白色塑料袋等特别醒目。夏天气味熏人，苍蝇也多。村头是相对集中的小市场，小餐馆、小超市、理发店、小药店、卫生室、洗澡堂等都集中在这附近。之所以称之为“小”，一是经营面积都小，房屋面积一般在20平方米左右；二是经营者人数少，店主和服务人员一般在2～4人，家庭经营模式居多；三是经营的内容相对较少，小超市一般是日常生活用品，小餐馆一般主营一种特色，像面馆、水饺、烧饼等。小市场还有很多流动的摊点，一般都是在上下班时间出现，主营早餐、方便食品、小菜等，价格也比较便宜。

笔者曾受被访者之邀探访过出租屋。正梅的出租屋确像她描述的，是养鸡场改造，一排排平房共有4排，长度在15米左右，被隔成10～12平方米一间的出租屋，门前有排水沟，有集中的自来水和公共厕所，厕所是旱厕。据正梅说，因为住户多，早上自来水处和厕所都得排队。正梅家的房子在其中一排的中间，房门是厚度2～3厘米的板材做成，不是实木，房门只有一个普通插销，正梅说这门她就能撞开，“防君子不防小人”。房屋高在2.0～2.2米，12平方米左右的空间，两边靠墙分别放着两张1米的铁床，两张床已经占去房间的大部分空间，中间空地宽度在1米左右，勉强能放下一张折叠小桌吃饭。门后面塞着一个放餐具的小橱柜，电饭煲、电磁炉就立在橱柜边上。屋里的空中拉着一根粗线，上面吊着一个简易的小风扇。笔者去的时候正值盛夏，风扇嗡嗡地转着，声音不小。绳子上还搭着毛巾和衣服。怀孕的正梅挺着大肚子在这样的屋里，显得格外拥挤。在屋里要不坐在床边，要不就蹲在马扎上。

冰然住的房子是一家农户改造后的出租屋。坐北朝南的三间北屋，分别隔间出租给三户新工人，大门口配房改造成出租屋租给一户，东边的小厢房改造后也出租出去了，一个农户普通的院落住着5户新工人家庭。西南角是厕所，院子中间有自来水。冰然家住在北屋的西间，房子屋高比正梅家高不少，空间在 15 平方米，靠墙放着 1.5 米的大床，墙角立着木质大衣橱，应该是二手市场买的，挨着大衣橱放着折叠的餐桌，门口靠墙是一个破旧的饭橱，上边摆着 21 寸旧彩电，孩子在看武侠剧。床头一边放着笔记本电脑。进屋坐马扎。

对于已婚的男性新工人，日常消费也相对紧张。笔者访谈了一位聊城来打工的 30 多岁男性工友，已婚，做集装箱工作，3 个孩子，老大、老二是女儿，老三是男孩。因为超生罚款 3.6 万。他自己说生儿子为了“面子”，在这边打工没有长远打算，自己也计划不了，把握住现在。夫妻俩在这里打工，每月 1000 元开销，俩人都愿意加班，因为加班有加餐，可以省一顿饭钱。3 个孩子全部在老家，“带过来就活不下去了，费用太高”。男工友聊起自己的妹妹满是羡慕：“孩子姑姑就大学毕业，比我小几岁，有房有车，你看我现在……没考虑留在城市，孩子让他们好好学习，不考虑买房，先接受好教育。”至于“廉租房，经济适用房还到不了新工人”。

笔者在新工人服务机构调查时经常听工友们议论目前最关心什么。工友们常用开玩笑的语气说：“男的，房子！女的，有房子的！”房子不仅意味着安定、安全的住所，还有尊严的成分，工友们经常带着羡慕的语气议论“某工友买房子了”。

2012 年 11 月 30 日至 12 月 3 日，笔者到广州市番禺区旧水坑的女工服务 NGO 机构、中山市的 NGO 机构分别进行了实地考察，并重点访谈了直接服务工友的机构工作人员。在番禺和中山市笔者共访谈了 11 位工友，实地考察了工友的出租屋。

番禺区旧水坑是非常典型的出口工业加工区和外来务工聚集地。作为中国对外开放最早的地区，旧水坑的面貌是打工经济的缩影。笔者 2012 年底去旧水坑时，女工服务机构工作人员介绍说，此时的旧水坑已是萧条阶段了，受 2008 年经济危机影响，大量企业产品出口受阻，订单减少、企业减员，外来务工人数迅速减少，从近百万人减到 30 万～40 万人了，租房子也越来越容易，越来越便宜了。笔者考察的是外来务工聚居区，本地居民的住房很少。为了能最大限度地利用土地，旧水坑的本地人将出租房盖成了楼房，一般是 6 层，不安装电梯。笔者在聚居区的家庭旅馆里住宿，狭窄漆黑的楼道，十几平方米的房间，没有向阳的门窗，从出租屋/旅馆内的窗户伸手就可触及另一栋楼的外墙,楼与楼之间极尽"亲密"。出租楼房基本是一栋楼属于一户出租房的本地人。在北方,笔者调查的出租房一般为平房,房门简易,安全性不高;旧水坑出租楼的楼栋门实行严格的门禁,只有租户才有钥匙,出入均需钥匙,据租房的工友讲,安全性很高。与北方还有区别的是,旧水坑的出租房使用面积较大,一般在 15 平方米左右,有独立的卫生间兼洗浴间,整个出租楼内的卫生较好。但出租楼外的街道卫生不是很好,垃圾随时可见。一次性的、临时的、短暂的、歇歇脚的空儿随时就走的即时性,这是旧水坑留给笔者最深刻的印象。使用一次性产品的外来务工人员在旧水坑也是一样的短暂和临时,流动的流水线上是流动的劳动力,也是流动的青春。

早上 7 点左右,旧水坑的街道开始喧闹起来,身着不同颜色、不同款式工装的新工人从各个方向的出租楼房出来,汇聚在狭窄潮湿的街道上,分散到不同的早点摊前,还有工友边走边吃。7:40 左右,人流又汇聚到街道上,分别走进不同方向的工厂大门。旧水坑的产业特点使外来务工男女比例严重失调,女工服务机构的工作人员介绍,男工是"稀罕物",女工是这里最不缺的,媒体上报道的俩女工与同一男工恋爱的情况确实存在。但是哪里有工作就去哪里,女工的恋爱对象也因为外出务工实现了跨地区联姻,有了更大的自主性。女工服务机构的两个工作人员佳俊和红梅(原来是女工)都是跨省婚姻,而且一个是南方人、一个是北方人,其中红梅用工伤赔偿的钱在番禺买房定居了(因为工伤赔偿才有钱买房)。另一个因为一直租房没有稳定的住所,买房买不起,长期租房带来了"家"的感觉的缺失。已婚甚至已育的青年女工都恍惚、彷徨着自己到底属于哪里?丈夫家基本不住,娘家也基本不回,大部分时间都在打工的城市,"如果下班回出租屋,不是因为见到孩子和老公,都无法给自己定位"。

番禺区旧水坑是新工人聚居区,区别于青岛新工人聚居区的平房,旧水坑的出租屋基本是楼房,整栋楼是一个房东管理,楼与楼空隙狭小,可以"牵手"。每栋楼有严格的门禁管理,外人无卡很难进入。楼房一般为 6 层,笔者考察的女工友是贵州人,出租屋面积在 20 平方米左右,每月租金 400 元上下。房间被隔成两部分,主体部分是卧室兼客厅,另一部分是卫生间,可洗浴。卧室有外窗,光线较好。招待客人来坐的是马扎。

笔者在中山市访谈的工友士君是云南人,男,"80 后"。因为在家具厂打工受伤,正在休养中。他与 5 个老乡一起租下了一栋二层的老旧小楼,每月租金 350 元(2012 年 12 月),共用厨房、洗手间、浴室。在家具厂工作的工友下班回来,先烧水冲澡,在家具厂做工太脏了。士君初中毕业后出来打工,云南老家的土地太少,粮食根本不够。自己外出打工干过锁具、灯具、电子厂,因为家具厂挣钱多就转到了家具厂,但是家具厂污染厉害,基本没有女工,大多数是已婚男工,未婚男工干得也少,因为污染不太容易找上对象。每天每周都加班,一个月休息一天,这样加班,效益好的时候一个月能挣到 4000 多块钱(2012 年 12 月),不好的时候能挣到 3000 多。但是天天加班,晚上一般 4 个小时。士君的孩子留在老家,没法带出来,攒不下钱。目前也没有各种保险。“我们这些打工的不容易啊!”士君感叹了好几次。

士君在访谈中讲到自己打工的经历:最初外出打工,不清楚自己该干什么,得先挣钱养活自己。慢慢待时间长了,熟悉了,胆子大了,会根据自己情况换行业、换厂子。换工厂主要是因为之前的收入低,不稳定,或者工作条件差,有的是地下车间,没有通风,家具生产木屑多,油漆味大,污染厉害。在打工过程中会越来越认识到自己知识不足,“就是卖血也得让孩子好好受教育”,士君感慨。至于未来留在中山市,士君很直接地说:“想都别想”!因为变化大,政策老变。男工友一般都在打工中讨老婆,“回老家根本讨不到老婆”“打工中讨老婆花钱还少”。在家具厂打工,50 岁以上的基本没有,20 岁以下的也很少。士君老乡干过装修,但是装修不连续,有时有活、有时没有,最后还是进了家具厂。进工厂,还得看自己碰上什么样的老板。士君在工作中受伤,这个老板“不咋地”,到现在工伤赔偿都没拿到手。实行计件工资,但老板一见大家能挣五六百块,马上就削减订单,不让工友们多挣钱。

在实地考察了中山市、广州番禺、山东青岛新工人的出租屋及其环境后,笔者总结出新工人出租屋的几个特点:

一是位置偏离市中心或与城市居民隔离。无论是城郊村还是工业园附近的新工人聚居区,从区位看,新工人聚居的地方都属于城乡交界或是城郊区、未拆迁农村,空间上远离市中心,新工人很难在空间上与城市居民接触、交往,形成了新工人虽然在城市打工挣钱,实际打工、生活空间并不属于城市,存在空间隔离;企业出于管理等原因,往往为流动人口提供空间小、设施简陋的集体宿舍。这样的宿舍靠近厂区、远离居民区,在空间区位上边缘化和孤岛化,在规模上大型化和集中化。这种集中住宿、集中管理的模式,也人为地加剧了新工人与本地市民的空间区隔和社会隔离。居住空间的隔离不利于新生代融入城市,新工人居所与本地市民居所隔离性强,仅有 1/4 的流动人口的邻居主要为本地市民。[①] 居住隔离制约了新工人的进一步发展。

二是聚居区出租屋普遍老旧,一般是城郊村农民自建的民居,有的甚至是专门为出租建造的简陋房屋,房屋老旧,有安全隐患;房间与房间隔墙单薄,隔音效果差,个人隐私得不到保证。

三是聚居区空间局促、狭窄。在广州番禺的旧水坑地区,土地空间被最大限度开发,楼座与楼座之间只有成人胳膊长度,"牵手楼座"普遍存在,楼间距狭窄,出租屋采光差,有的出租屋甚至没有窗户。出租屋的空间局促、狭窄,一般面积在 10～15 平方米;山东青岛的出租屋内没有卫生间,广州番禺的出租屋有卫生间兼洗澡间。居住空间狭窄,新工人使用的家具就呈小型化特点,小板凳,折叠桌椅,折叠床、角柜,折叠衣柜等。

临时性、一次性、极尽凑付之可能,是笔者走进工友出租房的第一印象:临时的小床,一般是 1 米宽的小床,还有 1.2 米的单人床,夫妻同住的一般是 1.5 米的双人床,桌椅板凳以塑料制品、折叠式为主。房屋的隔音效果非常差,因为有些出租屋是厂房改建的,为了多出租,每间之间的墙是薄薄的板材。门窗也是"防君子不防小人"的粗劣质地。冬天和夏天是出租屋最不舒适的季节,夏天热,冬天冷,工友们一般夏天用小风扇或直接打地铺,冬天用电热毯,电暖器之类不能使用,因为电压的问题。整个聚居区极少有本地人居住,有的话也是出租房屋的主人,一般是老年男性。聚居区的小市场就在中心区域,打工者日常生活所需基本可以满足,餐饮、小超市、服装店、小药店、诊所、洗浴中心等。本地人都住在拆迁后的楼房区。笔者在小市场买过快餐,进过小超市,食品卫生不能得到很好的保障,价格低是显著特点;女工友提过小诊所看病不仅贵还看不好,普通的妇科病"花钱不少还老治不好","一个诊所一个说法"。小孩一感冒就被要求打吊瓶,普通感冒往往要花去几百元。聚居区的街道卫生有人清扫,但垃圾随地乱扔的情况还是比较普遍。

四是住房不仅是安居,还涉及流动中的新工人的归属感与安全感。方文的文章《叠合认同:"多元一体"的生命逻辑——读杨凤岗〈皈信、同化和叠

① 参见祝仲坤、冷晨昕:《住房状况、社会地位与农民工的城市身份认同——基于社会融合调查数据的实证分析》,《中国农村观察》2018 年第 1 期。

合身份认同:北美华人基督徒研究〉》中提道:移民前的伤痛和移民后社会的不确定性,会增强移民对于绝对性与确定性的渴望。[①] 由此可以理解,新工人对于住房的渴望,房子对于漂泊在城市的新工人,不仅仅是一个住处,在不确定、不稳定的城市打工中,住房还具有归属感的价值,象征着确定的、不动摇的、稳定的意义。新工人更倾向于自己租房而不是住在企业提供的集体宿舍,还因为租房可以有自己的私人空间。

住房是人类生存的基本需求,也是个人财富与社会地位的物化表现,能反映一个国家和地区经济社会发展水平。安居才能乐业。只有安于所居,才能乐其所业。作为宗法社会的传统,注重家庭也对安居有更高的要求。住房是正常家庭的一个空间保障,安全住房是一个家庭保持完整,实现生活稳定、和睦幸福的空间物质基础。2018 年全国农民工监测调查报告显示:在进城农民工中,购买住房的占 19%,租房居住的占 61.3%,单位或雇主提供住房的占 12.9%,享受保障性住房的占 2.9%。农民工市民化进程中最大的消费支出是住房,最大的困扰还是住房,住房对农民工的地位认知和城市身份认同都有显著影响。[②]

作为外来人口,新工人进入流入地后的首要事情就是找个住所、安顿下来。只有安顿下来后,他们才能逐步融入流入地社会,政府才能有效地预防并降低他们的失范行为,社会的稳定与和谐才能得到维持和保障。相反,如果新工人居无定所,容易引发犯罪行为,对社会治安构成威胁。[③] 由于各种制度性和结构性因素的制约,到目前为止,新工人在城市的居住现状仍然不容乐观。主要表现在:新工人的居屋面积更小、安全性存在隐患、住房设施不全、房屋拥有率很低,主要以租住模式生活在城市,与安居之梦相去甚远。[④]

罗丞研究认为:居住类型显著影响着新工人的市民化意愿,影响的方向

---

① 参见方文:《叠合认同:“多元一体”的生命逻辑——读杨凤岗〈皈信、同化和叠合身份认同:北美华人基督徒研究〉》,《社会学研究》2008 年第 6 期。

② 参见祝仲坤、冷晨昕:《住房状况、社会地位与农民工的城市身份认同——基于社会融合调查数据的实证分析》,《中国农村观察》2018 年第 1 期。

③ 参见何炤华、杨菊华:《安居还是寄居:不同户籍身份流动人口居住状况研究》,《人口研究》2013 年第 6 期。

④ 参见杨菊华:《混合居住模式:助推流动人口从“寄居”走向“安居”》,《决策探索》2014 年第 14 期。

主要取决于居住类型所代表的生活环境以及附着于居住类型之上的相关物质利益。[①] 例如:新工人居住在廉租房中,就可以凭借当地流动人口社会管理与服务政策,从而获取相关的各种物质利益,相对来讲,新工人的市民化意愿往往较强;如果新工人居住在单位或工作场所,因为工作场所的性质导致缺乏住所应有的生活氛围,而且单位住所往往与当地居民之间缺少必要的互动,这就会大大降低新工人的市民化意愿,他们市民化意愿相较租住私人住房的新工人就会低些;如果新工人居住在借住房、自建房或自购房中,其市民化意愿就会增强。

《2020 年农民工监测调查报告》指出,2020 年,进城农民工在 500 万人以上城市居住的人均居住面积为 16.9 平方米,在 500 万人以下城市居住的人均居住面积均超过 20 平方米。对于新工人而言,租房是离开农村的开始,买房则意味着对农村的真正告别,也是迁徙权的表达与实现。因此,从租房到买房,是具有深刻意味的变化。城市化生活的构建不仅是一种生活方式的改变,更重要的是与农民自给自足式生活方式的决裂。

研究表明:混合居住更容易促进不同人群的交融,包括城乡居民、主流与边缘群体、主流与弱势群体。对于新工人群体来说,混合居住有助于新工人经常性地接触异质人群,尤其与城市居民混居时,既可扩展自身的社会交往圈,打破城乡隔离,又可以增强城市居民对弱势群体的理解、包容和接纳;对新工人群体而言,与主流群体混居时产生的互动则有利于新工人群体和他们下一代纵向的尤其是向上的社会流动。[②] 可以说,从隔离式居住走向融合式居住未来是促进新工人的城市融入、社会融合、缩小阶层分化的必由之路。这需要政府针对新工人等的常住群体住房的政策做出调整,将公租房、廉租房、公积金等住房保障逐渐惠及新工人,有效改善新工人的居住水平,使居者有其屋,租者安其屋,让新工人能够真正共享城市发展的成果,最终实现新工人在城市从“寄居”到“安居”的转变。

---

① 参见罗丞:《安居方能乐业:居住类型对新工人市民化意愿的影响研究》,《西北人口》2017 年第2 期。

② 参见杨菊华:《混合居住模式:助推流动人口从“寄居”走向“安居”》,《决策探索》2014 年第 14 期。

二、日常交往

人际交往是人类特有的存在维度和活动方式，是人与人之间发生社会关系的一种中介，是以物质交往为基础的经济、政治、社会、文化交往的总和。日常交往体现了日常生活的主体间性维度：日常交往不仅使之超越了日常生活的个体性或私人性，并赋予日常生活的承担者以社会性的规定，主体间交往关系更多地具有互为目的、相互尊重的意义，在这个过程中，包含着社会整合、个体的自我认同。[①] 对于新工人来讲，从农村的熟人社会到城市的陌生人社会，流动中的每个环节都受制于他们的社会资本及社会网络：与谁交往、交往频度、交往模式、交往范围等构成社会网络的基本成分与内涵，这也是新工人行为适应的重要指标。新工人的日常交往已经不同于第一代农民工。

亮亮说：老乡也不怎么样，交往不按老乡，不知道服装厂怎么样。像我们厂里的这些，都比较成熟了，知道凡事都没有绝对，朋友没必要把事情做绝，都一个车间。老乡意识不那么浓了，经常在一起的都是谈得来的，很多聊得来的比老乡好多了。

笔者在实地考察和访谈中了解到：新工人日常的休闲方式就是在网络上浏览、玩游戏、刷视频，偶尔会几个人一起去 KTV 唱歌，消费更高的一些休闲场所，工友们一般不进入，主要原因是收入少，消费不起。新工人社会服务机构承办的休闲活动主要是 KTV 式唱歌，参与较多的时候，有三四十个工友。此外，五一劳动节、中秋节或元旦这样的公休日，机构也会组织小型晚会、茶话会、集体聚餐等活动，这种活动参与人数较多，一般在 70 人左右。在新工人社会服务机构里，通过参与机构组织的休闲娱乐文体活动，工友们扩大了社会交往的范围。如果工业园附近没有类似“家园”这种的新工人服务机构，工友们交往的圈子相对就小。

问：你平时除了和一起工作的人交往以外，还有没有认识的人在这里，平时联系谁比较多？

---

① 参见杨国荣：《日常生活的本体论意义》，《华东师范大学学报》（哲学社会科学版）2003 年第 2 期。

答:基本上算是没有吧,所以交往的圈子很小,基本上不打什么电话,偶尔给家里打个电话,算是报个平安。通过QQ上网和一些人聊天,还是有距离感的。也没有想过认识太多的人,多少还是有些不太信任别人。

新工人服务机构的工作人员对企业工友的描述是:工友们平时自由支配的时间很少,也可以说几乎没有,下班之后,他们会在家里上上网,仅此而已。在他们的生活中,平时接触的除了与自己一起工作的工友之外,就只有卖饭的小商贩。连回家看父母的时间都没有,只有偶尔有事才请假回家。新工人对生活、人生的意义要求很低,也几乎从没有考虑过。生活对于他们来说,就是能够好好活着,一天一天地过日子而已。他们没有很高的要求,更没有太多的奢望。虽然有时充满了对人生比别人更多的抱怨,但是他们觉得那也是无法改变的,只能接受现实。对于婚姻……一般工友们认为,到了二十六七,找个懂事、孝顺的就好,不要太漂亮,因为会没有安全感;要找个本地的,不要外地的,那样离家太远,不方便照顾双方的老人。但是也不希望太近了,那样子会太熟悉,缺少了神秘感。

培培说:像我也是女工,一天在班上十几个小时,晚上没时间打扫、洗衣服,周末就洗洗收拾,逛逛买点东西。那时候在工厂里包括现在,女工们在工厂里的涉及范围很小,就是玩:市场、宿舍、车间,就这些地方。宿舍里人交往还行,就是五六个人,大家交往还行。除外,知道"家园"的会来"家园"玩玩,别的就是找老乡,老乡顶多就是串串门,聚聚。如果像出去参加培训和去看展览什么的,女工们就不去,其实她们自己也很想去,但是她们自己就觉得自卑,觉得自己没有这个能力或机会去参加这种活动,自己觉得没有资格去,自己都有种排斥感。[①] 包括我做志愿者的时候,自己感觉(打工)没什么好的,认识的人也不多,没什么依靠,感觉人生地不熟的,亲戚朋友都不在。经济上自己现在买平常的东西还行,但待的时间长了,想买房什么的就不行了。女工友慢慢恋爱结婚留在当地的有,但是不多,在"家园"工作后,慢慢有留在这里的想法了。

---

① 刘霞:《打工与工作的差异性叙事研究》,《当代青年研究》2013年第2期。

亮亮谈到日常交往时说：

出来这么长时间感觉自己从今年开始有自己的想法，算是成长了，以前很盲目。以前太安逸了，家里有房子，也不依靠我这份收入，玩的心态比较重，赚钱就用在自己玩上了。今年和学超他们聊得多了感觉压力了，慢慢起来了，感觉有压力也挺难受。每天上班5点多起来，7点左右开始真正干自己的事情，看书，上网查资料，我现在每天晚上都12点睡觉，有压力也觉得有劲，以前虽然安逸但浑身没劲。我特别喜欢压力大的时候去爬山，负重爬山，背上很多东西去爬山，感觉走在路上，感觉非常充实，自己一直在前进，感觉很好。学超影响最大，我刚来的时候一直和他一起睡，和他天天在一起聊天，而且他当时要考社工，天天晚上点灯学习，受他影响不小，确实很受鼓励。但是感觉一个人的时候确实不好营造。他当时是5月份搬走的，我一个人，当我想学的时候，就一个人想学还学不进去，就去“家园”那里人多的地方去闹一闹，感觉那样就好了，舒服了。从上个月开始，能安下来了，没事就看看书，学习。

环环交往的范围也不大：“老乡的关系不紧，都是喜欢谁在一起就和谁，上网的，逛街的，刚来不熟悉时和老乡多。我老乡什么都不知道，比我们来得早两年。”环环对城阳人不怎么认可，觉得当地人排斥外面的人，从说话上能听出来。

相玲出生于1988年，山东日照人，2005年开始到青岛打工，从箱包厂—服装公司—电子公司—电器厂，相玲不是很介意挣钱多少，追求“自由快乐”。她本质上觉得自己是农村人，认为女人最重要的是经济独立。相玲不太想结婚，主要是因为婆媳或夫妻不和，已婚的人处理不好这些关系，让自己打怵，觉得结婚是一道坎。为了父母将来会选择返乡，回去打算自己创业。相玲说自己几乎与本地人没有交往，怕被本地人瞧不起自己是“打工的”“外地的”，找工作以“自由、轻松”为标准。自出来以后，相玲说：“收获太多了，体验多了，长见识，能承受住事，也成长了。承受力就是遇事不会急哭了，会冷静处理，沉着应对了。包括经济上的积累让自己有承受能力了，不慌了。”

大武描述自己的状况是：“中等的状态，会越来越好吗？把握性不大，信心不大。”觉得自己的命运还不能很好地把握住，有时也很冲动，一冲动不想干了,就辞职不干了。现在压抑住了,会调节自己。遇到事情和朋友说说,打打球什么的,一般不与爸爸聊,搞不好不理解还训一顿,更气。朋友之间可以聊聊。有时会写日记,很压抑的时候写日记,把写日记当成释放自己压抑的方式,值得回忆的写写,有时写写自己的打算。他从 2009 年开始写日记,在文具厂的时候,受老师的影响,初中老师,写日记留个纪念,慢慢地,一年一个本。

日常交往是日常生活的重要环节,反映人与人之间的社会关系。人们日常交往的形式多种多样,既可以是一起劳动、工作、相互帮助的实践行动,也包含聊天、交流、对话等语言行动。虽然在日常交往中,会存在一些紧张和冲突,但人与人之间的日常交往,尤其是家庭成员的相处,朋友、邻里的交往,总体上更多地显示了亲和性、友善性,避免了人们对这个世界的疏离和排斥,促使人们与周围世界的融合。“这种家园感在克服和消解世界与人之间的陌生性与距离性的同时,也为个体对这个世界的认同提供了本体论的前提。”[①]另外,人既是生命的存在,又是社会和文化的存在,通过语言或实践行动的形式实现的人与人之间的交往,从社会及文化的层面,为个体的再生产提供了另一前提,这也是社会资本概念的意蕴所在。

访谈中笔者发现:新工人在流入地的日常交往呈现出从以血缘、地缘为特点向基于业缘的人际交往扩展趋势,“老乡”逐渐被“朋友”替代。但城乡二元结构的限制,新工人尚未事实上获得“企业工人”“城市公民”身份的相关权益,也没有与之相应的认同感,城市市民对新工人的社会排斥是真实存在的,新工人在城市获得社会支持严重不足,限制了其日常交往范围的拓展,影响了其社会资本的数量、质量与结构。因此,新工人日常交往虽然正在脱离血缘、地缘关系,但尚未真正实现业缘、谊缘关系的主导型,日常交往呈现出内倾性和表层性的特征——网络规模小、紧密度高、趋同性强、异质性低[②],这也一定程度上反映新工人与城市市民的疏离。

① 杨国荣:《日常生活的本体论意义》,《华东师范大学学报》(哲学社会科学版)2003 年第 2 期。

② 参见杨菊华、张莹、陈志光:《北京市青年流动人口行为适应比较研究》,《青年研究》2013 年第 4 期。

三、在城市边缘生活

培培说自己在青岛的状况：

这里大多数人都是外来务工人员，所以也没有太大的反应，都是从外地来的，对这个地方人生地不熟的，相互照顾是应当的。有时候看到本地人，也没有什么感触了，在这座城市生活两年了，已经习惯了它的一切，自己也开始融入这座城市了，所以没有什么不适应或者排斥心理了。

关于融入，先是对市区、城区都比较熟悉；从里面来讲，就是和青岛的包括一些政府部门沟通过了，还有市区的、郊区的，怎么说呢，就是有一些接触就比较了解了，这些人做什么的，和气不和气什么的，都知道了。在来"家园"以前，觉得自己和他们是两个世界的人，也感觉人家会排斥我们，完全没有自信，比如让大家去参加个培训，我以前就想：我怎么能去参加这样的培训什么的，不大相信这个，不是因为户口什么的，我觉得就是对外界事物了解太少，圈子太小。我之前，就像对大学生，就觉得是可望而不可即的，不是一类人，交往不上来。现在我还不是大学生，但接触多了，很多大学生假期都在机构做志愿者，或者实习，接触多就觉得没什么，和我们一样，之前是刻板印象在起作用。现在女工留在青岛的困难是，女孩子家庭还没有成，觉得不确定。作为一个女性，家庭是最重要的，从古至今女人就是以家庭为主，包括这些女工友，她们的想法和"家园"的这些是一样的，就是回家，家里有亲人，离自己父母近，假若结婚后出来打工，留在这里也不一定，因人而异。现在接触的是政府、媒体，特别是年后这阶段，从中央到青岛的，很多，政府与新市民面对面等节目，"家园"这边是我和学超去的，工友是两个，还有其他的。关于节目，我当时提的是维权，还有工友提的是教育培训。"家园"帮助我融入城市。

因为"家园"，曾经的女工培培在进入"家园"后慢慢接触城市的媒体、政府、学校，与城市群体有交流有互动，逐渐认识城市人，并慢慢融入这个地方。隔阂感因为互动与交流，逐渐减少。亮亮谈到在城市生活，说：

回老家待不住了，回去不适应，在这边有朋友有交流。回家不适应,和 20 岁左右的沟通都有障碍,我们宿舍里面最大的才 20 岁,宿舍 8 个人,绝对是“90 后”,是 1992～1993 年的,他们像是垮掉的一代。一个是,像我们这些“80 后”的,虽然思想上是比较保守的,对待感情、对待做人都是有原则的,但他们“90 后”就不考虑这些,不知道是因为他们小还是怎么,他们不考虑这些,也想不到,整天探讨游戏,哪里又出新衣服了,知道消费,出来以玩为主。再就是像他们这个年龄就是交友,交女友,单纯是为了玩,不是以找对象结婚为目的的。女孩也这样,和我们完全不一样,以玩为主,高兴就行,不管怎么样,我觉得是垮掉的一代。关注媒体我一般都关注,今年开始关注政治大事、新闻,如哪地方大桥坍塌了,后面都有很多跟评,看看,有什么情况。之前也关注,但不多,觉得政治与咱没有关系,现在觉得有必要,如我要创业,我得了解政策什么的。不一定非常透彻,但是得了解。看评论,但不跟评。

对于已经结婚,在农村有过长时间生活的冰然,农村与城市生活的差异,让她对城市生活有更丰富的认识:

在这里打工挺好的,主要是种地又累又脏又热,也种不了,打药,收麦子、大豆,我干不了。在家公公帮着打药,嫂子还“咬嘴”,我就不愿意回去。就在这打工,一天天过下去,过到什么时候是什么时候,也不用生气,老人给我们干了,她(嫂子)自己干了也得让着让公公再给她干,俺的地公公种着。我很不想回去,我和对象说:你愿回就回,年纪大了我给孩子看看孩子,你看看大门挣点。反正我不回去,哪怕过得不好也不回去,家里的那些事……从我嫁给他就没有开心过,俺那个嫂子老多事儿,斤斤计较,俺出来打工,婆婆帮忙看孩子,嫂子就骂婆婆,我就和婆婆说,她再骂你就说:你也把孩子留下,出门打工去,让她出来试试,打工是享福还是受罪!把孩子撂家里想孩子滋味好受?要是很有本事挣钱很多,俺也不把孩子留家里,也不出来打工了,俺也不是享福的。俺打工一天十几个小时。嫂子从没出门,不认字,没有上过学。与我同龄的上学的很少,和我很好的姊妹 5 个,老大,只上了 4 年级,嫁得很好,很聪明,如果能继续肯定上大学,现在厦门。不敢和她聊,一聊觉得自己可委屈了,人家老公对她可好、可稀罕她了,一跟她比我就没法活了。她从来没打过工,3 个孩子,想做就做,不想做就去伙房吃，伙房有很好的饭菜。我说若是行离婚的话我早离婚了。如果有钱的话，我感觉我们也会好一点。我现在也考虑不了那么远，回家也没有发展头，在家里要进厂子也挺累的，还不挣钱，在家上班比在这上班麻烦，在家事多。这次回家，觉得空气啥的没有青岛好，手起刺刺……我也不想累死累活地挣钱，从来没想过使劲挣钱，干服装颈椎有毛病。干啥啊，这一片就是服装，我也就会服装，别的不知道，自己干买卖不敢，怕赔钱，好几年攒那一点钱不敢拿着去冒险。要是有钱的话，啥也好办，挣得太少了。我喜欢玩，我每周都来（“家园”），有时带孩子，有时不带，有时哄着对象说：你在家看孩子、玩电脑，我出去玩玩去。我在家光和他争电脑。“家园”挺热闹的，心里可高兴了。每周一、三过来，周一电影，周三 K 歌。我很喜欢和有文化的人聊聊，觉得自己也能学到很多。

冰然，女，来自河南濮阳农村，现在有一男一女两个孩子，男孩正上初一，女孩尚在幼儿园阶段，丈夫在服装厂做烫熨工。笔者是经工友 NGO 机构“家园”认识受访者的，在 2012 年 7 月对受访者正式访谈两次，时间共计 3 小时，访谈地点均在“家园”。笔者还去受访者的自租房进行了探访，并与她有 QQ 联系。[①]

冰然在初中一年级时就因为家庭贫困辍学了，第一次外出打工去的是青岛的冷藏厂。据冰然讲，冷藏厂加工鱼挺累也挺脏，睡的是地铺，而且是通铺，一个挨一个。冰然干了一个多月就逃回家了，因为扒鱼皮累得膀子疼干不了，最后发了 300 多元钱。回家后经亲戚介绍，冰然与同乡订婚，见了两面后，19 岁的冰然就结婚了，丈夫比她大 4 岁。婚后冰然在家种地，但时间很短，后与丈夫去北京打工，儿子 5 岁时开始到青岛打工，一直到现在都做服装厂的普通缝纫工，其间因为女儿曾做过短暂的幼儿园保育员。冰然现在与丈夫、女儿住在 10 余平方米的自租房里，儿子在老家读私立初中。

冰然对在城市的打工生活整体上抱着积极乐观的态度。从农村到城市，冰然经历的是两种不同的生存环境、两种不同的劳动方式和生活方式，体验到的是在城市打工的自由和便利，同时也承受着城市打工带来的母子

① 参见刘霞：《隐藏与沉默的身份转型——女性农民工的日常生活叙事》，《山东女子学院学报》2013 年第 4 期。

分离之痛与紧张困顿。

(一)从农村到城市,感受自由与便利

讲到种地,讲到农村,冰然否定的坚决语气留给笔者很深的印象。从种地到打工,从农村到城市,笔者分明感受到冰然毫不犹豫地对城市的向往之情和对农村的排斥、否定。

1.从种地到打工,获得解放与自由

> 种地累得哭了,再回去种地更种不了了。在这里打工挺好的,主要是种地又累又脏又热,也种不了,打药什么的,我干不了。在家里除了种地还得干家务,觉得出来还挺舒服的。

从农村到城市,"进城"的最大转变是生存方式的变化,对于冰然,就是摆脱了在农村种地。从冰然的叙述中,我们感受到她对于脱离种地所带来的"轻松",在经历过农业生产、农村长期生活的冰然看来,农村绝非一个浪漫的场所,尚未机械化的农业生产并不仅仅是与自然亲近,而是代表着又脏又累又热的干活,与这样的农活相比,"打工挺好的"。深入分析冰然对种地的态度,不难发现她对种地的排斥和反感不仅仅是对一种劳动方式的态度,更深层次的是对与种地相连的农村生活方式的排斥和反感。

英国历史学家埃德华·汤普森(Edward Thompson)生动地分析了随着英国工业资本主义的兴起,一种新的工作习惯和工作概念形成:"前工业时期的劳动形式具有不规则特性,深受自然节奏的影响,时间感是以任务为导向的;而随着工业资本主义的兴起带来了新的社会分工、金钱刺激,一种精确的时间纪律开始形成,由此带来的是工作与生活的区分,时间和劳动力的商品化。"[①]要理解冰然的城市打工体验,我们还需要将她的体验置于农村—城市的生活史中来理解。

在农村,农民根据冷暖晴雨安排劳作,组织生产,日出而作,日落而息,年复一年。村落里的生活是单调的、简单的、重复的。种地并不被认为是一种"工作",在时间的体验中,也不存在工作时间和生活(休闲)时间的严格区分。没有明确的上下班时间,更不会有严格规定的劳动指标,农民可以按照

---

① E. P. Thompson, "Time, work-discipline, and industrial capitalism", *Past and Present*, vol. 38, no. 1 (December 1967), pp. 56-97.

自己的意愿安排时间。但是，农民在享受自由的同时也不得不应对烦琐而无休止的劳作。这种劳动与生活界限的模糊让很多返乡的女性新工人抱怨“家里生活烦琐”。对于许多女性新工人来说，农村的家庭经济不仅意味着繁重的农活，同时，她们的劳作经常被视为“自然”“细微”的家务活，虽然在家有很多清闲时间，但这些清闲时间大多是分割的。这些支离破碎的“清闲时间”不是她们种地之余用来消费的“清闲时间”，而是需要消磨的时光，这让女性们觉得时间需要自己“混过去”。而城市打工的工业时间表划分出了一个人特定的工作时间，然后其他时间属于自己。在城市打工，工作与生活的分离使工作之外的时间可以自由支配，这些自由的时间给女性新工人带来了可以自己选择、自己安排的主动性，并由此产生“被解放”的感觉。

进一步理解这种自由和被解放的感觉还需要与女性特殊的性别角色联系起来。在农村，对已婚已育女性的角色定位基本上是家庭主妇，家庭主妇意味着不仅要下地干农活，还要照顾家人和家庭事务，主妇的生活是忙完地里忙家里的没有钟点的，没有结束的。而在城市的打工是有钟点的，下班意味着工作结束，城市便利的消费又省却了在农村相对繁复的家务。所以，相对于在农村的干不到头的种地和家务，冰然“觉得出来还挺舒服的”。

2.享受休闲时间

出来这么长时间没啥变化，见识多了。在这里，这里逛逛那里逛逛，还能上网。我上网看看空间日志，不看新闻，我也不大会写，传照片，玩玩牌。我感觉我上网以后开心很多，要不然我就光想买电脑，以前吧心里有什么事儿也没处说，有网吧，可以和别人说说，在空间里写写。我不经常写，也玩那个漂流瓶，有些能聊的挺好的，上网了我觉得找着说话的了。我很愿意和有文化的人聊天，因为人家有文化的人很有素质，说出来那话，我也很容易沟通。

从农村到城市，冰然不仅脱离了农活的脏累，开始享受便利的生活，同时工作之余也让她开始上网聊天，与别人开心交流，享受工作、休闲相分离的多样生活。冰然不仅喜欢使用网络，还经常参加“家园”的活动：周一电影放送，周三 K 歌，偶尔周末旅游。除此之外她还参与所在企业的车间聚会等活动。从冰然的叙述中可以读出她对从农村出来到城市打工所体验的自由：一是脱离种地和无休止的家务；二是打工的工作时间与休闲时间的分离，使冰然体会到工作之余的自由。

休闲是一种自由和自我表达，它是潜在的一种革命力量，有着通过个人自由与赋权促进社会与个人层次的变革的潜能。同时，作为一个重要因素，休闲对女性的个人认同与社会交往将产生越来越重要的影响。通过休闲，女性能认识到自己作为个人的价值，并对某些制约自己行为的社会限制与成见进行挑战。[①]

如果我们进一步从女性主义与休闲的联系角度看冰然在城市打工之余的休闲，休闲中正面的维度正在改变着冰然的自我认识。休闲的正面维度包括积极地寻找自己喜爱和有内在动力要去从事的活动，还有对能表达、构建自我的活动的感情投入。“自我”包括对一种特定的休闲的参与，同时能积极地表现自己，并对这种自我有一种良好的感觉。冰然在讲述自己积极参与“家园”、车间聚会等活动时的开心之情溢于言表，她很兴奋地告诉笔者，为了按时参与自己渴望的这些活动，她如何“哄骗”孩子和丈夫，以争取他们的认可和支持。当冰然对这些充满情感交流和人际关怀的活动高度投入时，她体验到了自决自主的休闲，对这样的活动的高度投入也许不但关系到她个人的赋权，而且还关系到她的自我表达，自我效能感与自尊。通过这些自主与自决的休闲活动，冰然能从中获得一种独立、自主和赋权的感受。因为与丈夫的感情较冷漠，冰然在参与这些活动中体验到了开心，并获得了某种归属感、自主性和自我关怀。在积极参与这些休闲活动中，冰然实际开始了寻找有自主性的自我和自我赋权的过程，从女性主义角度讲，这是一个女性主体性觉醒的过程。

3.独立收入的骄傲与自信

城市打工不仅把冰然从农村繁重的家务活中解放出来，让她有了属于自己的休闲时间，同时还凸显了她工作的价值。冰然的工资收入是维持家庭生存和发展不可缺少的一部分，不仅担负着家庭的生存需求，还决定着她在家庭经济中的位置。

> 出来还是不一样，出来接触人多，说话什么的不一样，和我以前不一样。在家的话肯定上网什么都不会。出来干活学的也算是一门技术

① 参见[美]卡拉·亨德森等：《女性休闲：女性主义的视角》，刘耳等译，云南人民出版社2000年版，第101～110页。

吧，在家什么也不会。村里像我这样的出来得少，年纪小点的出来多，她们在家种个地，看看孩子，日子过得可紧巴了。

你像我们这个年龄段在家的（妇女），老的都不管了，自己过，不舍得吃不舍得花，对象在外面打工挣钱，自己在家种地看孩子，很会过日子，什么也不舍得买，一个钱都掰好几个花，看看这个不舍得，那个不舍得。没出来的觉得出门的好，年纪大点吃过苦都觉得出来可好了，出来享福的，每个月都发工资，可以给小姑娘买吃的，买件衣服。出来，花钱便宜，虽然挣得不多，每个月都有钱。在家里手里没钱，出来花钱这块好些。

独立经济收入所产生的自豪感，就是能用自己的钱给孩子买衣服什么的，这让作为母亲的冰然感到满足和骄傲；同时打工还能学一门技术，有技术所带来的是能依靠技术自立的成就感和自信，相对于依然在农村种地的同龄女性，冰然分明感受到了外出打工产生的骄傲和自信。在冰然的叙述里，打工意味着收入，收入意味着她的生活可以继续，她可以给孩子买喜欢的东西，她可以学一种技术，没有工作就不会有这份自豪感和成就感。

女性新工人的身份是个多元体，她们的职业经历、有关工作和性别的话语共同影响着她们身份的确立。在工作中，她们形成了有关自己是哪类人的意识，这是一种她们与自身的关系，她们通过确立自己是工人的身份认同而与他人建立联系。对于她们来说，重要的社会身份不是家庭中的妻子或女儿，而是工作中的职业角色。她们在自我介绍时首先介绍的是自己的职业身份："我是服装女工""我在制鞋厂""我在箱包厂"，这种自我介绍给笔者留下深刻的印象。女性新工人首先认同自己的工作身份和与其相关的社会身份，其次才是女性的性别身份，即工作带给了女性超越性别身份的认同，并由此建立起自身的具有意义的世界。女性认为自己是一名对社会、对家庭有用的人，这样的身份认同是更宽泛的社会属性，女性参与社会劳动的积极意义是它赋予了女性新的角色，她们不再仅仅是为人女、为人妻、为人母，而是服装女工、服务员。工作使女性第一次可以通过社会角色—职业角色确立自己的社会身份，而不再依靠父亲、丈夫或儿子来确立，这是女性从"无我"到"有我"的过程。由此，女性新工人职业发展与其主体性之间建立起了稳定而多元的关系。

4.享受简单的人际交往

从农村到城市,冰然在获得了自由的时间和独立收入的同时,还收获了另一份自在。在农村,村落相对于城市,仍是一个充满规范的熟人社会,人们的一言一行、一举一动都受人瞩目,并受规矩约束。来到城市的女性新工人由于脱离了原来的生活空间,个人获得了更多支配自己生活的权利,很多以前看似牢不可破的规矩都被逐渐打破,以前纠结的一些关系也从此断裂。

> 公公帮着打药,嫂子还"咬嘴",我就不愿意回去,就在这打工一天天过下去,过到什么时候是什么时候,也不用生气,老人给我们干了,她(嫂子)自己干得了也让公公再给她干,俺的地公公种着。反正我很不想回去,哪怕过得不好也不回去,家里的那些事……从我嫁给他(丈夫)就没有开心过,俺那个嫂子老多事,斤斤计较。
>
> 我现在也考虑不了那么远,回家也没有发展头,在家里要进厂子也挺累的,还不挣钱。在家上班比在这上班麻烦,在家事多。

从农村到城市,冰然终于脱离了农村生活中繁琐复杂的人际关系,尤其与妯娌之间的纠葛,获得了简单快乐的人际交往,享受到简单的城市生活,并通过网络开拓了基于自己喜欢的方式的人际交往,生活空间更自由和宽松。笔者访谈的另一位受访者阿梅,因为生二胎回家乡了,在与笔者的QQ联系中,阿梅抱怨在农村张家长李家短的,很烦,并说:"还是城市好,让人没压力。"笔者的另一位受访者环环在离开青岛准备回家结婚时同样提道:"还是在城市好,简单。在农村事可多了,结婚、生孩子的,人情烦着呢。"

> 城市和农村的生活我感觉差别大了,别的地方我不知道,我就说俺那个地方,农村也没啥好玩的地方,除了吃,就是地里有点活,其他没啥做的。能串门,串门就是和咱这样聊聊天,买东西也不方便,得骑车去好几里地赶个集去,有小卖部,就卖个烟酒糖茶什么的,它不跟这地方一样,有卖肉食的啥,它就卖点小东西,酱油、醋的,买菜还得赶集。没有什么活动之类的,俺那地方落后,我感觉在这里,这里也不算城里吧,算郊区,比俺那好多了,有"家园"多好,一到过年过节就搞活动,感觉很开心。俺那边吃水还是用压水井,地下水,生活还是城里方便。什么时候我也买上个楼啊,我就羡慕城市生活,那么干净,我不喜欢看着乱乎乎的,不干净。城里人我就感觉人家有能力,有文化,说话办事都比咱强。

从农村到城市，冰然逐渐形成了对城市的高度认同。在这个过程中，对自己的认同也在悄悄地发生着变化："自己出来这么多年，跟家里的妇女不一样，穿得差不多，懂得比她们多，说话什么的普通话她们听不懂，思想挺开放挺爱打扮的我就和她们聊。"冰然已经将自己与普通的农村女性区别开来，将自己的定位放在了更具有城市人的特征上。

（二）从农村到城市，承受分离与紧张

从农村到城市，城市的生存环境、生活方式毕竟与农村存在差异，在城市的生活对于像冰然这样的新工人群体来说，不仅意味着感受城市生活的便利和自由，同时意味着需要承受新工人因身份所带来的一系列挑战和困难。对于冰然来说，首先是必须面对工作与家庭之间的不协调，忍受生活的压力和紧张的节奏。因为女儿才 4 岁，而且经常生病，冰然不能晚上加班，而自己仅仅可以选择的工作就是服装业，服装业没有不加班的，没办法冰然就只能选择允许请假的、晚上不加班的"妈妈班"。"妈妈班"工资低，正式工 12 元/小时，上妈妈班的冰然只能拿 9 元/小时。不仅工资低，妈妈班工作还不稳定，一旦企业订单减少，首先面临裁员的就是妈妈们。为此，冰然就处于不断换工作、找工作的奔波中。

我是一没有活了就愁得慌，有个孩子不能整天在家，我也是尽力去挣钱，能找到不加班的活我就赶紧去干去，刚找到这个厂子，没有找到这个厂子时就我去干临时工。有时我就觉得很委屈，他（丈夫）干烫熨，除了上班就上班，我是一没有活了就愁得慌。去年那个厂子挺好的，不加班 1 小时给我 9 块钱，后来涨到 10 快，后来不忙了，女儿老感冒，老请假请烦了，就把我辞了。后来干临时工，也是不忙的时候辞人，因为我不能加班，又给辞了。光忙着找工作，今年这一年还没真的安顿下来。

冰然在承受生活压力与紧张节奏的同时，在情感上还得忍受母子分离之痛。因为城市生活成本过高，过高的教育支出迫使冰然将大孩子放在老家，由爷爷奶奶照顾，成为留守孩子。

房租越来越贵了，住了五六年，现在 230，刚开始 120，住这么长也不便宜，水电另算，小孩子另交 15 元房租。这是钱，那是钱，虽然俺们两个加起来 4000 多，到月底就没有了，房租，孩子入托费，生活费，给家里孩子寄点钱，到月底，不看病的话能剩 1000 多，这个月买电脑就没有了，还有网费一年800。儿子上私立初中,一上初中就交900多。每个月几乎不剩,女儿看病在李家现在可以打吊瓶了,以前不行,都得去人民医院,一去就得三五百元,还耽误我挣钱,感冒,化验血化验啥的。现在好了,在李家诊所打一吊瓶40块。

大的放家里,现在放暑假接过来了,十月一、春节回去。感情不跟我近,感觉跟奶奶近,5岁留家里,把小时候我对他的好都抹杀掉了,我老训他,怕我,奶奶宠他。挺伤心的,我们这些打工的,没办法。

忍受母子分离之痛对于作为母亲的冰然来讲无疑是沉重的,这也是像冰然这样的女性新工人不得已而承受的代价。除此之外,工厂的专制化管理也给冰然带来不小的压力。

在厂里也没少受委屈,在厂里这也不行那也不行。我现在这个好点了,以前那个大声说话都不敢,这里还能听音乐,以前那个看的可严了,你去厕所,待着过了10分钟,她就去厕所抓你。刚出来打工,觉得那一天可难熬了,时间那么长,现在都习惯了,觉得蛮快的。

对于打工中的诸多紧张和困顿,冰然会为自己的某些不满进行自我安慰,具有很强的自我心理修复能力。某种程度上,冰然对生活的不如意抱着一种平淡与命中注定的口气,对许多困难常常是一笑了之。在冰然的QQ空间里,经常可以看到这样的自我安慰的留言:“简单生活,顺其自然。”(2012-9-17)“日子再难也要笑着过。”(2012-9-17)“有时候相信一下命运心里会好受一些。”(2012-9-26)。对于冰然所讲的“相信一下命运”,我们不能简单地批判为“命中注定”的宿命论,冰然这样的说法与其说是归纳原因倒不如说是一种为自己寻找心理平衡的方式。这里的“相信一下命运”体现的并不是一种实际判断或指导行动的生活态度,而更类似于一种释放内心焦虑的方式与技巧。冰然很清楚生活中的种种限制,但她同时知道忍耐和等待,或暂时把问题悬置起来,以保持对未来的希望。①

【小结】

黄剑认为:确定性是日常生活的重要属性,也是人们获得本体性安全的

① 参见刘霞:《隐藏与沉默的身份转型——女性农民工的日常生活叙事》,《山东女子学院学报》2013年第4期。

重要基础之一。目前中国社会的转型特点之一便是陌生人社会取代传统的熟人社会，对外出务工的新工人来讲就面临这样的问题。在陌生人社会，新工人日常生活中会有更多的不确定性因素需要克服。城市陌生人社会形成了一种总体性的日常生活运行框架，建立了基本的生活秩序。其中，抽象时空坐标的建立、人际关系的契约化、专业知识对于日常生活问题的介入等是这个运行框架的基本要件。这种运行框架在给日常生活带来确定性的同时，也产生了一些意料之外的非确定性后果，如身份意识模糊、人为风险增加、日常体验空洞化等。[①]

新工人进城务工，是从熟人社会向陌生人社会的过渡，适应、融入城市呈现过程性特点，选择工作的差异、居住位置、居住时间等不同，都会影响新工人的日常生活的转换。整体来看，新工人融入城市不足：居住空间的隔离、高流动性、收入低消费高等特点凸显出他们作为农村人、外来人的双重劣势，进一步说明了因为户籍类型造成的城乡分割以及附着在其上面的各种其他制度和结构性因素，如何使得这一人群在流入地社会难以合理分享更多的社会发展成果。[②]

笔者在实地考察和访谈中发现，作为农村人、外来人的双重劣势，职业的非农化发展能逐渐减弱农村人的劣势；作为外来人劣势的消减，需要中间机构的支持，这其中，为新工人服务的 NGO 机构能够起到很好的桥梁作用，有效帮助新工人的城市融入，这在 P 村的工友之家，"家园"、女工服务机构都有所体现。

2013 年 11 月 12 日，笔者考察了位于北京市 P 村的工友之家，参观了打工文化艺术博物馆和 P 村打工者艺术团录制"打工者春节联欢晚会"的会场、电影放映室和同心互惠商店、工友之家图书馆等。笔者对在机构工作的女大学生进行了访谈。工友之家对漂泊在北京的外来人口包括新工人，发挥了社会交往、文化娱乐、经济和社会支持等功能。

新市民家园经常参与工友社会服务机构活动的环环，对打工地青岛的记忆，主要还是在"家园"机构的经历：

---

① 参见黄剑：《陌生人社会中日常生活的确定性及其运行框架》，《中央民族大学学报》(哲学社会科学版)2016 年第 6 期。

② 参见杨菊华：《城乡分割、经济发展与乡-城流动人口的收入融入研究》，《人口学刊》2011 年第5 期。

出来以后印象最深的是对我们“家园”(机构)比较留恋,在“家园”找到一种自信。以前的时候不敢唱歌,说话打结,“家园”刚开的时候,我就自己进来了,感觉不认识这里的人,挺别扭,就走了。后来知道有娱乐活动啥的,知道还可以唱歌呢,但第二次来也没有唱。后来有一次同事是“家园”志愿者,说没什么,自己唱就行,人多同事多,就不怯了。我第一次唱了以后他们说还行,挺好的。觉得有别人鼓励,自己就有下一次唱的动力,后来是八月十五表演节目筛选,唱完了他们说等电话吧,没有电话,失望了,就没有来。刚开始和学超不熟,觉得他可严厉了,唱了也没有评价,就不愿唱了。后来,“家园”组织去崂山玩,我就跟着贤贤来了,慢慢就熟了。每天都来,后来“快乐星期天”一次节目,从那开始就好了,然后就当骨干,做文娱部部长。来这里玩就像小时候那样,想说什么就说,哈哈大笑,很自然,感觉很好。参加上马的活动,表演节目时出问题了,话筒的用法和“家园”不一样,我没有在意。大家事后都安慰我,我感觉挺失败,第一次参加就搞砸了。他们都说:你第一次,没什么,谁都有第一次。他们这么说,就觉得好受些了。搞个演出很麻烦,需要考虑细致。后来每次演出我都参加,基本是唱歌,还有跳舞。别人的鼓励很重要,没有鼓励,就没有前进的动力,而且现在自己也经常鼓励别人。

参加加拿大老师的培训,挺有档次的;还有律师事务所的律师给我们培训,给我留下了联系方式,让我以后有事找他。律师年龄挺大了,60 岁了,讲的时候以故事的形式给大家讲维权了什么,讲得很好,如果没有他,根本没有机会。建立信心这块在“家园”挺重要的。陈哥(“家园”负责人)人很好,考虑很周到。那一次聚会,陈哥对我说:环环,我对你印象最深的是,第一次你参加骨干培训,第二天我早上有事回“家园”,早上看见你在跑步,我印象很深刻,第一次看见这边的一个人在跑步,在运动,他感觉就是很向上。陈哥好像去法国,回来捎的巧克力,专门送到“家园”来给了我。有很多细节,陈哥都想着大家。他没有那种大领导的作风,很亲切,我觉得挺庆幸。陈哥懂得很多,说话不多,能让人记住。上次我陪妹妹去市里玩,陈哥以前说有本教育的书给我看,每次来都忘了,我正好在市里,就问他。后来他打电话问我在什么地方,直接把书送过来了,我很感动,想得挺细的,把大家的事放心上。

因为工友机构“家园”，环环在城市的打工生活有了不一样的体验和感情，不仅仅是“家园”帮助自己成长了，还有通过文娱活动和公益活动，增加了与城市的接触。环环在“家园”与工友杨某相遇，并后来结婚。

同是女工的相云，对“家园”的留恋也是不言而喻的。

我是2010年5月份知道“家园”的，陈姐她把我带过来的，陈姐是“家园”志愿者骨干，过来培训，就认识了，当时很爽快就来了。第一次进来的第一感觉就是很亲切，就像回到自己家一样，进来有好多陌生的面孔，看着都挺快乐、挺和气的。我当时就想，跟他们能学到什么，能聊到什么？那时候就想怎么会突然认识这么多人呢，他们在这里做什么呀，当时脑子里就好比那句话：十万个为什么，很多问题，又不敢问，又想知道，郁闷死了。当时培玲姐就亲切的给我介绍的，她当时还在服装厂上班，就说你可以常来玩，嘴上说着可以，但心里还是很疑惑，其间说过几次话，但怕别人笑话我，杨哥说怕什么，都是自己人，后来闲着没事就跑到“家园”来，玩到9点多再回去。当时住在万家公寓那边，离这挺远的，来回快的话半小时，慢的话得50分钟。我一般来得也快，走得也快。因为晚上嘛，还是有点害怕。有时晚上就想：去还是不去，不去吧，有点想得慌，去吧，又挺害怕，杨哥就叫同事和我一起来。我就和同事说，同事都说：可能吗(有这么好的地方)，然后他们就说你先去吧，你体验好了再来叫我们不迟。体验不好呢？不好就当倒霉呗。当时开玩笑。在“家园”有两年，玩了半年，工作就搬到大北曲那边了，当时犹豫换工作的问题了，有点盲目当时，不知道自己能干什么、适合干什么、会干什么，这三个问题后来就想在工作中找吧，慢慢干。周日来，离得远了来的就少了。在“家园”这么长时间，有很多收获，比如说，学了很多培训方面的知识，对那方面就比较认同，然后就是认识的朋友比较多，接触的人多，收获自然就多了，虽然每个人的性格不同，但他们的优点什么的是可以学的。协助“家园”办活动，发报纸，还有就是带资料回去给同事看，讲解。我唱歌不好，所以我唱歌不参加，都是他们都走完了我自己唱一会。还有“小陈热线”十周年，我来了，上台领奖了，反正就是帮忙吧，幕后者哈哈。还一起出去玩，海洋博物馆，我参加的活动不是很多，我离得远。别的工友对我的评价是：你特别善于思考，而且很有目的性。我就是认为每个人都有自己的优点,我能从别人的缺点中去发掘人家的优点,我喜欢问那些人家不喜欢搭理的问题。

对"家园",只要我有时间就过来,我不知道自己忙什么,个人时间不是很多,只要有时间我就来"家园"。我个人吧只要答应人家的事情就必须做,自己的事情可以不做。讲信用吧,首先得守信,有时候时间上有冲突,就是陪同事玩还是来"家园",我同事打电话:礼拜天做什么?我说再说吧!他说我这个再说就指定是去李家("家园")。你是不是又要去"家园",肯定是去。然后我们就做"交易":上午我陪你逛街,下午你陪我去"家园"。同事就纳闷:你就那么喜欢"家园",那里有什么啊让你那么上瘾!我就说你不知道,那里有什么真让你上瘾。

我"家园"活动参加得多,尤其女性讲堂的内容,让我变得更自信。学过化妆,学过电脑,让杨亚林帮忙买过书,不知道自己该干什么,经常想:自己能干什么,性格是什么,适合干什么?但经常矛盾,头大,看书,将来有明确的计划:赚钱,因为有了钱才能有一定的资本,一年做一个计划。资金有了的情况下,还有一个是自己的能力的问题,通过"家园"比以前学了更多,以前老多东西都不知道,但是落实到实践上还欠缺很多。试一试,闯一闯,不试当然不知道。倒两趟车到"家园",不到一小时。周末有空就先到"家园"。

在"家园"的长期观察中,笔者发现:未婚的工友最关心的是找对象,已婚的工友最关心留在家里的孩子及其教育,还有老人。至于笔者关心的身份认同、阶层阶级、身份政治等,不直接出现在他们的日常话语中,也不是他们关心的方面。打工,在工友们来看,是结婚前外出锻炼、积累人生阅历的阶段,挣钱攒钱不是唯一的,挣钱是自立,是帮衬父母,自己并不是养家的主体;对于已婚的工友们,打工首先意味着挣钱养家,学技术、挣更多钱、养孩子,是已婚工友们对打工的理解。留在城市、市民化与否,首先要考虑自己的经济基础,甚至叫什么新工人,还是打工的,还是新市民,还是外来务工的,并不是工友们最在意的,觉得不好听就不用,自己的生活要继续下去,打工是谋生活。

作为非政府组织,"家园"为来青打工的新工人在一定程度上提供了平台:在这个平台上,工友们有机会接触、对话、交流,并通过"家园"与属地市民有机会进行接触和交流，加快了新工人适应城市的进程，也通过“家园”的桥梁，实现了新工人与城市市民的交往。“家园”公益性活动或志愿者活动，都是参与属地建设的一部分，新工人通过参与公益性活动和志愿者活动，能与城市居民进行共处和交流，打破彼此的分隔与疏离。经常参与“家园”活动的工友，包括笔者访谈的数位工友，通过“家园”实现了与城市居民更进一步的接触、认识、交流、交往；属地政府举办的新工人相关的比赛、活动等，也通过“家园”邀请新工人参加，这实际上加强了城市去了解新工人群体，这是积极的、良性的沟通与交流，有益于流动人口更深层地参与、融入城市。

“家园”在日常活动中，对工友进行的法律培训、举办文艺演出、参加电视访谈、郊游等，帮助工友了解城市生活，包括公共准则和行为习惯。笔者参与了一次“家园”组织的周末郊游活动。在整个过程中，工友们集合，乘坐公交车，海边游戏等，遵守城市公共生活规范，文明出行，在活动结束后还组织工友将产生的垃圾等及时收集处理，给我留下了深刻印象。而一些工友访谈时提到，刚来青岛，怎么坐公交车、地铁等，怎么行为文明，都是不懂的。“家园”的培训和相关公益服务活动，实际发挥了对工友熟悉、适应城市生活的锻炼作用，他们不再怯懦，开始主动走进城市，熟悉城市，认同城市。

第四章　外地人、本地人与农村人、城市人

一、打工的、外地人

"我们这些外地人""我们这些打工的"，是笔者2012～2017年调查中从新工人陈述中听到最频繁的对自己身份的描述。

（一）打工的、外地人

在中山市打工的士君在访谈中提到作为外来人口、作为打工者在城市的身份经历：

> 我们只是为了生活才来这边打工的，这里的城市人也不太欢迎我们这些外来人员，受白眼是常事，我们渐渐地也都习惯了，在这里没有家的感觉。等钱挣够了，我就回老家，在老家做点小生意，一家人在一起开开心心地生活。我自己也想出来混混，看着外边的风光，不能总一辈子待在农村，打工是很好的机会，家里人都说趁年轻多出来闯闯。

士君代表了新工人中大多数的一种身份体验和认同状况：作为农村进入城市打工的外来人口，首先在打工、生活中体验到的是鲜明的内外差异，这种内外差异本质上是中国城乡差异带来的反映在居民身份上的差异：城市发展早、发展快、发展程度高，农村发展晚、发展慢、发展程度低，城乡之间存在较大甚至巨大差异。从农村进城打工，在经济上体现为一种从经济发展落后地区进入经济发展先进地区；从政治上反映了中国长期城乡二元差异带来的政治地位的差异，从农村进城打工意味着地位较低的农民向地位较高的城市人的靠拢，享受城市发展的溢出效益；从文化上映射出城乡差异在文化上的一种文明与落后、现代与传统、时尚与乡土气的对比，农民进城

打工是代表着乡土气、落后、传统的文化标签；从社会层面反映出的是城乡在社会结构、地位、阶层上的较大悬殊。

除了外地人与本地人、农村人与城市人的身份差异之外，士君的打工生活还体验到了作为打工人无法享受家人团聚的正常家庭生活。因为户籍制度的限制，因为社会保障的不足，因为打工收入太低、城市生活成本太高，新工人在城市打工一般是个人外出，其他家庭成员留在农村老家。无法像城市人一样一家人在一起，过正常的家庭生活，这也是新工人作为外来打工者的切身体验，这已不仅仅涉及挣钱多少的问题，还涉及作为一个社会人正常生活维系的问题。挣钱让家人过上好日子，早日与家人团聚，成为已婚新工人在城市打工的主要价值追求。进城安家远没有进入普通新工人的日程，成为城里人、新市民，融入城市等也远未进入新工人的话语体系。

雪静对自己身份的认知也存在清醒的对比，这种对比主要表现在企业中高层管理者与普通打工者的差异。但是作为打工人雪静觉得没什么自卑的，认可自己打工者的身份：

> 感觉到工友和管理者不一样，人家是领导，不过班长和我们差不多，和我们一样得干活，还夹在工人和领导之间受气。班长都是从工友中提起来的，工友不服气冲她们发火，领导不满意也冲她们发火，两边受气，还得担责任。再往上的领导就不一样了。人家是资本家，咱们是被剥削者哈哈，两个世界的人！也有人幻想：我是领导的人，我会对公司怎么怎么管理，站的角度不同。我没有，就是挣工资，不过挺充实的。在工厂工作，我不觉得自己和别人说自己是外来打工的有什么，我看不起那些掩饰自己不是打工的人，说自己是大学生、父母当老师什么的。我就说我是打工的，不比城里人差什么，有些城里人还不如我们呢。我从来没有这种自卑感，自卑是能力上的，不是尊严方面的。工作中与管理者互动的过程中，觉得自己谦卑，你如果在他面前不尊重，人家就给你穿小鞋。

雪静作为高中毕业外出打工的未婚女工，在城市体验到的身份差异主要来自企业内部管理者与打工者的差异，这种差异既是一种经济上是否占有生产资料的贫富差距，本质上是一种阶级地位的不同，也是一种权利地位的差异。高中毕业后外出打工，雪静自己没有明显的因为外来人口的身份自卑,更多是基于企业内部的身份认知。

问:未来会不会留在青岛?

陈:应该不会,可能会回老家去。不过有更好的机会也不一定,感觉想要在这立足太难了,消费太高,就我那点工资,能维持基本生活就不错了。而且多少感觉与城市人有一定的差距,和他们想的不一致。

问:你会不会在日常生活中感觉到歧视?

陈:还是有的,有时候在工作中,有些城里人,你能明显地感到他们看不起你,好像你一个打工的,普通话还带着点口音,就不太那个……出来打工也是为了家里人过得更好,我觉得好日子就是一家人在一起,吃饱穿暖;孩子能上得起学,接受好的教育;钱不用太多,够用就行了。一家人和和睦睦的。

问:将来怎么打算?

陈:还是回家乡吧!最起码那里一切都还熟悉,办事也方便。

接受访谈的陈工友说:"那几年是想过开个店什么的,可在外地,没有关系、没有钱也没有权,相关的手续根本不可能办下来。这样算下来,开店几乎就真的成为一个不可能实现的梦,最起码在外地是这样。"可以看出,他不是没有理想和抱负,只是在外地,一切都不熟悉,了解和交往的人也少,多半是和他在一个水平线上的人。所以,对于他来说,过几年回到家乡发展也许是一个明智的选择。

陈工友作为外地人、打工者的身份认知,首先是说话的口音,其次是人生地不熟的社会关系网络。说话的口音,本是地域不同,语言表达、语言实践的地域差异,但是因为地域性差异,地域的地理位置、发展状况被赋予了经济、政治、文化意义,地域差异不仅仅是地理位置与空间的差异,还扩大为包括中心与边缘、发达与落后、现代与传统等在内的经济、政治、文化的综合性差异,并赋予了等级上的区别。地域性的口音也因之赋予了文化标签。广东作为中国改革开放的前沿地区,因为最早开始探索,发展最快,也成为中国较为富裕的地区,"粤语"就成为区分是不是广东人的一种文化符号,并与说话人的身份相联系,以会讲粤语为荣并借此显示身份,就是一种口音的等级性。

陈工友在城市打工、生活中遇到的因为口音被歧视的经历是地域发展等级化带来的文化上的反映,口音成为识别身份的一种标志。外出打工,经济状况的改善，新工人在衣着上的改变已经使他们与城市人在外表上差异不大，口音是短时间很难改变的，口音差异也就成为识别本地人与外地人的主要标志。笔者在访谈中发现，长期在城市打工、生活的新工人口音已经开始变化，尤其是女工，普通话讲得比较流畅标准；子女随父母在城市打工的，年龄较小的孩子基本是讲普通话，因为就地上学，幼儿园、小学教师基本讲普通话，孩子从小学说普通话。

已婚并有子女的陈工友描绘了与士君同样的未来：回老家，家人团圆，自己做事。回老家，是因为在城市没有驻留之地，与家人的长期分离，独自在城市打工没有正常的家庭生活，没有情感支撑。回老家，有社会关系，有完整的家庭生活和亲人相伴。外地人、打工的，新工人对身份的体验没有仅仅停留在这个层面，还有作为社会人、成年人无法享受正常家庭生活的“一个人”的孤独与无奈。

（二）不喜欢“农民工”称谓

作为新生代未婚女工，培培觉得流动带给自己最大的体会是：刚来青岛时陌生，没有亲人、朋友，环境不一样，慢慢开始适应这里，不适应家里了，在家待不住了，待的时间越长对城市的认同感越强。工友们的认同有不同：有的喜欢城市，有的乐意回家，有的人待时间长了也还会回家，是个人的选择。但是对于称谓，未婚的培培看法与前面的工友不同：

> 农民工，这个称呼我觉得就是指那些年龄比我们大、干苦力的人群，和我们不一样，没怎么感觉有歧视，“打工妹”“打工仔”不怎么好听，建筑工人等做苦力的人不知道怎么称呼，外来务工的也不一样。我们内部不怎么说“农民工”这个词，不认可这个称呼，自己身份上不是农村人，也不算是城市人，离城市人近了，慢慢靠近城市人。农村人、城市人的区别？怎么算是城里人，房子是一个很好的标志，一个人有房子在城市就觉得这个人挺有能力，有稳定的地方住，还有工作，还有和家人和自己的对象可以住一块，户口现在觉得不重要。工友一个人在城市也不算是城里人，自己又不是家。
>
> 对人的划分，我先是分本地人、外地人，本地人家什么都在这里，外地人就是出来打工的，和人家不一样。穷、富不明显，外边看不出来，一说话家乡话就听出来了。我们都是一样出来打工的，就有一种亲切感。

"打工"有好多个意思,我理解在这里就是外地人到这里来干活挣钱做工,本地人就算是一种职业或工作,本地人无论是自己干还是给别人干都不叫"打工"。外边的人很不稳定或虽然工作稳定但家人都不在这里,自己在这里干活。

工友在城市买房不仅是有住的地方,还有象征意义,象征有能力有钱,象征你能够稳定下来了,不用像别人一样到处租房子了,有种定居和安稳的感觉,对男的来说,还有尊严的东西。工友对于买房,自己的落脚点不确定,主要是买不起,很想买,还是买不起。如果我必须选一个当然还是买房的,如果条件不够就先租房,两人再创造买房的条件,再买房。工友之间,谁若说在哪儿买房了、花了多少钱什么的别人就很羡慕。

对未来的打算,长远的没有,最近的就是不断提升自己,和别人比觉得自己的能力好低。女人首先是要独立,要有自己的不说是事业吧,我就最反感那些结婚就在家看孩子什么都不干的,看家。要有自己的工作,要独立,女人没有自己的独立,干吃,别人也看不起,自己什么用也没有。有自己的工作、有自己的收入,别人看待你的眼光也不一样,自己的地位也能提升一些。不光在乎别人怎么看你,自己也会充实起来,有收入的女的别人高看一眼,有尊严。作为女的最重要的事情就是提升自己。

培培开始在服装厂做女工,后来转到新工人社会服务机构工作。她对"农民工"这个称谓是不认可的,在机构工作也不认为自己是打工,因为在机构从事的是社会工作性质的事务,并不是体力劳动,工作也稳定。对农村人与城市人的差异,培培觉得户口并不是标志,有无住房、是否家庭团圆是重要标志。户口对于未婚的新工人来说,在认识上没有成为是否进城的障碍,能否进城成为城市人的主要标志是住房、家庭团圆。这与学界的研究有一定的差别。培培对外地人与本地人的识别也是注重说话的口音,而不是贫富差距,因为从个人的外表等看不出明显的贫富差距。对于未来的打算,培培的认识也超过一般的工厂女工,而具有明显的独立意识和自强意识,自尊程度更高。

广西的女工燕丝对自己的身份认识是:

我觉得还是农村人,因为我还是从农村出来的,现在的农村人也和以前不一样了。因为家里毕竟是自己成长的地方，家是自己的根吧。在番禺这边什么都没有，还是孤身一人，如果自己成家也许这种想法会轻点吧。生活得长了有亲切感了就好些了。

孤身一人在城市打工，虽然人在城市，虽然也挣钱，但是难以“城里人”确定身份，不是经济上的贫富问题，燕丝的描述仍然涉及家庭团圆的正常家庭生活。访谈中燕丝有一次说：自己晚上上夜班，想想自己下班后一个人孤零零吃东西，“什么时候是个头儿啊！”

佳俊是湖南人，丈夫是陕西人，俩人在打工地番禺认识并结婚，5 岁的女儿带在身边：“都不知道自己是哪里人了，如果不是有孩子，回家看到孩子，都不清楚家在哪里，我在哪里。”

与国家从宏观上注重户籍制度的改革不同，微观层面的新工人个体，在城市打工、生活的过程中，注重的是户口、收入增长，家人团圆、完整的家庭生活，是新工人独自在城市打工的情感需要，打工的价值追求也是为了家人过上好日子：孩子接受好的教育，家人健康。家庭是一个整体，亲情是自己最看重的，是外出打工的情感支撑。从这个角度反思中国关于新工人融入城市的社会政策，应该在方向上从强调户籍、经济收入，强调物质条件，调整为以家庭为单位的整体性社会政策，制定家庭友好型融入政策，如新工人安居工程。

男工亮亮对自己外地人身份的认识往往与经历联系在一起，尤其是外出打工初期，查身份证、暂住证的经历。

我从家里过来的时候就了解，从家里来到这边身份放得很低，就感觉吃点亏无所谓。我刚出来就是这么想的，反正有个底线在这放着：别太过了，别让我太难看了，能过去就过去了，自己就当是弱者，遇事大事化小，小事化了。很多人就抓住这种心理，其实这样想不对，应该是我们都是一样的，但是意识到这个问题的不多。想留在本地，非常想留下，你要问我通过什么方式，我很迷茫，你说我把户口迁过来，不可能，在这里最起码得有个房子。像我这样有想法、想留下的人很少，他们都没有意识到这个问题，他们老是局限于挣点钱、大了该结婚了就回去吧，也不留在这里，也不说为什么不留在这里，估计留在这里的也是因为公司给的工资比较高。没有说为以后打算了什么的，都没有那方面的想法。

在青岛,感觉对我们的排斥稍微有点,我自己被L村那边的联防人员揍过,他们当地的肯定不会出现这个事情。当时我还是挺冤的,朋友过生日出去玩,回来碰上联防查暂住证,我带了,朋友没带,朋友被扣下了,我赶紧回来把他的暂住证拿过去。我当时想,这事找谁帮忙?找学超("家园"工作人员)觉得不合适,用不着找他,还欠个人情,这事找房东就行了。房东就和我说:你进去找谁谁,就说我的名字,他认识我,告诉他你在我这里住就行了。我现在还记得那人的名字,我进去就问:"王权王哥在吧?"那人出来就揪着我,说"你是什么东西,王权的名字是你叫的?"我当时就很蒙,没错,我不喊名字喊什么,而且我还加上"王哥"还不行,当时我就恼了,把我朋友放了,把我揍了。我当时特别恼这个事,我想打市长电话投诉,后来想算了,后来和学超见过联防的人,告诉他希望这种事情以后不要再发生了。暂住证一年办一次,我已经超期3个月了,没有办,要在租房的地方,拿着房东的身份证号、门牌号、自己的身份证,去派出所办,很麻烦,有时间限制。暂住证基本信息有:名字、性别、一寸照片、居住地、职业、公司名称等。暂住证得随身带,不带就罚款,拿身份证就把身份证扣下,拿手机就把手机扣下,就跟土匪一样,缴上罚款就还你手机、证件,罚款看他们心情了,一到过节的时候就100,平时的时候就是三十四十的。这个问题非常非常严重,这方面他有很大的问题。联防,不是执法机构,没有资质,青岛市下通知办暂住证是免费的了,但他们又开始收取卫生费了,按人头一人一个季度在这边住的缴15元的卫生费。

查暂住证、定期办理暂住证、额外收费等,亮亮在经历这些的时候,对自己作为一个外地人有着更痛彻的体验和认识。访谈中广州番禺的不少工友也提到被查暂住证时的惊险与惊吓。番禺女工阿静访谈时说:昨天上午宿舍区查房了,她没有暂住证,吓得不得了,躲在厕所里好久。

暂住证是中国在改革过程中,伴随大量农民工进城产生的流动人口管理出现的。1984年,深圳开始实行暂住证制度。北京P村"打工文化艺术博物馆"的第一件展品就是暂住证。暂住证是特定时期的人口管理方式,用以登记外来流动人口,并为流动人口提供相应服务,实践中更强调借助暂住证实现对流动人口的管理。伴随中国户籍制度的改革，城市已取消暂住证，由居住证代替。

2014年7月24日，国务院印发《国务院关于进一步推进户籍制度改革的意见》，这标志着进一步推进户籍制度改革开始进入全面实施阶段。《改革意见》进一步保障流动人口的合法权益，扎实推进户籍制度改革，取消暂住证制度，全面实施居住证制度，建立健全与居住年限等条件相挂钩的基本公共服务提供机制。由"暂"到"居"不仅是一个字的转变，更是由管理到服务的提升。暂住证是中国在一定历史时期、特定户籍制度下对外来人口的一种管控。暂住证本身是基于城市治安和人口管理的需要，对外来人口有不友好的倾向，实际执行中联防人员在检查暂住证中对新工人的暴力是存在的。暂住证提醒着新工人作为外来人口的身份。

长时间打工，亮亮也开始关注青岛当地媒体，对媒体使用"农民工"这个称呼很不认同。

> 关注媒体对咱们群体的报道，媒体的报道不全面，虽然咱们不想，但"农民工"这个词放着就感觉有歧视。我觉得"农民工"这个叫法非常搞笑，连地都没有种过。你可以叫"打工青年"，可以叫"新市民"，我现在也不愿去考虑这些事，因为你说了也没用，说了也白说。工友也意识到这个称呼不好，像这个《杜拉拉升职记》你如果改成《农民工升职记》，那就完了。你加上"农民工"这三个字，立马这城市化的味道就没有了。我觉得媒体报道的有点片面，媒体一般就做个问卷调查。
>
> 对当地不合理的对外来务工人员的待遇感到压抑、愤怒。刚来的时候不会和人家聊天，就是和公司的同事交往，2007年下半年开始去"家园"，之前就是不敢出来，一是对这个地方陌生，始终不敢放开，不相信也不愿意相信本地人。

亮亮对"农民工"称谓不认同，正如他所说：2000年以后外出打工的新生代"地都没有种过"，根本就不是农民，当然就没有"农民工"之说。新生代对于农民的认识已经从以往的政治身份转变为一种职业身份，种地的才是农民，住在农村的人不一定是农民。

作为男工，亮亮对自己外地人、打工身份的认识之外，对于自己的性别身份认同清晰：

作为一个男人意味着责任,有能力承担一家老小的生活,但从公司上班的这点收入远远不够,我也想自己干点事情,有点成就感,不能天天在公司里挣那点工资就满足了。我现在感觉在公司里干,要么你别干,要干就得有技术,做到企业离不开我们,这样才能有成就感。哪怕你是这个车间干这个活最好的,把责任心尽到了,也行。男人的责任对工作、对社会、对家庭都是。不管是责任,还有别的,我现在就想到这么多。男人最重要的事业,现在出去搞什么活动就是向社会尽责任。

亮亮作为新工人中愿意留在城市中的一部分,对自己身份认同方面有明显的层次:外地人的认同明确、深刻;对打工者的身份也是认同的,性别认同非常清晰。

长期做新工人法律咨询和服务工作的学超,自己在青岛打工一段时间后转到新工人服务机构工作,经常与青岛市属地的团委、妇联、工会等组织或政府部门有工作交流,他对属地对新工人的态度更有代表性:

青岛的包容性不强。我们这个群体给你这个当地缴纳了多少税,也得看你给我们这个群体投入了多少,这个资源分配得不均匀啊,大部分就分给本地人了。建高楼大厦啊,你花点钱给我们培训培训,城市生活的常识引导引导,完全没有!什么旧村改造,打造宜人居所,绿化,老人活动中心,我们没法融入进去,所以我感觉这个城市的胸怀还不够博大。当地人对工友的排斥在市区还少一点,通过志愿活动的影响,还比较好点;越到郊区越严重,城镇接合的地方是最不好的,真正的郊区是本地的农民还好点,城乡接合的地方,也没有地了,这里这么多工厂,靠出租房屋啊收入很高,就歧视很大,就觉得"我是管理者,你住我的房子你就应该服从我的管理,我说让你另一个人来交钱你就得交钱",房子是我租来的,我让家里人来住怎么了,不行,叫一个人来住就交10元钱,要不你搬出去!吃亏就吃亏吧,出来谁还不吃亏啊,出来的时候就有吃亏的准备。什么时候大家把这个观念转变了,出来为什么得吃亏啊?这个社会这么和谐,我就是在中国,又不是在外国,都是中国人,我干嘛要吃点亏呢?我们这个群体自己有时就把自己放在很弱的地位,这个也和个人有关系,但是东北人就不这样,"我就一个人在这里,惹火了我弄你一下我就走人"。咱们这里儒家文化的影响太大了,礼让谦让,吃亏是福，受很大影响。

新工人认同的情况与本地人对待他们的态度也有关系。本地人对外地务工人员的态度：新工人聚居的城乡接合部或城郊地区，本地人尤其出租房屋的户主，对待外来务工人员的态度不太友好，这在某种程度上会加剧外地人与本地人之间的隔阂，不利于新工人融入城市。

学超是愿意留在城市的，在新工人服务机构工作，经常组织工友志愿活动，接洽地方部门相关的融入活动。学超积极融入城市的意识较强，在打工地长时间生活以后对属地的归属感慢慢产生了：

对青岛还是有归属感的：第一个是人际方面的，在这边有朋友了，有自己的人际圈子了；第二个是人生发展方面的，建立在朋友圈的基础上，像我干法律服务的，在那加QQ群，加入一些职业圈子，与我的人生定位是比较吻合的；第三个是周围环境的影响，很多便民的配套措施啊，环境很好适合人居住啊，海边美啊。但这三个因素需要你经过时间的长短来慢慢积累，前两年还扩展不开，就不想留下，转折的点应该在四五年时间。一开始前一年就是比较局限性的，在公司打工。归属感的认同，与当地人的关系，以我的估计，很大部分本地人还是很势利的，比如我是外地人，我有很强的能力，我能挣很多钱，会很多技术，我的人际关系可能会好一些，当地人不会歧视你，还会恭维你，很势利；接受与否不看是不是外地，而是看你是否厉害，有没有财富、能力、交际圈子。工友有可能就不被接纳。你说你刚来，不熟悉，谈不上容纳的问题，社会给大家提供的熟悉起来的条件和机会太少了。你干你的事，我干我的事，双方不了解，遇到事情就有可能冲突，如果彼此了解，知道这人说话不经大脑，就不介意了。建立在了解的基础上。

对青岛很关注，但对本地人的认同感有区域划分：市里认同感好些；工业园所在的城乡接合部啊，其实就是农村地区，认同感不强。城乡接合部的工业区与居住社区空间上隔离，很影响工友们融入当地，这种隔离就让工友封闭了，没办法融入了。

学超对打工地的归属感建立时间较长，在四五年的时间。这段时间，因为在服务机构工作，与属地接触较多，机会相对也多，学超已经不再是一个工厂打工者，自己的职业发展、融入城市的积极性方面都超过一般工友，对自己的身份认同也更积极。学超对城市融入的主要途径是人际交往,属于社会关系融合,但是对于一般工厂新工人来讲,相对封闭的工厂及人际交往不利于新工人更积极地融入城市,而且工厂打工劳动时间长,工厂一般是远离城市中心的,空间上新工人聚居区也属于城郊或城乡接合部,新工人更不易于认识城市、接触城市并获得归属感。而且强度太大的体力劳动,使大部分新工人无法接受长期待在工厂,逃离、"用脚投票"离开流水线,不断在不同行业中流动,流动性强也不利于他们获得对城市的归属与认同,反过来会加剧作为"外地人""打工的"这样的身份认同。

一直在工厂打工的大武对自己身份认知没有模糊:

> 不是农民是肯定的,但不是城里人,是打工的。城里人起码收入上稳定,有房子。首先有房子,再是收入。城市机会多,人也多,别的文明程度比家里高,教育好,这里小孩见了打招呼,也喜欢讲话,家里的小孩见了不打招呼,你问三声他不回一句话,家里父母教育不过来,他整天忙忙的,好的不学,坏的学了一大堆。生活方式上,消费不一样,城里高;娱乐方面,城里人会娱乐,还有健身,器材也多,我更喜欢城市。在城市待的时间越长,就越认可城市,现在在家里最多待一个星期就待不住了。在家里,同学什么都结婚了,也说不到一起来,他们都讲家里事,话题拉不到一块了,交流的方面不一样。回去吧,结婚压力大,年龄大了,和他们拉,他们说的都是很现实的问题。对于自己学厨师,只有大体的计划,先锻炼,具体还没有考虑。对于自己受到的歧视,当地人对外地打工的很横,也有说不容易的,人与人不一样,整体上本地的少,年轻的多,我进的厂都不要本地的。感受不到歧视,没受到歧视。

大武高中毕业后外出打工,到笔者访谈的时候还没有找到结婚对象,一直在工厂,辗转做过机械、电焊等工作。在城乡对比中,大武对城市的向往和认同是非常清晰的。对自己的身份,也不认同"农民工"这个称谓,认同"打工的"称谓,认为城市人的首要条件是有房子,这与前面工友的描述有相同之处。住房对于工友,不仅仅是栖身之处,更是城里人的身份标志,是有固定住所的安定的、不用租房的,不是漂泊的。因为在工厂很少有本地人,大武在打工中很少感受到歧视。

已婚的冰然因为在河南农村长期生活过,与青岛打工经历的对比,让她对自己身份认识有差异性描述：

自己出来这么多年啊，跟家里的妇女不一样，穿得差不多，懂得比她们多，说话什么的普通话她们听不懂。说普通话家里人笑话你，说又不是老板，思想挺开放、挺爱打扮的我就和她们聊。我们班长是本地人，四十五六岁，人家那日子过得，会享受，我刚去就参加厂里的聚会聚餐，蹦迪聚餐，玩到11点。人家班长40多岁了，又唱又蹦，该干干，该玩玩。班长说我是入厂最晚的一个，是融入最快的一个。与本地人联络感情挺好的，吃饭玩玩，玩得挺开心。我平时上网看看空间日志，不看新闻，看人家的日志，我也不大会写，传照片，玩玩牌。

村里像我这样的出来的少，年纪小点的出来的多，她们在家种个地，看看孩子，日子过得可紧巴了。什么时候我也买上个楼啊，我就羡慕城市生活，那么干净，我不喜欢看着乱乎乎的，不干净。我就感觉人家城里人有能力、有文化，说话办事都比咱强。城市和农村的生活我感觉差别大了，别的地方我不知道，我就说俺那个地方，农村也没啥好玩的地方，除了吃，就是地里有点活，其他没啥做的，能串门，串门就是和咱这样聊聊天，买东西也不方便，得骑车去好几里地赶个集去，有小卖部，就卖个烟酒糖茶什么的，它不跟这地方一样，有卖肉食啥的，它就卖点小东西，酱油、醋啥的，买菜还得赶集，没有什么活动之类的。俺那地方落后，我感觉在这里，这里也不算城里吧，算郊区，比俺那好多了，有“家园”（NGO机构）多好，一到过年过节就搞活动，感觉很开心。我在家的时候就喜欢打麻将，玩点小的，有点刺激。像我这性格的农村很少，农村那个妇女就是看看孩子，干点活，挣点小钱，还有会做鞋的，下地干活底子耐用。俺那边吃水还是用压水井，地下水。生活还是城里方便，俺那地方是河套吗，从我记事，黄河就淹过两次水。自己院子里让打井的打的，水挺清的。俺两个，一直都是我说了算，他不大管我，如果花大钱，还是我们商量，大事我拿主意，他那个人没有主意，不管买什么东西，就是我说了算。发工资现金，以前放一块，他收起一部分来；现在他拿他的，我拿我的，又剩不下，俺俩挣得太少，说不上管了。

没出来打工的，在家里的单独过，你得分哪个年龄段，刚结婚的现在这些小年轻的，什么都不管，对象在外面打工，婆婆公公都很年轻，都是老的管。现在一个儿子的不给分家,老的想分,年轻的不愿分,死活和你一块,那样多好,吃吃喝喝,不用操心不用花钱,什么都是老的花钱。你像我们这个年龄段的,老的都不管了,自己过,不舍得吃不舍得花,对象在外面打工挣钱,自己在家种地看孩子,很会过日子,什么也不舍得买,一个钱都掰好几个花,看看这个不舍得,那个不舍得,年轻的自己挣的存着,净花老人的。兄弟多的就得分了,老的管不了那么多。现在一般是老的看孩子,两个人出来打工。一个出来的多,干建筑的;两个都出来的,一般在厂子里。两个人长期不在一起,家庭没什么事,我说我这个年龄段的,农村妇女懂得少,不在意这个,年轻的,会网络的,聊着聊着就见面了。我这年纪往上的,就一个人在家带孩子、种地,男的有时半年回去一趟,有时一年。男的在外面有找的(临时夫妻),我们那里有一个男的在外面找了个女的,40 多岁,家里不好,找的老婆脑子有点问题,回家和女的闹离婚,女的不愿离婚,男的就不回家。现在孩子都结婚了。

出来这么长时间没啥变化,见识多了,在这里,这里逛逛那里逛逛,家里能上网。出来,花钱便宜,虽然挣得不多,每个月都有钱;在家里手里没钱,这也不舍得,那也不舍得,出来花钱这块好些。出来干活学的也算是一门技术吧,在家什么也不会。不过在厂里也没少受委屈,在家里多自由,想去哪去哪,在厂里这也不行那也不行。我现在这个厂好点了,以前那个厂大声说话都不敢,这里还能听音乐,以前那个看得可严了,你去厕所,待着过了 10 分钟,她就去厕所抓你。家里吧,地里有活就觉得挺苦的,也脏也累,没活的时候还是比外头好,吃完饭爱上哪玩就上哪玩。在厂里吃完饭就上班,我现在都习惯了。刚出来打工,觉得那一天可难熬了,时间那么长,现在都习惯了,觉得蛮快的。没出来的觉得出门的好,年纪大点吃过苦都觉得出来可好了,出来享福的,每个月都发工资,可以给小孩买吃的,买件衣服,在家里除了种地还得干家务,觉得出来还挺舒服的。跟家庭条件也有关系,家庭条件好的,出门就是受罪,家庭条件不好的在家没钱花,出门还挺好,在家有钱花条件好一点的,都不愿意出来,出来受人管制什么的。出来还是不一样,出来接触人多,说话什么的不一样,和我以前不一样。在家的话肯定上网什么都不会。结婚前出来的,结婚后有孩子出来的就少了。

冰然与丈夫都在服装厂做缝纫工，大儿子在河南老家跟着爷爷奶奶，小女儿在身边，已经上幼儿园了。冰然对城市的向往溢于言表，对城乡巨大差异有切身体验，愿意成为城里人，这也是她一直坚持在工厂做工的动力。打工虽然每天工作时间长，也很辛苦，冰然感受更多的是城市的方便，城市生活的丰富与清洁。在工厂，冰然没有因为是打工的身份而自卑，而是积极与本地人交流融合，代表了新生代中积极主动融入城市的一部分新工人。因为有艰苦的农村生活的经历，因为有比自己还难、生活还差的农村妇女作为参照，冰然在城市的打工、生活描述的更多是积极、乐观、向往的正向内容，对于“打工的”身份没有排斥，也没有否定。

番禺女工服务机构的工作人员红梅说起自己的收入：现在(2013 年初)的工资，3000 块。

问：说干这行的，一般也就做个项目，比如中心，也许人家基金会扶持 3 年，但 3 年之后人家撤走，你还干啥？

红梅：所以要经常想这个问题嘛。

回来的路上，她说佳俊的房子就在附近。

问：佳俊哪有钱来买房啊？

红梅：佳俊在 13 岁就出来打工了，攒了一点钱。之前我和佳俊都炒股，我在 2009 年赚了几千块后就不炒了，而佳俊现在还炒，并赔了一笔。

新工人关于“外地人”“打工的”身份表述，是笔者访谈中这个群体表述最频繁、最突出的称谓，说明“外地人”“打工的”身份是新工人进入城市所感受并认识到的核心、重要身份。

“外地人”的身份是新工人离开家乡进入城市的“异乡人”身份认知，属于地域划分形成的身份。相对于“本地人”，“外地人”身份是建立在本地与外地、城市与农村的二元隔离基础上，也是基于城市本位和保护主义的一种设定，并通过暂住证等政策性实践保障城市的本位性和保护主义。中华人民共和国成立后，为推动工业化，计划经济体制最终在人口流动、城乡关系上选择了具有时代性的城乡二元结构体制，城市与农村不仅是地域概念，也与国家政策、社会保障等相关制度紧密联系。而且为了保障城市人口不出现激增，城市规模不迅速扩大，严格限制农村人口向城市的流动，事实上形成了城市与农村相对割裂的状态，人口流动性极低，城市与农村具有一定封闭性，并不是开放的，这种状态维持了相当长的时间；因为就业、医疗、教育等相关民生的社会政策单方向向城市倾斜,城市与农村及生活在其中的人口,也事实上形成了公民待遇的实质性差异,城市保护主义客观存在。改革开放后,基于城市管理的需要,保护城市秩序,对外来人口也选择了相对严厉的管理,暂住证等政策的实践说明了城市保护主义,对流动人口具有排斥性和歧视性。访谈中,无论是青年女工还是男工,都提到了临时检查暂住证给他们带来的惊慌与恐惧。“外地人”的身份认同既是制度性、结构性因素导致的,也是新工人在城市打工生活中,这种制度与结构性实践带来的真实体验,它是排斥性的,被客体化的,在城乡二元结构下,还附带城市优势的“审视”视角和“俯视”眼光,是一种超越地域差异的制度性、结构性和排斥性身份。

二、农村人与城市人

新工人关于是不是农村人和城市人的身份认同,出现了明显的内部分化,笔者根据长期访谈将不同认同总结为以下四种。

第一类是认为自己没有明显的作为农村人的感觉。因为初中毕业或技校、高中毕业就外出打工了,新工人在农村待的时间不长,在农村的时候也是上学的阶段,在学校的时间更长,在家的时候家里人也很少或直接不让干农活,自己也不会干,所以说自己是农村人觉得不合适,自己也没有这样的认同。说到农村,现在就意味着有亲人在,爷爷奶奶,爸爸妈妈,或者本家人,亲戚。至于是不是城市人,这一类的新工人觉得从外表、穿着等方面是分不清农村人与城市人的,或者差别并不大。新工人在城市打工,消费方式或者衣着是接近城市时尚的,所以只看外表是看不出来的。如果说区别,新工人觉得首先是说话,打工的新工人一般还是讲自己的家乡话,城市人一般讲普通话或当地方言,说话是一听就能分辨出来的。除了说话口音不一样,还有做事的方式、观念等方面,新工人觉得城市人与自己还是不一样的。

第二类,认为是农村人很好,没什么自卑之类的感受。新工人觉得城市人也和新工人一样在公司、企业打工,一样劳动挣钱,没什么差别,不觉得自己作为农村人有什么不好。而且,国家这几年给农村、农民、农业的优惠政策很多,现在农村人已经不是以前的农村人,自己有承包地,有宅基地,还可以外出打工,打工干不下去了还可以回去种地养老。

第三类,认为是农村人还是城市人无所谓,不紧要,就是个称呼的事。

这样认识身份的新工人，主要是已婚的男性新工人，比起身份这样“虚”的称谓，他们更务实、更在意真实可见的待遇，如何能挣到更多的钱，给孩子提供更好的教育。对于称谓、称呼、尊严等，与更现实、更紧迫的挣钱养家比较，还没有进入他们的话语体系和关注范围。

第四类，还是觉得城市人好。有这种认识的新工人一般来自较贫困落后的地区，因为自然条件和环境，这些地区的卫生状况不好，人们的卫生习惯等也与城市人存在较大差距，所以进城打工后，新工人觉得城市人讲卫生，讲文明，穿着时尚，文化水平高；同时，城市生活方便，购物休闲等相比农村都便捷，这也能让新工人感受到作为农村人与城市人的巨大差距。相较城市人，对自己作为农村人的评价是负面的、批判的，也表现出一定程度的自卑。

如果我们将新工人对农村人、城市人的身份认同进行归类，不难发现新工人已经开始跳出学界简单二分法的范围，即没有简单将自己归为农村人或城市人，非此即彼，二元对立，而是根据个人的经历、经验来确定自己的身份。访谈中，在城市人、农村人之间，真实存在过渡和中间状态，也存在非此非彼的混沌状态。访谈与问卷调查方式获得的信息及数据结果存在差异，新工人访谈的话语表述打破了主流叙事的城乡二元分隔，也突破了学界关于农民工、新工人等进城务工群体所谓的“科学划分”，也从中反映出新工人在实践中对主流话语和制度的一种抗拒。新工人冲破了制度性的城市与农村的隔离，主动进城谋取个人发展与家庭好生活的出路，在城市与农村之间通过打工、汇钱、返乡等行为架起了一座连接城市与农村的桥梁。

新工人离开农村进入城市，但并未真正定居为城市人。在城市中实现就业，主要集中在非公企业；新工人通过非农劳动获得收入，通过劳动这一生产要素参与企业分配，获得经济报酬。在中国效率优先、兼顾公平的分配原则指导下，以及按劳分配与按生产要素分配并存的分配制度下，新工人的劳动在参与分配中相比资本、技术等要素并不占优势，劳动所得较低；在国际分工中，中国劳动密集型产业是国际分工中的低端，劳动密集型产业是新工人就业的主要领域；同时，中国劳动力整体供大于求，尤其是新工人就业集中在劳动密集型企业，主要劳动属于体力劳动或者低技术劳动，劳动力相对过剩。综合国内外环境因素，新工人在城市打工收入低客观存在，也普遍存在。新工人的低收入无法负担城市的高房价，注定无法实现在城市的定居生活。

新工人不能实现在城市的定居生活,无法融入城市并成为城市人,除了城市的高房价之外,从社会保障讲,新工人尚未获得完全的城市公民身份并获得与城市人同等的社会保障。中国实行城乡二元的户籍管理方式,户籍不仅仅是户口管理,同时与公民的住房、就业、医疗、养老等社会保障挂钩。城市居民在住房、就业、医疗、养老等社会保障方面享受国家的保障和福利,但是新工人的户籍仍然属于农村,在户籍制度进行改革前,新工人无法享受与城市居民同样的住房、就业、医疗、养老等社会保障,尤其是住房。在市场经济发展中,城市住房也实现了商品化,但是对于城市中低收入群体、特殊需要住房保障的群体,建立了住房保障体系,包括经济适用房、公租房、廉租房,还有住房公积金等,实现了体系化的保障。但是,新工人因为户籍无法享受住房的相关保障政策,虽然在城市打工、生活,但主要通过在企业提供的宿舍、自己租住私人住房等方式实现暂居,而且新工人聚居的地方,往往是工业园区、城乡接合部或者城郊,从空间上来讲,也使新工人无法实现真正融入城市,当然无法成为城市人,即使在城市打工多年,除非通过个人购买商住房。

新工人离开农村但并未割断与农村的联系。因为无法实现在城市的居住,新工人大多选择家庭分离式策略,即家庭中有优势进城务工的先进城,无论是青年男性还是女性。这就意味着新工人无法实现家庭迁移,家庭成员分隔在城乡两地,在城市打工的新工人,是留在农村的家庭成员的遥远的牵挂,访谈中新工人讲的"抛家舍业""妻离子散"就是这种情况。打工是为了改善家庭经济状况,所以新工人打工的情感动力是在农村的家庭,新工人无法割裂与农村的联系,往家里汇钱,一度成为新工人与农村的经济联络方式。父母、妻儿在农村也是新工人在外打工的精神支柱和情感来源,所以新工人即使不在农村生活,也很难割裂与农村的联系。

随着中国在社会政策方面逐渐向农村及农民倾斜,农民、农村的状况也在改善:在养老保险方面,2009 年国务院颁布《国务院关于开展新型农村社会养老保险试点的指导意见》,2014 年国务院颁布《国务院关于建立统一的城乡居民基本养老保险制度的意见》;医疗保险方面,2003 年国务院办公厅转发卫生部等部门颁布《关于建立新型农村合作医疗制度的意见》,2016 年国务院颁布《国务院关于整合城乡居民基本医疗保险制度的意见》。这些惠及农民的政策，发挥了缩小城乡差距、改善农民民生、实现社会基本保障的功能，也使新工人对城市人、农村人的差异和认同发生着变化。

【小结】

通过访谈获得的新工人身份认同呈现出叠合特点，是几种身份的叠加，是整合性不是单一性的：其中外地人身份认同清晰明确，具有首要性；打工者身份认同具有共性；关于农村人、城市人认同不统一，内部分化较大。访谈中新工人身份认同的叠合特点反映出新工人在认同方面的复杂性和差异性，也就是说，新工人的身份不仅仅存在城乡认同差异，还存在内部的分化与差异。

作为“外地人”，相对于本地市民而言是弱势，因为“内外之别”，因为流入地社会的许多福利只是针对本地户籍居民的。同时，“外地人”之于本地市民既有城乡差别，也有内外之分，处于“农村人”与“外地人”的双重弱势。因此，新工人虽然更年轻、更吃苦耐劳，但他们既具有制度性即户籍的先天不足，又具有因先天不足造成的后天缺陷，如教育程度较低、技能欠缺。于是，除了得不到本地市民享有的地方性福利外，他们还被排除在基于户籍性质的社会保障体系之外；同时，后天缺陷使其在行业选择、职位提升、收入提高等方面均处于明显的劣势，这些不足将拉大他们与城市居民在社会保障方面的差距。[①] 没有本地户籍的新工人难以获得地方公共服务，且缺乏稳定的就业途径，流动性较强，故而单位不愿为其投保；同时，当他们跨统筹地区流动时，既需要在新的地区接续失业保险，也不能带走原就业单位为其缴纳的基本养老保险和医疗保险，故新工人自身投保的积极性也不高。

另外，一些保险的准入门槛较高，新工人较低的工资难以支付。于是，对就业稳定性和缴费连续性的要求与大量跨省区流动的现实之间存在尖锐的矛盾。这些制约使得新工人的参保意愿较低，或就业于社会保障覆盖率较低的部门。政府应调整相应的政策，尽快完善并落实跨地区、跨省区的社会保障卡制度，使流入地的公共资源对外来人口更为可及，使新工人可以累积各种保险费，提高他们的参保水平，改善他们的社会保障福利。

---

① 参见杨菊华：《城乡差分与内外之别：流动人口社会保障研究》，《人口研究》2011年第5期。

第五章　劳动、日常生活与身份认同状况的调查分析

本章关于新工人的劳动、日常生活与身份认同的调查问卷是研究的数据分析部分，力图通过问卷调查结果，了解新工人劳动、日常生活与身份认同的整体状况。问卷调查的具体数据不做性别对比、地区对比等分析。问卷包括三部分：一是新工人的基本信息和家庭背景，二是新工人劳动和日常生活状况，三是关于新工人的身份认同。

2012 年 1～6 月，问卷调查在山东省内进行，选择了集中调查的方式，即以新工人就业集中的企业为调查点，借助企业召开例会的机会，集中发放问卷，答完集中收回。被调查企业包括服装、机械加工、电子、工艺品等行业。山东省外的问卷调查由外省大学生在暑假社会实践中完成，时间是 2012 年 7～9 月，每位学生负责 10～15 份问卷，全国涉及省份包括广东、江西、安徽、江苏、上海、湖北、重庆、宁夏等地。问卷调查共发放 1800 份，最终符合新工人条件的有效问卷 1502 份。本次问卷调查，山东省内的有效问卷共 923 份，占比 61.5%；山东省外问卷占比38.5%。本章数据运用 SPSS19.0 进行分析。

一、基本信息和家庭背景

关于新工人的基本信息，问卷设计了 12 个问题，分别涉及新工人来源的城市、省份、年龄、受教育程度等基本信息。

本次问卷调查，省内调查城市选择了经济社会发展程度不同的青岛市、临沂市、淄博市淄川区三个地方，分别代表省内大城市、中等城市、城镇三个层次（见表 5-1）。

表 5-1　城市

<table>
<tr><th colspan="2"></th><th>频数</th><th>占比/%</th></tr>
<tr><td colspan="2">省外</td><td>579</td><td>38.6</td></tr>
<tr><td rowspan="3">省内</td><td>青岛</td><td>536</td><td>35.7</td></tr>
<tr><td>淄川</td><td>205</td><td>13.6</td></tr>
<tr><td>临沂</td><td>182</td><td>12.1</td></tr>
<tr><td colspan="2">合计</td><td>1502</td><td>100.0</td></tr>
</table>

青岛市是山东省副省级市、计划单列市，是国务院批复确定的中国沿海重要中心城市和滨海度假旅游城市、国际性港口城市，2021 年常住人口超过 1000 万人。截至 2019 年底，全市常住人口城镇化率达到 74.12%。问卷调查集中在出口贸易加工区城阳区、即墨区，属于外来人口聚居区，主要产业包括有轨交通、机械、电子、食品加工、服装、工艺品加工等。

临沂市是山东省地级市，国务院批复确定的山东省地区中心城市，现代工贸城市和商贸物流中心，是全国知名的专业市场集群、重要的物流周转中心和商贸批发中心。2019 年底临沂常住人口 1066.7 万人，城镇化率 52.75%，是山东省面积最大、人口最多的市。问卷调查在兰山区，市政府所在地，选择了新工人集中的一个化工企业。

淄川区，隶属于山东省淄博市，2017 年淄川区户籍人口 72.59 万人，城镇化率 73.43%。问卷调查选择了新工人集中的纺织服装企业。

本次问卷调查数据显示（见表 5-2），新工人年龄分布上“80 后”占 66.6%，是所调查企业的劳动主力军，“90 后”占比 33.4%。这与笔者访谈、实地考察的情况基本一致，新工人的主力是出生于 1980 年前后、2000 年后外出打工的群体。问卷调查中新工人的性别分布是女性农民工问卷 980 份，占比65.2%，男性农民工问卷 522 份，占比 34.8%。国家统计局发布的《2020 年农民工监测调查报告》数据显示，2020 年农民工平均年龄为 41.4 岁，比 2019 年提高 0.6 岁。从年龄结构看，40 岁及以下农民工所占比重为49.4%，比上年下降 1.2 个百分点；50 岁以上农民工所占比重为 26.4%，比 2019 年提高1.8个百分点，占比继续提高。从农民工的就业地看，本地农民工平均年龄 46.1 岁，其中 40 岁及以下所占比重为 32.9%，50 岁以上所占比重为38.1%；

外出农民工平均年龄为36.6岁,其中40岁及以下所占比重为66.8%,50岁以上所占比重为14.2%。

表5-2 您出生年份属于

	频数	占比/%
1980年后	1000	66.6
1990年后	502	33.4
合计	1502	100.0

新工人来源地的调查数据显示(见表5-3),来自省内的占比67.8%,省外占比32.2%。笔者访谈中发现,新工人初次外出务工一般由家人、亲朋好友、老乡或同学等熟人带领,而且基于安全的考虑,省内务工是大多数初次外出务工的农民工首选。经过一段时间打工的适应,新工人会选择离家更远、更有竞争性的城市务工,也会呈现出东、中、西部的区域跨越。

表5-3 您来自

	频数	占比/%
省内	1019	67.8
省外	483	32.2
合计	1502	100.0

从新工人目前打工省份的分布看(见表5-4),东部地区占82.4%,西部地区、中部地区分别占比8.7%、8.9%,反映出东部地区仍是新工人务工的主要目的地。这也真实反映了中国目前经济的区域差异,东部地区对外开放最早,最先享受改革开放的优惠政策,并借助区位优势实现了经济的腾飞,属于中国发展最快也是最好的地区,为外来务工的新生代提供了最多的就业机会和发展机遇。中部地区、西部地区经济、社会发展程度与东部地区差异仍然较大。

表 5-4　您目前打工的省份属于

	频数	占比/%
东部地区	1239	82.4
西部地区	130	8.7
中部地区	133	8.9
合计	1502	100.0

但是，随着“一带一路”倡议和乡村振兴战略的推进，中国产业升级带来的替代、发展，中西部地区经济发展迎来新的机遇。笔者在 2012 年广州番禺调查时，广州的产业升级已经启动，很多劳动密集型产业开始转移到中部、西部地区，农民就近务工的机会增加。《2020 年农民工监测调查报告》显示，2020 年，从输出地看，东部地区输出农民工 10124 万人，比 2019 年减少 292 万人，下降 2.8%，占农民工总量的 35.4%；中部地区输出农民工 9447 万人，比 2019 年减少 172 万人，下降1.8%，占农民工总量的 33.1%；西部地区输出农民工 8034 万人，比 2019 年减少 17 万人，下降 0.2%，占农民工总量的 28.1%；东北地区输出农民工 955 万人，比 2019 年减少 36 万人，下降 3.6%，占农民工总量的 3.3%。东部地区农民工减少量占到全国农民工减少总量的 56.5%。数据显示东部地区的农民工数量减少占比超过了一半以上，反映出国家战略调整对农民工外出务工地的影响。

从新工人目前打工城市的分布看(见表 5-5)，在大城市的新工人占比 50.8%，大城市之后依次是中等城市、小城市、城镇。大城市占比例最大。

表 5-5　您目前打工的城市属于

	频数	占比/%
大城市	763	50.8
中等城市	387	25.8
小城市	280	18.6
城镇	72	4.8
合计	1502	100.0

中国在发展过程中,大城市因为经济发达、产业结构完整、人口聚集、公共设施和公共服务健全等优势,为农民工提供了充足的就业机会,加上交通、教育、医疗等公共服务、公共设施健全,使大城市仍是吸纳外来务工的主要城市。

本次问卷调查中被调查的新工人53.3%的农民工目前处于未婚状态(见表5-6);已婚占比46.7%。这与笔者在劳动力输出型农村与城市工厂的实地考察相一致:新工人大多在初中毕业或辍学,高中、技校毕业后选择外出务工,初中辍学的农民工一般是在初一下学期或初二上学期,年龄也就在14～15岁;初中毕业或技校毕业的新生代年龄一般在16～18岁。随着劳动力输出带来的家庭经济收入的增加和生活状况的改善,农村已经形成了外出打工的文化环境,毕业或辍学后外出务工是农村青年的必然选择。外出打工一直持续到结婚的适龄阶段,老家父母会操持找对象、订婚等事情,或是新工人自己在务工过程中恋爱、结婚,结婚是新工人是否继续外出务工的重要分水岭。

表5-6　您的婚姻状况

	频数	占比/%
未婚	800	53.3
已婚	702	46.7
合计	1502	100.0

结合实地考察和访谈,男性新工人未婚比例高于女性,男性找结婚对象相对困难,女性容易一些。这种现象出现的原因很复杂,其中一个重要因素是出生性别比(以女性为100,男性对女性的比例)失衡导致的婚姻挤压问题。笔者在实地考察中也发现了这一点,在一些农村,仍然存在生男孩传宗接代的思想,超生在很多农村是非常普遍的,只要上交罚款就行。超生主要是为了生育男孩。中国新生儿的出生性别男女比例一直在高位。2014年中国出生人口性别比为115.88,即每100名出生女婴对应115.88名出生男婴。出生人口性别比是反映一定时期内出生人口男女比例的人口指标,正常范围是103～107。中国是世界上出生人口性别结构失衡最严重、持续时间最长、波及人口最多的国家。自20世纪80年代以来,中国出生人口性别比持

续攀升，1982 年为 108.47，1990 年为 111.14，2000 年为 116.86，2004 年达到 121.18。2008～2014 年，中国出生人口性别比呈逐年下降趋势，分别为 120.56、119.45、117.94、117.78、117.70、117.60、115.88。[①] 第七次全国人口普查的数据显示，中国出生性别比略有下降。但是持续多年的人口性别结构失衡，对于农村青年男性来讲，择偶和适龄结婚变得越来越难，这也是助推农村高额彩礼的因素之一。

长期出生性别比失衡导致成年阶段男女比例失衡，男多女少的状况就会带来婚姻挤压问题。城市的发展优势，使农村青年男性择偶在城乡二元结构、出生性别比例失调等诸多因素下处于不利地位，在打工过程中相当一部分女性农民工通过婚嫁留在城市或者嫁到省外、市外。访谈中，农民工提到 10 个农村出来的女工，到了适婚年龄回乡找对象结婚的有 6～7 个就不错了。笔者 2013 年在山东省菏泽市巨野县实地调查中参加了一次婚礼，新娘 18 岁，新郎 19 岁。新郎的妈妈讲：村里女孩少了，能早抓一个结婚就早点，提早盖下婚房的具有一定的优势，能支付起 10 多万订婚礼金的也有优势。这种竞争致使相对贫穷的农村男青年包括一部分农民工成为光棍。笔者访谈的大武、亮亮等年龄均已超 25 岁，但一直未遇到合适的结婚对象，回家相亲，“只要人家不嫌弃咱的，都行”，“没有自己挑的余地”是他们对自己困境的无奈。第七次全国人口普查数据显示：全国人口中，男性人口为 72334 万人，占 51.24％；女性人口为 68844 万人，占 48.76％。总人口性别比为 105.07，与 2010 年基本持平，略有降低。中国人口性别结构持续改善。访谈中，新工人中的男工在择偶方面表现出更多的焦虑和压力，女工在这方面没有明显的焦虑和压力。

本次问卷调查（见表 5-7）被调查新工人 56.5％没有子女，与表 5-6 的婚姻状况相契合。一半多新生代未婚未育，处于婚姻前的青春期阶段。

---

① 参见国家卫计委：《我国出生人口性别比实现“六连降”》，2015 年 2 月 3 日，新华网，http://news.xinhuanet.com/politics/2015－02/03/c_1114241266.htm。

表 5-7 您是否有子女

	频数	占比/%
没有	848	56.5
有	654	43.5
合计	1502	100.0

2020 年,中国劳动年龄人口(16～59 岁)平均受教育年限达到 10.8 年,新增劳动力平均受教育年限人均达到 13.8 年。[①] 问卷调查中(见表 5-8)的新工人的文化程度按照比例由高到低的顺序依次是初中,职高、中专、技校,大专及以上,高中,小学及以下。

表 5-8 您的文化程度

	频数	占比/%
初中	576	38.4
职高、中专、技校	307	20.4
大专及以上	290	19.3
高中	254	16.9
小学及以下	75	5.0
合计	1502	100.0

初级教育水平即初中和职高、中专、技校,占比接近 60%,说明新工人的受教育程度在 9～12 年。相对于父辈来讲,新工人的受教育程度有所提升。数据统计与笔者在实地考察和访谈中基本一致。笔者访谈中,新工人初中毕业或辍学占多数,但是不妨碍外出打工,等到毕业年龄回学校领初中毕业证。初中辍学的一般在初一下学期和初二上学期,辍学的主要原因并不是经济压力,而是学业困难。

笔者实地考察的农村小学,因为师资严重老龄化,年轻教师不会扎根农村小学,英语、计算机等课程基本开不起来,老师主要教语文、数学,没有英语等。孩子进入初中学习阶段,课程门类的陡增就产生学习上的困难,尤其

① 参见李培林:《中国式现代化和新发展社会学》,《中国社会科学》2021 年第 12 期。

英语等课程，所以辍学主要集中在初一下学期和初二上学期。笔者在山东省枣庄市农村的考察过程中发现，家里的女儿如果高考成绩不能达到本科线，很难有继续上学的机会，父母的想法大多很现实，“反正早晚得下学打工，念不了本科就直接打工去”。父母觉得本科就业尚且不容易，专科或高职就甭提了。新工人初中文化程度不一定是毕业，辍学占一定比重。初中辍学或毕业就开始外出打工带来的后续问题是，年龄在14～16岁的孩子，尚处于青春期，进城务工面临人生地不熟的境遇，对打工中涉及的相关工伤、社会保障等权益知之不多，在打工中权益无保障极易受到损害；因为年龄尚小，无法忍受工厂流水线上的漫长时间与枯燥，从而使他们更易出现频繁换厂和流动性增强的不利结果。

调查数据显示（见表5-9），新工人自己一人外出打工占53.8%，全家迁移的只有18.4%。访谈中，新工人外出打工中，女性基于安全考虑，初次外出一般有家人、亲朋好友等相伴，独自外出的较少，男工独自外出务工的较多。作为女性，外出务工中存在性别上的不便，尤其大多数是未婚的年轻女孩，性别文化相对传统的农村，家长在未婚女孩安全上的考虑更多。目前，城市为新工人进城打工提供的公共服务、社会保障等相对城市居民差距大，尤其缺乏住房保障，新工人举家进城打工的困难较多，子女入学、住房等实际困难使结婚后外出打工的新生代很少举家外出。

表5-9　您是独自打工还是全家迁移到城市

	频数	占比/%
自己一个人	808	53.8
部分家庭成员一起	417	27.8
全家迁移	277	18.4
合计	1502	100.0

新工人在城市的居住形式按照比例由高到低的顺序依次是：单位免费提供的集体宿舍、独自租住私房、与别人合伙租住私房、自己购买的私房、租住单位房、到亲戚或朋友家借宿。（见表5-10）居住形式一方面反映新工人的经济状况，另一方面也包含安全考虑。居住形式存在内部差异：访谈中，已婚新工人，独自外出打工，如果公司提供集体宿舍，新工人会选择住集体

宿舍。虽然集体宿舍的私密性差,但是可以省下租房费用,省钱、攒钱是已婚新工人首要考虑的。对于已婚外出打工的夫妻,大多数会选择租住私房。未婚的新工人越来越关注个人的生活私密空间,经济上也不像已婚的那样节省,大多数也选择租住私房。

表 5-10　您在城市的居住形式

	频数	占比/%
单位免费提供的集体宿舍	477	31.8
独自租住私房	451	30.0
与别人合伙租住私房	212	14.1
自己购买的私房	185	12.3
租住单位房	135	9.0
到亲戚或朋友家借宿	42	2.8
合计	1502	100.0

房租开支是新工人每月开支中较大的一笔。笔者在实地考察和访谈中了解到,2012 年城阳区流亭工业园的服装、电子、工艺品、食品等行业的农民工月收入在 2500～3000 元,这是每周 6 天工作、每天 10～11 小时工作制下的收入,工业园区的农民房屋的租金,一间 10 平方米左右的在 250～300 元,房租占月收入的 1/10 左右。所以问卷调查中 1/3 强的农民工选择住在单位宿舍,一方面是经济上的考虑;另一方面,天天加班下班晚,走夜路不安全,出租房简陋不安全也是其中的考虑。近 3 成新工人选择独自租住私房,访谈中笔者了解到主要涉及自由问题,宿舍人多,一般 6～8 人,休息等各方面不方便,宿舍管理也带来个人行动的不方便,所以有余力承担房租的就选择就近租住私房。笔者的问卷调查数据显示,有 12.3%的新工人购买了私房,实际访谈中要远远低于这个比例。根据国家统计局对农民工调查报告的公开数据,2014 年外出农民工购房人口占总体人口的 1%。

问卷调查显示(见表 5-11),60.2%的新工人认为和其他家庭差不多,比其他家庭好一些的占比 22.4%,好得多的占比 4.4%。

表 5-11 您家的经济状况与老家的其他家庭相比情况

	频数	占比/%
和其他家庭差不多	905	60.2
比其他家庭好一些	337	22.4
比一般家庭要差一些	151	10.1
比其他家庭好得多	66	4.4
比其他家庭要差得多	43	2.9
合计	1502	100.0

从农户的角度看，家庭经济的根本性变革是在一部分劳动力外出打工之后才发生的。在基层扶贫的干部经常讲一句话：只要家里有一个外出打工的，这家就不会成为贫困户。外出打工非常辛苦，这不仅是因为劳动时间超长，劳动强度也大，还包括工厂管理严格，打工人不自由。市场经济发展的初期，各种与劳动保障有关的法律和制度还不完善，尤其对外来务工者是缺乏保障的，劳动中恶劣的工作条件，超长、极限地加班，以及劳动中工伤之后难以维权等，对人生地不熟且文化程度不高的底层农民工而言是难以承受之重。但是，工业相对于农业生产明显高得多的比较价值，城市相比农村的便捷与机会，还是将很大一部分农村青年吸引到了城市的“世界工厂”车间里。

外出打工对家庭经济状况的改善调查显示（见表 5-12），被调查新工人认为提高了很多或提高了一点的共计 43.7%，超过 4 成；选择没有变化的占 1/3，共有 7.3%的选择“降低了一点”“降低了很多”。访谈中，新工人打工收入除了自己在外的日常开支，自己存着占一部分，还有一部分“打给家里”。这部分钱有的是资助兄弟盖房结婚，有的资助兄弟姐妹上学，也有的是父母帮忙存着，农民工们在经济上反映出家庭集体的意识很强。

表 5-12 与在家乡时相比，来城市工作后您觉得自己现在的社会地位

	频数	占比/%
提高了一点	513	34.2
没有变化	496	33.0

续表

	频数	占比/%
说不清	241	16.0
提高了很多	143	9.5
降低了一点	72	4.8
降低了很多	37	2.5
合计	1502	100.0

【小结】

本次问卷调查的主体是新工人,其中“80后”占2/3,成为产业工人的主力军。新工人打工地点主要是东部地区和大城市,省内流动居多;一半以上未婚,一半是独自外出打工;受教育程度多数是初中教育或技校、职高、中专教育;居住形式主要以住单位免费提供的集体宿舍、租房为主,包括租住私房、合租等。

二、劳动和日常生活状况调查

关于新工人的劳动和日常生活的调查部分主要包括劳动的性质、行业、日常消费、日常交往、休闲等方面。

本次问卷调查的数据显示,新工人每年在城市待的时间相较父辈已经很长,大部分时间是在城市工作(见表5-13),调查数据中76.0%的农民工偶尔回一两次老家,还有15.4%全年都在城市工作不回家。

表5-13 您大概每年在城市的时间是

	频数	占比/%
大部分时间在城市工作,偶尔回一两次老家	1141	76.0
全年都在城市工作不回家	231	15.4
在城市和在老家的时间差不多	78	5.2
在老家的时间比在城市的时间长	52	3.4
合计	1502	100.0

以上两项合计91.4%的新生代全年或大部分时间都在城市工作、生活。这也意味着新生代实际在学业完成后基本不在农村了。从主观上讲，访谈中，大部分被访谈的新工人是愿意留在城市的，农村在新工人的认知中是"老家"，是父母生活的地方，自己的未来不在农村而在城市。所以，国家如何从宏观层面进行改革，使制度、政策向有利于新工人留在城市并实现安居，最终实现人口城镇化。

新工人外出务工的原因已经与第一代农民工不同，不是单纯为了赚钱，外出打工原因更加复杂和多元(见图5-1)，按照比例从高到低的顺序依次是务农太辛苦，也不赚钱；锻炼自己；开阔视野；在家没事可干；习惯了外出的工作和生活；家乡太穷，不愿过那样的生活；一直在念书，不懂农活；挣钱供家人读书、盖房子；羡慕城市生活；别人都外出打工；孩子接受更好的教育；全家都在外面；等等。

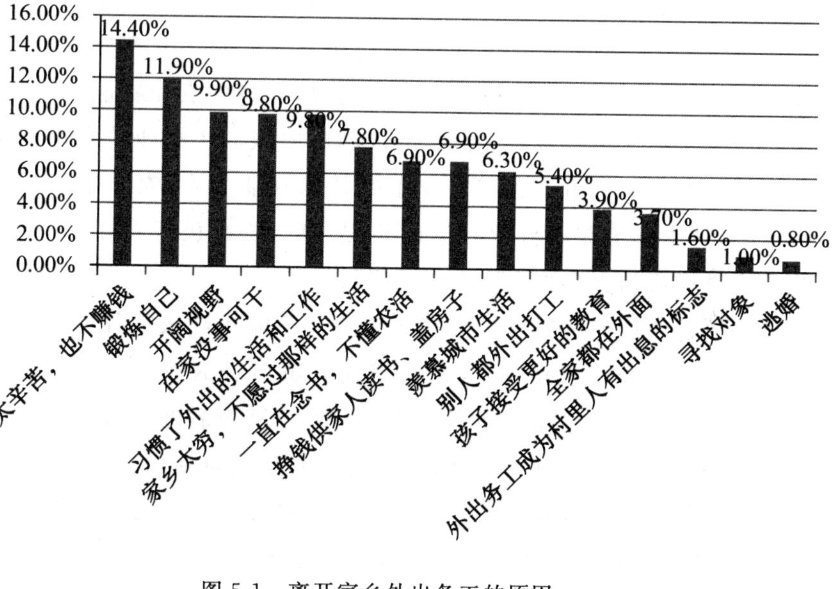

图5-1 离开家乡外出务工的原因

虽然中国农业机械化水平在不断提高，农田水利设施等有较大改善，但是农业生产相较其他产业来说，仍然是艰苦和费力的。在山东西部、西南部的丘陵地区，农业生产主要还是依靠肩扛手拉，生产路较好的地方还可以开着三轮车上山劳动，没有生产路的丘陵地区只能靠步行上山劳动，农作物也只能靠人力运下山。山上种的板栗树、核桃树、柿子树等经济树种,果实成熟时主要靠人爬树采摘或是用竹竿敲打下来,然后收集起来再挑下山。每年采摘,因为爬树都会发生事故。新工人成长于改革开放之后,虽然农村并不富裕,但是计划生育政策带来的少子女化,已经让家庭对待孩子的方式发生很大的改变。除了上学,新生代已经很少参与家里的农业生产,即使偶尔参与,也难以忍受农业生产的艰苦与辛劳。

另外,中国绝大多数农民收入较低的根本原因,还是人多地少,全国农户平均耕作面积不到0.5公顷,绝大多数农民耕作面积和经营规模较小,难以达到社会劳动者的平均收益。2020年,从中国就业结构来看,农业从业人员还占就业总人数的23.6%,约1.8亿人,但在中国国民生产总值中,农业增加值只占7.7%。农业劳动的生产率和平均收益,都远低于第二、第三产业。[①] 中国农产品一直保持较低的价格,无论是粮食作物还是经济作物,价格低就意味着农民很难指望通过种地获得高收入并实现生活的改善和富裕。尤其交通不便的偏远农村,农产品也很难及时运出来有好的销路,最终农业就成为留守人员留在农村不得不干的事,种植的农作物能卖就卖,卖不了就自己用,“种地不挣钱”是共识。所以,初中或高中毕业的农村新生代不可能继续留在农村从事这种辛苦又不赚钱的农业生产,农业生产不需要或者太辛苦,外出打工在农村业已形成共识,打工文化已经存在,兼业种植与外出打工已经成为大多数农民家庭的经济结构。

农业的低收入使普通农民家庭在经济上不能单纯依靠种地。市场化带来的农业生产也开始依靠市场,并且需要大量现金的投入。种地获得的经济回报已经远远不能支撑其家庭的消费。学业结束后外出打工成为新生代的必然选择。目前,中国已经有约1/3的家庭承包耕地面积实现了流转,也有近2.9亿农民转移到第二、第三产业,成为农民工。农民工打工的工资性收入,已占农村居民总收入的40%以上,并成为促进农民收入增长的最重要因素。[②] 不过不同于父辈为了谋生、挣钱而背井离乡,新生代的生命历程阶段决定了他们的外出务工还包括锻炼自己、开阔视野在内的成长主题,是未完成的社会化的继续。

---

① 参见李培林:《中国式现代化和新发展社会学》,《中国社会科学》2021年第12期。

② 参见李培林:《中国式现代化和新发展社会学》,《中国社会科学》2021年第12期。

新工人来城市遇到的困难按照调查数据(见表 5-14)的占比由高到低分别是找不到工作、经济困难、想家、人际关系问题、孤独、不习惯城市的生活、住的太差、城里人的歧视。“人生地不熟”是新工人到城市打工必然面临的难题,从农村到城市,从熟人社会到匿名社会环境的城市,如果没有亲人、熟人相伴,新生代来不及打点自己初来乍到的惊慌和不安,就需要马上开始四处寻找工作机会,找不到工作和经济困难就是接踵而至的生存困难,这是生存性的、紧迫的、物质性的需要和困难,所以必须尽快找到工作才能赚到钱,解决眼前的经济窘境。

表 5-14　您来城市碰到的第一个困难是

	频数	占比/%
想家	255	17.0
找不到工作	380	25.3
经济困难	329	21.9
人际关系问题	171	11.4
孤独	147	9.8
不习惯城市的生活	103	6.9
住的太差	84	5.6
城里人的歧视	33	2.2
合计	1502	100.0

很多外资或民营企业打工的农民工会在一进厂不知情、不了解的情况下签订一些利于企业的合同,包括前一个月或扣押三个月工资,这些都极易使刚进城打工的新生代陷入经济上的窘迫。更有甚者,很多新工人进城不久,不熟悉城市复杂的人群和环境,导致上当受骗的情况时有发生。缺乏人际关系等相关的社会支持,新工人刚进城的一个阶段困难重重,充满风险。

如何通过公共服务的提升使之普及城市流动人口尤其是新工人群体,帮助新工人进城后就业、救急、住宿等紧迫的生活问题,以便他们尽快熟悉并适应城市生活。

在工作时间性的调查中(见表 5-15),57.8%的被调查新工人的工作是全日制的,30.1%是非全日制的,还有12.1%属于临时性工作,一般是做临时工。近6成新工人的工作属于全日制工作,说明工作的稳定性相对较高。

表 5-15 从工作时间看,您的工作属于什么类型

	频数	占比/%
全日制工作	868	57.8
非全日制工作	452	30.1
临时性工作	182	12.1
合计	1502	100.0

临时性工作大多是在换工作过程中的暂时选择,也有短工化的倾向,主要是部分新工人无法忍受流水线工作超长时间的煎熬和管理中的苛刻,短工或临时工是作为暂时逃避的一种方式。已婚的新工人会在周末休息的一天做临时工作,主要是为了增加收入,而且临时工管午饭,也是已婚新工人节省开支的一种策略。新工人中已婚与未婚在工作的时间性上有内部的分化:已婚新工人因为紧迫的家庭经济压力,一般都能忍受流水线超长的劳动时间和比较严苛的管理,未婚的新工人的忍耐程度较低,所以未婚新工人跳槽、换工作的频率在访谈中是比较突出的,而且只要经济上不紧张,未婚新工人也能忍受自己做一段时间的临时工,做一天是一天。临时工发工资是日结,便捷省心,而且想干就干,不想干就不干。

新工人找工作的途径调查(见表5-16)显示:自己找的占比43.9%,比例最高,这一项与通过亲戚朋友、同乡介绍的合计85.3%,说明新工人外出务工主要通过私人关系和自己努力寻找工作机会。与之形成对比的是通过劳动部门或政府中介介绍的只占4.0%,通过本地劳务市场、职业介绍所的占比也很低,是5.8%。这个调查结果反映城市正式就业服务没有惠及外来流动人口的新工人,城市给新工人提供的招聘、就业等相关公共服务尚未成为新工人的首选。

表 5-16　您是如何找到现在的工作的

	频数	占比/%
通过亲戚朋友、同乡介绍	622	41.4
自己找的	660	43.9
通过本地劳务市场、职业介绍所	87	5.8
通过劳动部门或政府中介介绍	60	4.0
私人包工头带出来的	37	2.5
雇主到当地招工	36	2.4
合计	1502	100.0

调查(见图 5-2)显示:新工人目前在城市生活的主要困难,按照比例从高到低排列分别是:收入低、消费水平高、居住条件差居前三位,业余生活单调、工作难找、子女就学难等也比例较高。收入低、消费水平高,一低一高,说明新工人在城市的经济窘状。笔者 2012～2015 年在山东青岛、广州番禺等地的实地考察和访谈中,新工人打工的月收入一般在 2500～3000 元,这是加班后的收入,加班是周一至周六,每天晚上加班,一般加班 4～5 个小时,每周休息一天。电子、服装、食品加工、工艺品加工等企业的新工人月工资差距不大,南北差距也不大。未婚新工人的主要消费是日常开支的食品、日用品、衣服、通信费、房租等,已婚的新工人还要负担在老家的孩子与老人开支,带在身边的孩子的学费等。在工业园,每月房租 250～300 元,10 平方米大的出租屋,"菜太贵了"是新工人对工业园消费的最深感受。消费高主要是因为城市物价太高,并不是新工人存在高消费的问题,新生代的消费基本是维持性的,维持自己或家人基本生活的开支,并不是投资性、发展性消费。笔者在实际访谈中看到,基本消费、维持性的日常开支,几乎没有消费性的休闲娱乐开支,将自己的生活开支尽可能降到最低,能省则省,在已婚新工人身上表现尤其明显。收入低,却物价高、消费高,居住条件还很差,这些困难在新工人中体现得特别突出。

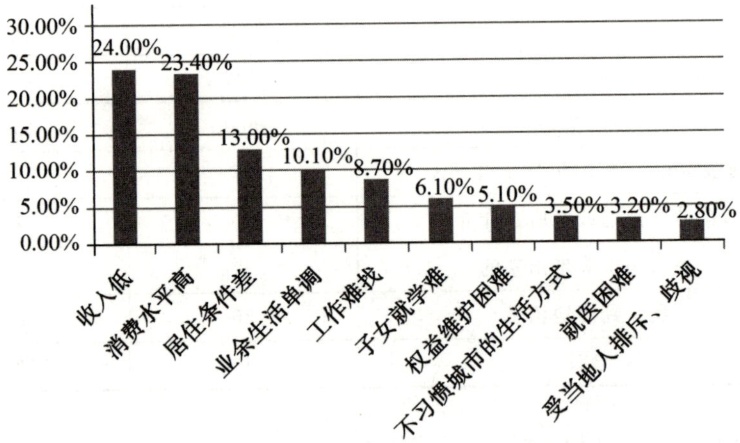

图 5-2　目前在城市生活的主要困难

收入低，说明新工人获得的劳动报酬太低，也说明劳动作为生产要素之一参与分配的占比太低。新工人就业的公司一般以外资、民营企业居多，在中国现阶段，资本、管理、技术等生产要素在分配中的占比优势明显，劳动作为生产要素之一，目前在分配中优势还不明显。同时，中国仍处于全球制造业第三阵列，但与第一、二阵列制造强国发展指数差距不断缩小，追赶步伐持续加快。① 第三阵列的位置意味着中国制造业仍以劳动密集型为主，这种国际分工中的序列位置也影响中国企业的盈利，进而影响新工人的收入水平。

在改革开放后，借助中国劳动力丰富的优势，中国制造业、加工业等发展主要是出口加工型为主，同时这类行业也是劳动密集型，劳动力供大于求是中国人口红利的主要表现。1982～2014 年，中国劳动年龄人口（15～64 岁）的总量从 6.25 亿人增加到峰值 9.96 亿人。1982～2010 年，中国劳动年龄人口占总人口的比重也从 61.5％增加到峰值 74.5％。② 低技术含量的体力劳动和简单技术劳动，劳动力供大于求，使新工人在生产要素的分配中不占优势，低工资具有普遍性和客观性。而且，中国工人组织即工会，并没有

① 参见《2025 年我国将迈入制造强国第二阵列》，《科技日报》2022 年 1 月 7 日。

② 参见李培林：《中国式现代化和新发展社会学》，《中国社会科学》2021 年第 12 期。

实际发挥组织工人、代表工人与资本进行谈判的组织力量，新工人讨薪、提高薪水的诉求实践中几乎是个人行为或小群体行为，并没体现以工会为代表的组织行为，新工人在工资方面基本没有议价能力。访谈中，工友们称自己公司的工会是“贴牌工会”，主要作用是组织一些文化体育活动，不涉及维权。从地方政府的角度，地方政府也不鼓励工人罢工等维权行动，维持城市稳定放在更重要的位置。

从新工人的劳动力水平看，新工人的受教育水平主要集中在初中、高中或技校阶段，整体受教育水平不高，用人力资本理论分析就是人力资本水平低，主要表现为劳动者的知识技能、文化技术水平与健康状况，尤其是教育水平。访谈中，新工人自身也认为自己文化程度低，难以有更好的工作、更高的工资。新工人大多在初中、高中或技校毕业后就进入城市打工，职业培训接受得也少，很多企业尤其是劳动密集型企业，只对工人进行上岗前的简单培训，缺乏在职继续教育和培训，所以新工人的人力资本处于低水平，难以在生产要素的分配中占有优势。

从中国现阶段劳动保障等社会政策看，针对新工人的劳动、养老等保障等水平较低，社会政策水平低不利于新工人的劳动力价值提升，这也是新工人收入低的一个影响因素。

本次问卷调查中(见表 5-17)，66.6％的被调查新工人近一年没有参加过培训或进修，占总数的 2/3，说明新工人技术培训匮乏；参加过培训的多为企业承担的上岗前培训。

表 5-17　近一年来您有没有参加过培训或进修

	频数	占比/％
没有	1000	66.6
参加过	502	33.4
合计	1502	100.0

调查中，在服装、食品加工、工艺品加工、电子、家具制造等行业，因为多属劳动密集型，技术水平较低，岗前培训一般时间也较短，而且中间提升型的培训缺乏。没有职业技能的持续提升，新生代长远的职业发展容易受阻。职业培训是新工人实现人力资本提升的主要途径，企业为了降低成本，对新

工人的培训是简单且短时间的,不持续的。职业培训主体除了企业之外,政府应该通过政策扶持或资金支持的方式,增加对新工人的职业培训。人力资本水平低是新工人持续职业化的主要障碍。

对于自己想接受的培训内容,问卷调查数据(见表 5-18)显示:42.2%的被调查新生代选择专业知识,服务业领域、一般职业技术、工业生产领域紧跟其后,还有涉农方面的经济作物种植、海产养殖等。

表 5-18 您如果接受技术培训或进修,您想选择下列哪类

	频数	占比/%
专业知识	634	42.2
服务业领域	243	16.2
一般职业技术	233	15.5
工业生产领域	152	10.1
经济作物种植	103	6.9
粮食种植业	75	5.0
海产养殖	62	4.1
合计	1502	100.0

对专业知识的渴求,反映出新工人求知的愿望强烈。但是笔者访谈中了解到,企业除了必要的、简单的培训后上岗,没有基于工友发展与提升的相关专业培训。培训缺乏,专业技能低,再加上外来人口流动性强等原因,新工人在岗位上很难有更高提升,职业晋升机会少,严重影响新工人职业发展,很多工友选择通过不断跳槽的方式试图寻求更合适的工作。

关于对自己目前工作的满意程度调查(见表 5-19),按照满意程度的不同,新工人对工作的满意程度显示:"收入"选项比例最高的是"不太满意",占比 43.5%,收入低也是笔者访谈中新工人普遍的状况。

表 5-19 对自己目前的工作/劳动满意程度 单位:%

	很满意	较满意	不太满意	不满意	说不清
收入	6.0	24.0	43.5	23.2	3.3
劳动强度	4.9	35.7	34.3	19.6	5.5

续表

	很满意	较满意	不太满意	不满意	说不清
工作的自主性	11.4	41.5	27.0	12.4	7.7
发挥自己的能力	9.3	36.3	31.2	14.6	8.6
职业的社会地位	4.8	29.6	36.5	17.7	11.4
工作的稳定性	8.4	40.6	29.2	14.6	7.2

“劳动强度”选项比例最高的是“较满意”，占比 35.7％。劳动强度反映新工人劳动的强度与辛苦程度。随着工业自动化、智能化程度的提升，工友劳动强度相较之前有所降低。但占比第二位的“不太满意”的有34.3％，同时说明工业生产中的劳动强度还是较大的，实际存在的主要是劳动时间超长。

“工作的自主性”选项比例最高的是“较满意”，工作的自主化程度反映新工人劳动的自主程度，“较满意”占比 41.5％。工业生产中流水线上的劳动自主性较低，企业管理者针对新工人的管理人性化程度较之前更高。笔者在实地考察中发现，企业在改善劳动环境和增加中间休息等方面做了改进，服装公司等在劳动中允许工人听音乐。尤其面临招工难、留工难的情况下，企业在管理上对工友更宽松，这在某种程度上降低了机械流水线给工友所带来的压迫感。

“发挥自己的能力”选项比例最高的是“较满意”，占比 36.3％，第二位是占比 31.2％的“不太满意”。新工人一般在劳动密集企业，对技术要求不高，较容易掌握。

“职业的社会地位”选项比例最高的是“不太满意”，占比 36.5％，“不满意”占比 17.7％居第三位，两项合计占比 54.2％。超过一半工友对自己职业的社会地位表达了不满意。

“工作的稳定性”选项比例最高的是“较满意”，占比 40.6％；“不太满意”居第二位，占比 29.2％。

综合分析，选择“较满意”占比较高的是工作的自主性、工作的稳定性、发挥自己的能力、劳动强度；选择“不太满意”比例高的是收入、职业的社会地位、劳动强度。收入低、职业社会地位低、劳动强度大应该会对新工人自己工作认同情况产生较大影响。职业社会地位低影响新工人作为一个职业者的受尊重程度，新工人高度认同自己是“打工的”而不是“工人”本身就说明了他们的职业声望较低，职业社会地位低客观存在。影响职业社会地位的因素很多，收入低是其物质经济基础。

关于新工人日常开支方面的问卷调查显示（见表5-20），新工人的开支占比按照从高到低排列分别是生活日用、租房、食品、衣服、孩子教育支出。结合被调查农民工的婚姻与生育状况，一半以上被调查者尚未结婚和生育，所以孩子教育支出最少。

表5-20　您日常开支主要是在哪方面

	频数	占比/%
生活日用	694	46.2
租房	332	22.1
食品	233	15.5
衣服	128	8.5
孩子教育支出	115	7.7
合计	1502	100.0

新工人的月收入平均在2500～3000元，这是2012～2015年在青岛、广州番禺等地笔者实地调查的平均状况。一个月总开支在1300～1500元：吃饭700～800元，房租300元左右，话费、网费100元左右，“女的买件衣服，男的抽烟喝酒啥的就没了，根本攒不下钱，只能维持个人开支”。很多企业现在以不允许加班作为条件惩罚那些“不听话”的农民工。如果不允许加班，一个月的收入在1400～1800元，基本无法维持在城市的生活。打工青年不缴纳社保，并不是单纯“不想缴”，而是“缴不起”！“哪里够花啊，至于养老还远着呢，现在还顾不上。”

新工人购买衣服的地点（见图5-3），调查显示按照选择比例从高到低排列分别是附近市场、商业步行街、购物广场、超市、专卖店、网上购物。

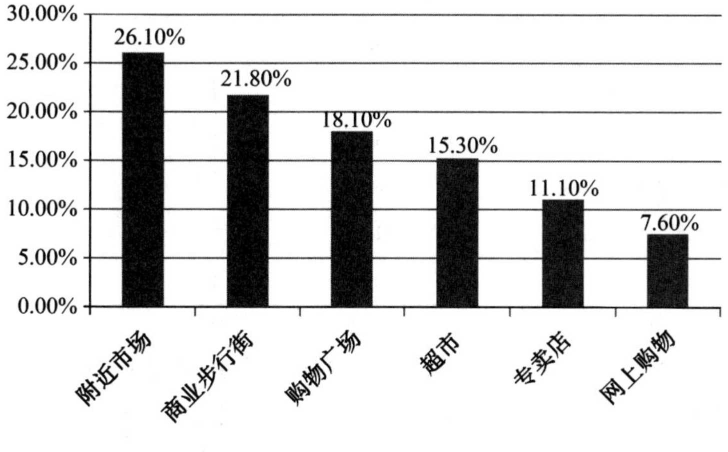

图 5-3 一般购买衣服的地点

新工人收入低，决定了他们爱美却不能承受过于昂贵的衣服，所以购物的地点能反映新工人买衣服的消费金额与水平。租住房附近的市场，一般就是城乡接合部、工业园或城郊的小市场，“小”不仅指规模小，也反映服装店经营的层次和服装价格。新工人在服装消费上也倾向于城市的时尚与款式，但是品牌服装一般价格不菲，在城郊或工业园的小店，一般是时尚与实用结合较恰当的产物。小店服装款式、布料、风格比较追求流行风尚，但不是品牌服装，往往是仿造服装，价格要比品牌服装便宜很多，符合新工人当下的消费能力和水平。同时，新工人工作时间长，一般只有周日一天休息时间，逛街、购物、打扫卫生、睡觉等都在这一天，所以逛街一般也是就近原则，去较远的商业步行街需要小长假。培培说“以前从市场上买衣服，现在买的少了，有时就从网上淘一个”，网购在电商发展的今天也开始走进新工人的生活。

关于新工人购买衣服是否注重品牌的调查中(见表 5-21)，35.9％的新工人偶尔买几件品牌衣服，31.5％不在乎牌子，22.4％捡便宜实惠买，只有10.2％虽然贵点还是会选品牌。

表 5-21　您买衣服是否注重品牌

	频数	占比/%
偶尔买几件品牌	540	35.9
不在乎牌子	473	31.5
捡便宜实惠买	336	22.4
虽然贵点还是会选品牌	153	10.2
合计	1502	100.0

其中,选择不在乎牌子、捡便宜实惠买两项合并超过了 50%,也就是说,被调查的新工人在服装消费上超过半数是以实惠、经济作为主要原则。培培说过"买衣服就是适合自己的就行,质量好的太贵了,一年两年就买那么一件",经济收入低对新生代的消费影响很大,量入为出、经济实惠是他们的基本原则。新工人虽然出生在农村,但随着计划生育政策的实施,一般农民家庭有两个孩子,孩子数量的减少不仅意味着经济压力降低,同时孩子也变得金贵起来,不让孩子受苦、丢份、掉价是很多父母的想法;同时改革开放的深入和经济生活水平的提高,使大多数新工人在成长过程中没有贫困相伴,家庭经济状况和生活水平整体较父辈农民工有很大改善;新生代外出打工,挣钱不是主要目的,因为攒钱盖房结婚等的经济压力主要是父母承担,新生代能"养活自己就成",甚至"90 后"的新生代"出来就是玩",经济上没有太大的压力;城市的消费主义环境也极大刺激了新生代的消费欲望,通过消费构建身份的消费观念在新生代中也存在,"消费得起就是有本事",也证明自己的能力。所以部分新生代在消费方面开始注重品质而不在意价格。

新工人在服装消费是否注重品牌的调查反映出新工人内部的分化,也能反映新工人的消费观念。

新生代日常消费中,购买食品的费用在收入中所占比重(见表 5-22),45.7%的新生代选择 10%～30%,30.4%的农民工选择了占 30%～50%,还有9.3%占比超过了 50%。

表 5-22 您每月用于购买食品的费用占您每月收入的比例

	频数	占比/%
10%～30%	686	45.7
30%～50%	457	30.4
10%以内	219	14.6
50%以上	140	9.3
合计	1502	100.0

恩格尔系数是国际上常用的一种测定贫困线的方法，是指居民家庭中食物支出占消费总支出的比重，即食品开支与总收入的比值，它随家庭收入的增加而下降，即恩格尔系数越大就越贫困。如果按照恩格尔系数计算，新工人的食品开支占比属于较大的，这也反映新工人整体收入水平较低。

调查数据显示(见表 5-23)：45.7%的新生代每月通信费在 20～50 元，38.4%的农民工在 50～100 元。随着智能手机的普及，手机成为新生代人际交往的主要工具，但手机的通信开支在总开支中比例较低。

表 5-23 您每月的通信费用是(包括固定电话和手机)

	频数	占比/%
20～50 元	687	45.7
50～100 元	576	38.4
100 元以上	126	8.4
20 元以下	113	7.5
合计	1502	100.0

关于新工人与别人交往的方式调查显示(见表 5-24)，72.8%的新生代选择了电话联系。

表 5-24　您与别人交往通常的方式是

	频数	占比/%
电话联系	1094	72.8
见面	214	14.2
网络联系	175	11.7
其他	19	1.3
合计	1502	100.0

这是2012年调查的数据,如果现在调查的话,电话联系数据应该还会更高,同时应该考虑再加上网络联系的方式。交往方式与媒介反映新工人与城市生活方式的接洽程度。新工人群体无论是受教育程度还是对城市生活方式的接受程度,较之父辈都有明显变化,对新科技等新鲜事物的接受程度也较强,反映在社交媒介,主要是手机的使用上比较明显。

关于新生代远行的程度调查(见表5-25),41.1%选择了最远是外省大中城市,21.8%选择了省城/直辖市市区,只有7.5%选择从未出过远门。

表 5-25　您最远到过哪里

	频数	占比/%
外省大中城市	617	41.1
省城/直辖市市区	327	21.8
地区所在的市	224	14.9
从未出过远门	113	7.5
外省小城市/农村	110	7.4
县城	111	7.3
合计	1502	100.0

调查数据反映新生代的远程流动已经很普遍,流动半径加大,尤其笔者在上海、广州番禺的实地考察中证明了这一点,贵州、广西、四川、安徽、湖南等地新生代都在远离家乡的东南沿海城市打工。流动半径增大扩展了新工人的活动空间,62.9%的新生代走出了自己所在的地市,结合实地考察和访谈,新工人结婚对象的跨省人数增多,也能反映新生代流动半径的增大。笔

者在上海、广州的访谈中，安徽、广西、四川、湖南等地的新工人，大多乐于在几个省市多转转，“长见识”是他们外出打工中更大的收获。相较于他们，山东省内的新工人，笔者访谈的很多个案，则较倾向在省内流动，对出省打工抱有谨慎态度，有的新生代甚至只在一个地方的一个工厂做工，持续好几年。有些女工回家结婚，婚后会再次选择回到自己之前打工的城市和工厂。

关于新工人闲暇时间的安排调查中(见图 5-4)，数据显示：看电视，上网，搞卫生、干家务，逛街，睡觉是占比例最高的前五项。新工人因为工作时间超长、休闲时间少，劳动强度大、体力消耗大，不难理解睡觉是他们闲暇时间中重要的选择之一。另外，新工人经济收入普遍较低，这决定了他们无法承担费用较高的休闲娱乐方式，新生代们选择了经济实惠又务实的休闲方式如看电视、上网、逛街等。这反映出新工人的休闲活动只是为了自己休息一下，补充体力、精力，属于维持劳动力的最基本休闲，他们没有财力、精力去进行发展型的休闲。

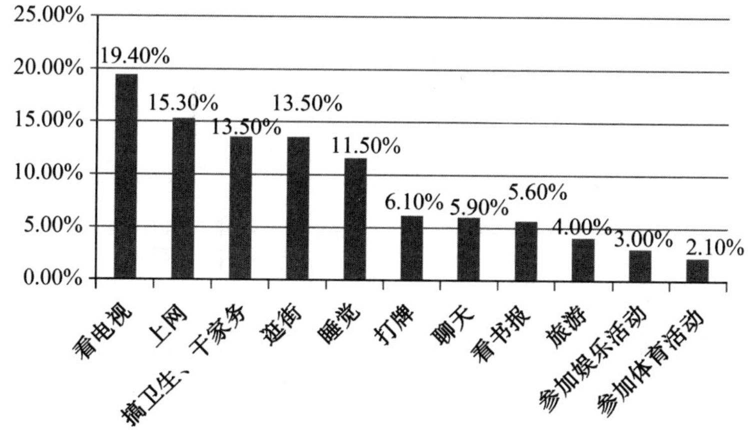

图 5-4　闲暇时间的一般安排

新工人就业的企业及所在城市也未能给新工人提供基础的、公益性的文体娱乐设施和服务，新工人无处可寻便捷、健康、全面的休闲娱乐方式。从企业的角度，市场经济发展过程中，企业已经成为独立经营的经济组织，盈利是企业的经济追求，为员工提供公益性、福利性的文体娱乐设施和服务的动力不足，因为会增加经营成本。从城市的公共服务来讲，目前大多数城市的公共服务主要面向城市居民,有针对性地面向外来流动人口的公共服务和设施建设相对匮乏,所以新工人聚居区的环境,出来租住的房屋,就是商业化的经营户,涉及食品、生活用品等,涉及休闲活动的也是商业化的私人经营场所——练歌房、酒吧、网吧等,健身设施、服务等都比较少见。笔者实地访谈的上海、广州、青岛等外来人口的聚居区,基本没有城市公益性、福利性的文化体育设施与服务。这种环境也不利于新工人在休闲时间进行健康、实用的体育、文化、休闲活动。从这个方面也反映出城市在公共品提供方面对外来流动人口的忽视。

关于日常生活中经常从事活动频次的调查发现(见表5-26),“差不多每天”发生的活动,最多的是看电视,其次是上网;“一周几次”活动最多的是阅读报刊,其次是逛街;“一月几次”最高的是逛街,其次是去公园;“一年几次”占比最高的是去公园,其次是阅读报刊。

表5-26 您在日常生活中经常从事下列活动 单位:%

	差不多每天	一周几次	一月几次	一年几次	从不
看电视	60.9	24.2	8.1	3.9	2.9
阅读报刊	15.2	33.7	30.9	11.8	8.4
上网	39.1	26.8	16.6	6.1	11.4
逛街	6.7	27.2	53.7	9.3	3.1
去公园	5.4	10.9	33.9	38.8	11.0

访谈中笔者了解到,工友们对网络的使用存在性别上的差异。女工主要用QQ等聊天工具,还看电影、电视剧;男工主要是玩游戏。无论男女,新生代对网络的使用主要是娱乐,并不关心政治,“离自己太远了,不关心”,也不是学习型使用。新工人日常生活中的活动主要是休息型的,学习型、发展型的活动频次以月、年为单位,反映新生代无暇、无条件从事学习型、发展型休闲活动,这反过来会加剧其人力资本处于低位的状况,不利于其职业化道路,不利于其融入城市。

关于新工人业余活动频次的调查(见表5-27),数据显示:新工人参与健身/体育活动的频率最高是“一月几次”,娱乐/文艺活动是“一年几次”。因为问卷调查中6成新工人未婚,所以选择与教育子女有关的活动“从不”最多;选择与提高个人技能、技术有关的活动,“从不”也较高。

表 5-27　在业余时间里,您参加以下活动的情况　　单位:%

	一周几次	一月几次	一年几次	从不
健身/体育活动	21.5	32.4	22.0	24.1
娱乐/文艺活动	9.7	27.7	35.6	27.0
与教育子女有关的活动	11.2	17.4	20.7	50.7
与提高个人技能、技术有关的活动	12.9	24.2	32.1	30.8

实地考察中笔者注意到:无论是广州市番禺区的旧水坑,还是青岛市城阳区的流亭工业园,工友聚居区都存在垃圾遍地的情况。旧水坑的出租房空间狭小,商业街上垃圾遍地,“大家都没有归属感”。工友们把打工看作暂时的,或是填补下学到结婚这个阶段空白,随处可见的一次性餐具和用品,一次性意味着临时性、凑合,也有不卫生的意思。工友聚居区没有空间和设施供他们进行文体娱乐活动,所以业余时间的打发仍是个体性的,没有集体性活动;个体性的活动也不是发展性、学习性的活动。商业性的 K 歌厅、健身房也较少。新生代聚居区缺乏必要的公共文娱设施与空间,涉及休闲的公共服务基本没有。

离开乡土进入城市,新工人休闲外出伙伴的调查显示(见表 28),新工人选择与其他打工者占 32.2%,比例最高;其次是亲戚、老乡。

表 5-28　您休闲外出时的伙伴

	频数	占比/%
其他打工者	483	32.2
亲戚	356	23.7
老乡	321	21.4
独自外出	132	8.8
其他	95	6.3
本地人	115	7.6
合计	1502	100.0

当新工人生活在农村时，作为农民生活在相对封闭的熟人社会网络中，生活主要靠本地资源，社会关系网络也主要在本地，村庄作为经济资源和社会关系网络最集中的社区空间，对农民极为重要。村庄既是当下的生存之地，也是整个人生安身立命之地。在社会关系上，人们打交道需要考虑长期交往，不是短期的、临时的、纯功利的，所谓"抬头不见低头见"。调查数据显示，新工人的人际交往顺序反映出新工人人际交往正在发生转变，从熟人社会的血缘关系、地缘关系为主的自然人际关系类型逐渐向业缘关系、趣缘关系转变。

综合上述涉及休闲的调查数据分析，新工人休闲的限制条件是复杂的。

一是结构上的限制，对于新工人来说，工作时间长，收入低，缺乏时间、金钱；工友聚居区没有活动设施，企业没有文化活动场所；加班时间长，晚上不方便外出等缺乏安全感等，都是新生代自由充分休闲的结构性限制。

二是人际关系的限制，新生代在异乡打工，"人生地不熟"，缺少休闲的伙伴，年轻人的高流动性，使新生代缺乏必要的人际关系，限制了休闲。

三是休闲设施与环境的不足。新工人工作的企业一般是劳动密集型，企业规模与发展程度限制了其为职工提供文化休闲娱乐的空间、设施；新工人居住的地方往往是工业园区、城乡接合部或城郊，这些地方远离城市中心，居民文化、体育、休闲等公共产品、服务提供不足，新工人没有良好的环境休闲娱乐。市场化的 K 歌厅、影院也远离这些地方，新工人也没有消费的条件。

【小结】

关于新工人的日常消费：新生代在城市的开支主要是生活日用、租房和食品；以购买衣服的地点为调查个例，农民工买衣服主要在附近市场、商业步行街；买衣服偶尔会买几件品牌，不在乎牌子，一般捡着便宜买；在食品开支方面，一半农民工的食品花费占月收入的 10%～30%，还有 3 成农民工花费占到了 30%～50%。每月的通信费一半农民工花费在 20～50 元，还有近 4 成农民工花费在 50～100 元；目前在城市生活的主要困难是收入低、消费水平高、居住条件差。新工人消费水平低，除了工资收入低之外，工作时间的超长必然挤占闲暇时间，而闲暇时间是消费的基础。

关于新工人的日常交往：与别人交往的方式 7 成以上通过电话联系，休闲外出的伙伴 1/3 选择其他打工者，亲戚、老乡其次，新工人的人际交往开始从血缘、地缘关系转向基于职业和友谊的业缘、趣缘关系。

关于新工人的日常休闲与活动：被调查农民工的休闲时间安排按照比例从高到低是看电视、逛街、上网、干家务、睡觉，“没有时间娱乐，每天加班只想休息”是笔者访谈时农民工们常说的。从日常活动的频率上比较，看电视、上网是差不多每天，阅读报刊是一周几次，逛街、去公园是按月计算，按照一年几次的频率，去公园是最高的。在业余活动中，农民工参与健身/体育活动的频率最高是一月几次，娱乐/文艺活动是一年几次，从来没有与提高个人技能、技术有关的活动。

关于新工人的工作：近 8 成的新工人一年大部分时间都在城市，只是偶尔回家一两趟；选择外出打工，主要是为了锻炼自己，开阔视野，在农村没有很好的致富条件下，打工已经成为农民脱离低收入的农业，离开农村的必然途径，而且已经形成打工文化，所以新生代在不上学之后就理所当然地外出务工。农民工进入城市遇到的首要困难是独自进城带来的想家，还有紧迫的找工作、经济困难。从工作的行业来看，农民工集中在加工制造业、住宿餐饮业、批发零售业，大部分是全日制工作。在城市找工作的途径主要是亲戚朋友、同乡介绍和自己找，两项合计近 9 成。近 7 成的农民工一年内没有接受培训或进修，最想接受的培训内容涉及专业知识、服务业领域、一般职业技术等。城市的工作，最令新工人满意的是工作的自主性、稳定性，能发挥自己的能力，不太满意的是收入、职业的社会地位和劳动强度。

马克思提出：“时间实际上是人的积极存在，它不仅是人的生命的尺度，而且是人的发展的空间。”[①]只有当工人从剩余劳动时间中解放出来，才能赢得宝贵的自由时间，才能从劳动、责任中解脱出来，成为自由人，去从事文学、艺术、政治等活动，从而扩大交往的空间。

工作时间是指劳动者根据法律和法规的规定，在各自的工作岗位上用于完成本职工作的时间，它是劳动的自然尺度，是衡量每个劳动者的劳动贡献和付给劳动报酬的计算单位。劳动时间主要表现形式是工作日，即指法律规定的劳动者在一昼夜内的工作时间长度，也就是标准工时制度。地方数据和全国性数据一致表明，绝大多数农民工每周工作 6 天以上，每周工作时间超过 50 小时。全国性数据表明：新工人劳动条件艰苦、劳动强度大、工

① 《马克思恩格斯全集》第 37 卷，人民出版社 2019 年版，第 161 页。

作时间长、收入水平低。他们的工作普遍具有“重、脏、苦、累、险”的特征。《中华人民共和国劳动法》(2009 年修正版)第 36 条规定,劳动者平均每周工作时间不超过 44 小时;但根据《2020 年农民工监测调查报告》中 2013～2017 年的流动人口动态监测数据,中国农民工平均每周工作 56.33 小时,超过标准工时 28%。

虽然较长时间的工作可以获得更高的收入,给新工人带来相对更多的收入,但超长劳动时间长远的后果是严重的。从微观视角看,超长劳动时间会导致以下问题。

第一,损害新工人的身体健康。充分的休息时间是保护劳动者身体健康的必要条件,也是劳动者恢复精力、体力的必要条件。而劳动时间过长显著降低新工人的身体健康状况,常年劳动透支体力易引发劳动事故,导致工伤或职业病。

第二,损害新工人心理健康。超长时间的劳动也是一种暴力,劳动者在身体上的疲劳和体力透支会侵害心理健康,产生负面的心理体验甚至心理障碍。在实际调查中,新工人对超长劳动时间感到厌倦和无望是真实存在的。

第三,延缓新工人融入城市的速度和进程。过长时间的劳动减少了新工人的业余时间,大部分新工人在城市日常生活规律就是“吃饭、干活、睡觉”,周而复始;因为新工人的居住地大多远离市民与城市生活圈,存在空间隔离的问题,所以事实上没有条件也没有时间与当地居民进行交流和互动,大大延缓了新工人融入城市社会的速度和进程。

从宏观角度看,长劳动时间加剧了社会群体之间的不平等。劳动时间的长短是衡量社会公平的一个重要标志,体现不同社会阶层各自的社会地位,新工人过长的劳动时间表明他们正当休息的权益未能得到有效保护。社会公平与平等不仅体现在城乡居民平等的经济、政治、文化权利方面,还有社会层面。不同社会阶层不仅应该拥有平等的就业权利,还应该包括休息权利。

新工人劳动时间过长的原因是多方面的。

一是中国目前总体仍然处于劳动力红利期,劳动力供应数量相对大于需求,尤其是新工人群体代表的低技术含量的劳动力相对充足。市场供求的不平衡使劳动力处于相对弱势地位,在劳动权利的保护方面显现劣势,包括劳动时间长的问题。

二是城乡分割的劳动力市场，使新工人群体的劳动保护制度、政策相对城市劳动力更不健全，使新工人更容易遭受排斥和歧视，劳动力与资本力量的不对等致使新工人超时劳动普遍存在，通过蒙骗等手段让新工人不签订劳动合同的情况也广泛存在。

三是政府对企业监管与约束的不力，工会组织在维护新工人权益方面的缺位，使新工人在工资和劳动保护方面缺乏谈判能力。

三、身份认同状况调查

第三部分关于身份认同的问卷分别涉及新工人对自己是不是城市人、农村人，对城市和农村的认识与评价等方面。

关于自己是不是城市人的调查中（见表 5-29），47.5％的新工人选择不是城市人，明确选择是城市人的占 18.5％，34.0％的农民工选择了是半个城市人。

表 5-29　您是否认为自己是城市人

	频数	占比/％
不是城市人	714	47.5
是半个城市人	510	34.0
是城市人	278	18.5
合计	1502	100.0

新工人从外来务工者转变成城市人需要具备一定的条件，也需要较长时间，是一个发展过程。34.0％的农民工选择了是半个城市人，既说明身份转化正在进行中，也反映从农村人向城市人转变的复杂性和长期性。笔者进行问卷调查的时候，国家宏观层面关于户籍制度的改革尚未启动，新工人及其子女在城市就业、教育、养老、医疗等社会政策尚未进行城乡统一，城乡二元结构还比较明显。这些制度性结构差异是新工人自身很难克服的，也影响新工人对身份的认同。

关于成为城市人的重要条件的调查中（见表 5-30），按照选择比例由高到低的顺序依次是:在城市有自己的住房、有城市户口、有稳定的工作、收入高、多交一些当地人做朋友、会说城市话,其中前两项总和占70.0%,即7成被调查农民工认为需要有住房和城市户口。

表 5-30 您认为要成为城市人最重要的条件

	频数	占比/%
在城市有自己的住房	563	37.5
有城市户口	488	32.5
有稳定的工作	286	19.0
收入高	109	7.2
多交一些当地人做朋友	40	2.7
会说城市话	16	1.1
合计	1502	100.0

"安居方能乐业"一直是中国老百姓的价值理念,安居不仅仅是有住房,不仅是物质性的居住空间,满足基本生活需要,更事关家庭完整和生活稳定,以及安全感、归属感、获得感和幸福感。中国1992年市场经济体制建立后,住房逐渐实现了商品化。住房商品化促使住房具有了财产化与商品化的特征,是人们财富水平的一种标志。住房因此成为普通人重要的生活目标,尤其是进城务工的新工人。新工人与父辈相比,更注重自身发展的未来趋向。进城务工是以进城并留下来为目标,而不是单纯的挣钱,已婚的新工人越来越倾向实现家庭的整体性迁移,并为下一代在城市接受更好的教育奠定基础,而不是将孩子留在老家成为留守儿童,这就使新工人对稳定住房的需要更强烈和迫切。

中国目前针对城市居民的住房已经基本建立起以廉租房、公租房、经济适用房和住房公积基金为主要内容的保障体系,但是这些保障体系是排斥外来流动人口的,城市尚未建立起针对外来务工群体的住房保障体系。新工人在城市的务工收入目前尚不足以支撑按揭购买商品房,大部分新工人解决住房的方式是租房、在企业提供的宿舍或者合租民居。居无定所不利于新工人尽快实现城镇化和市民化。没有安全、稳定的住房,新工人也很难真正实现与城市的融入、融合，通过在城市购房才有可能将新工人纳入城市体系并逐渐实现融入和融合。

本次问卷调查中(见表 5-31)，46.9%的新工人认为即使长期在城市工作的农民工也不是城市人，肯定认为是城市人的只占 8.7%，认为是半个城市人的占 24.7%，选择说不清楚的有 19.7%。近一半新工人并不认为即使长期在城市工作也不是城市人，说明制约农民工成为城市人的主要条件与因素并不是时间长短，这与表 5-14 的调查相吻合。制度性、结构性排斥是新生代成为城市人的主要原因，并不是时间长就可以自动实现身份转化。

表 5-31　您认为长期在城市工作的农民工是不是城市人

	频数	占比/%
不是	705	46.9
是半个城市人	371	24.7
说不清楚	296	19.7
是	130	8.7
合计	1502	100.0

关于到城市打工成为城市人可能性的调查显示(见表 5-32)，53.9%的农民工选择了有点可能，选择非常有可能的占 24.9%，两项合计 78.8%。这也说明，大多数新工人对成为“城市人”抱有积极态度。

表 5-32　您觉得来城市打工的人是否有可能成为城市人

	频数	占比/%
有点可能	810	53.9
非常有可能	374	24.9
不太可能	264	17.6
一点可能都没有	54	3.6
合计	1502	100.0

关于不能成为城市人原因的调查中(见图 5-5),按照比例从高到低的选择分别是:没有房子、户口、工作不稳定、缺乏技能或知识、歧视农村人、缺乏个人关系、素质低、自卑感、不适应城市生活、歧视女性。其中前三项总和占比为 53.1%,占比超过一半,这与表 5-14 的调查结果相一致。综合上述调查数据显示:房子、户口、工作是新工人是否成为城市人的重要条件,房子涉及"家"的完整和正常家庭生活,涉及安居,户口涉及身份与社会保障,工作涉及生存和经济基础,而贯穿三者之间的核心结构性、制度性因素是户口,是目前需要重点突破的,因为中国的户籍制度与公民的住房、医疗、教育、养老等是关联在一起的。

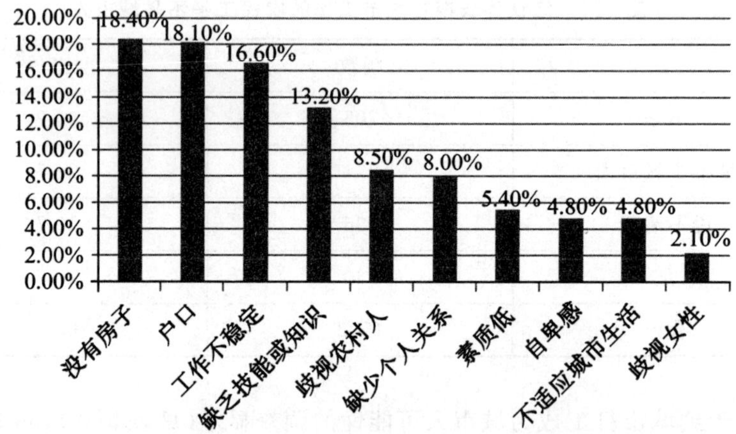

图 5-5　不能成为城市人的主要原因

关于"农民工"称呼是否存在歧视的调查显示(见表 5-33),选择称呼存在歧视或存在明显歧视的合计 55.1%,超过一半;还有 27.4%选择"说不清";只有 17.5%的新工人选择没有歧视。

表 5-33　您是否觉得"农民工"这个称谓存在歧视

	频数	占比/%
存在歧视	524	34.9
说不清	412	27.4
存在明显歧视	303	20.2

续表

	频数	占比/%
没有歧视	263	17.5
合计	1502	100.0

称谓关系一个社会群体的阶层地位及其声誉，农民工这个称谓，笔者在访谈中就发现不少新生代是非常排斥的，尤其未婚的新生代。未婚的新生代首先否定自己是农民，因为新生代几乎没有务农的经历，在初中辍学、毕业或技校、高中毕业后就直接外出打工了；第二就是农民工的称谓在新生代理解，指向那些从事体力活的、没有技术含量的、临时性的人。新工人认为自己的劳动并不是没有技术含量的，像建筑工等那种劳动才是没有技术性的。“农民工”是一种“农民”的政治、社会身份与“工人”的职业身份结合的过渡性身份，“工人”是农民自致性的角色，是新工人通过自身就业、劳动实现的职业身份。新工人长期在城市劳动、生活，事实上成为城市的常住居民，但他们对“工人”“市民”身份认同度较低，主要原因是制度性先赋身份“农民”的限制，延迟和妨碍了新工人建立新的身份认同。新工人拒绝“农民工”的称谓某种程度上反映了新生代对制度性、结构性身份的一种抵制。

在对自己身份定位的调查中（见表 5-34），选择城市人或半个城市人的合计 33.6%，明确是农民的占 43.5%，22.9%的被调查新生代对自己的定位选择“不清楚”。

表 5-34 您对自己身份的定位

	频数	占比/%
农民	654	43.5
说不清楚	344	22.9
半个城市人	380	25.3
城市人	124	8.3
合计	1502	100.0

结合表 5-29 关于自己是不是城市人的调查中,47.5%的农民工选择不是城市人,明确选择是城市人的占 18.5%,34%的农民工选择了是半个城市人。表 5-29 与表 5-34 两个问题设计前后互证,对于新工人的身份定位调查形成互补。综合数据显示,在身份定位中,近一半被调查新工人认同自己的"农民"身份,只有近 2 成认同自己的"城市人"身份,还有 3 成多处于"半城市人"的转变或模糊过程中。

定位自己是农民的原因调查中(见表 5-35),户口因素占比最高,达到 35.2%,加上"政府这么规定的"占 4.7%,两项合计 39.9%;选择"根在农村"的农民工占 31.3%,"家人、亲戚在农村"占 9.5%,两项合计 40.8%。

表 5-35 如果您对自己定位是农民,主要原因

	频数	占比/%
自己是农村户口	529	35.2
根在农村	470	31.3
0	133	8.9
家人、亲戚在农村	142	9.5
习惯了农村的生活方式	87	5.8
政府这么规定的	71	4.7
城里人是这么认为的	70	4.6
合计	1502	100.0

户口、政府规定因素属于国家制度性设定,根、家人在农村则属于社会关系和情感归属。4 成被调查新工人选择户口、政府规定两种因素决定了自己的"农民"身份,说明国家宏观的制度性设定对新生代的身份认同保持了较大影响;近 4 成选择"根在农村""家人、亲戚在农村",说明农村仍然作为新生代的社会关系和情感归属地存在,亲人在农村,从小在农村长大的情感归属都使农村依然是外出务工的新生代的重要精神归属。这也说明,即使取消户籍制度等限制条件,新工人对自己"农民"身份的认同也不会完全消失,农村作为故乡,作为新生代从小成长的地方,家人、亲属的血缘关系存在,都使农村将继续发挥新生代情感归属和精神归属的作用。

定位自己是农民，有改变自己身份意愿的占43.7%，有28.6%选择了不想改变农民身份(见表5-36)。

表5-36　如果您对自己定位是农民，是否想改变自己的农民身份

	频数	占比/%
想	656	43.7
不想	429	28.6
说不清楚	293	19.5
0	124	8.2
合计	1502	100.0

调查数据中意愿的不统一反映新工人内部的分化已经出现。与笔者访谈中的调查结合考虑，新工人关于城市人、农村人的身份认同没有停留在二元对立的范围，一方面反映实践中身份的复杂性与多元性，已经超出了城市人、农村人的结构性二元；另一方面，也反映国家的改革中，城市与农村发展也在不断改变着人们的身份认同，伴随国家经济、政治、社会等方面的改革，尤其惠及农民、农村的改革，改变了国家与农村、农民的关系，也改善着城乡之间的分隔状态。农民工称谓本身就是中国在从农业社会进入工业化、城镇化过程中的产物，具有阶段性和过程性、过渡性，不断改革中的宏观政策和环境的变化，影响着新工人身份的认知与转变意愿。“一带一路”倡议的提出、乡村振兴战略的实施，这些国家战略及其相关政策的推动，农村环境及农民社会保障都在不断提升，改变农民身份转为城市人的意愿也发生了变化。

关于不想改变农民身份的原因调查中我们发现(见表5-37)，35.7%选择了是不是农民不重要。

表 5-37 如果您对自己定位是农民,但不想改变自己农民身份的原因

	频数	占比/%
是不是农民不重要	537	35.7
0	258	17.2
根在农村	368	24.5
不可能改变,想也没用	162	10.8
习惯农村的生活	123	8.2
不喜欢城市	54	3.6
合计	1502	100.0

“管别人称呼啥,不在乎,只要能体现自己的价值就行,叫啥子无所谓,农民工,青岛人。不在乎这些虚头巴脑的,干起来是真的,事业是立世之本。”这是笔者访谈中新工人说的,还有新生代在访谈中提到,随着国家惠农政策的实施,作为农民,尤其是城市化进程加快,那些城边村的农村将来会有更多的经济红利,所以户口不需要转成城市的。这从一个方面说明,决定新工人是否认同城市人与农村人,经济因素是至关重要的,称呼在他们看来就是个名称,与自己实际生活和根本利益关系不大。

关于是否关注所在城市发生的事情的调查中(见表 5-38),45.3%的新工人选择了“一般”,“非常关注”和“比较关注”合计占 25.9%,“不太关注”“一点不关注”两项合计 28.8%。对城市发生的事情的关注程度从一个方面反映新工人对所在城市的认同情况,从另一角度显示他们对自己身份的认同状况。

表 5-38 您平时是否对所在城市发生的事情关注

	频数	占比/%
一般	680	45.3
不太关注	353	23.5
比较关注	334	22.2
一点也不关注	79	5.3

续表

	频数	占比/%
非常关注	56	3.7
合计	1502	100.0

在关于所在城市发展与自己是否有关的调查中(见表5-39),选择"关系很大""有点关系"的合计62.1%,"基本没关系""一点关系都没有"的合计29.0%,说明新工人中超6成认为所在城市发展与自己有关系,对自己与城市的相关性认识较积极。

表5-39 您认为所在城市的发展变化是否与您有关系

	频数	占比/%
有点关系	661	44.0
基本没关系	355	23.6
关系很大	272	18.1
说不清楚	131	8.7
一点关系都没有	83	5.6
合计	1502	100.0

城市发展是新工人就业稳定的基础,没有城市发展,没有产业发展,就不能给新工人提供稳定的就业机会和更多就业岗位。这个调查结果相对表5-38的数据更积极,反映农民工对城市发展的关注与自身关系紧密程度相关联。

关于自己与所在城市形象的相关性调查中(见表5-40),数据显示:"关系很大""有点关系"两项合计63.3%,近2/3的新工人认同自己与城市的相关性,是较积极的一种自我认同。选择"基本没关系""一点关系都没有"合并为26.6%。

表 5-40 您是否认为所在城市的形象与您有关系

	频数	占比/%
有点关系	701	46.7
基本没关系	319	21.2
关系很大	250	16.6
说不清楚	151	10.1
一点关系都没有	81	5.4
合计	1502	100.0

在是否参加过当地社区组织的集体活动调查(表 5-41)中,73.2%的新工人选择“没有参加”。新工人工作的企业多数为劳动密集型企业,这类企业一般聚集在经济开发区或城乡接合部或城郊,与当地居民的聚居区是隔离的,或相距较远;租住私房的新工人,租房也一般位于城乡接合部或企业附近,距离当地居民的聚居区也较远。这种空间隔离不利于新工人参与当地社区的活动。况且新工人工作时间长,或当地社区组织的集体活动无法告知新工人等原因,也使他们参与当地社区活动极其有限。

表 5-41 您是否参加过当地社区组织的集体活动

	频数	占比/%
没参加过	1099	73.2
参加过	403	26.8
合计	1502	100.0

表 5-42 数据显示,占比 27.0%“没遇到过”、占比 22.8%“没时间”正好印证表 5-41 相关所述。参与社区集体活动,如果位置距离较远或时间安排是晚上等不方便时间,对于新工人来说,涉及人身安全问题,是限制其参与活动的主要性别因素。笔者在广州市番禺区旧水坑、在青岛市城阳区流亭工业园的实地考察均反映了这一点,当地居民区与农民工聚居区是隔离的,新工人没有条件知晓并参与当地社区活动。另外,新工人的劳动每周 6 天、每天 10～11 小时的工作制,下班倒头便睡,周末外出逛街购物是一般的生活轨

迹，没有时间、精力参与社区活动。

表 5-42　如果您没有参加当地社区组织的集体活动，主要原因

	频数	占比/%
没遇到过	405	27.0
没时间	343	22.8
想参加，但不知道通过何种渠道参加	249	16.6
没有兴趣	154	10.2
我们是外来人，没有资格参加	132	8.8
那是当地人的事，与我们无关	158	10.5
从来没想过	61	4.1
合计	1502	100.0

新工人休闲外出时的伙伴调查显示(见表 5-43)，新生代社会关系的变化按照占比由高到低分别是：其他打工者、亲戚、老乡、本地人。其他打工者已经成为新生代休闲外出时的首选伙伴，有血缘关系的亲戚、有地缘关系的老乡，已经不再是首选。离开农村这个熟人社会，进入城市打工的新生代开始在城市发展属于业缘关系的人际关系网络。

表 5-43　您休闲外出时的伙伴

	频数	占比/%
其他打工者	483	32.2
亲戚	356	23.7
老乡	321	21.4
本地人	115	7.6
独自外出	132	8.8
其他	95	6.3
合计	1502	100.0

在交流语言方面的调查中我们看到(见表 5-44)，56.1%的新工人在与老乡之外的人交流时会使用普通话。

表 5-44　在与老乡之外的人交流时,您一般会说

	频数	占比/%
普通话	843	56.1
家乡话	659	43.9
合计	1502	100.0

冰然的女儿刚 1 岁多,跟随冰然到青岛打工,女儿平时就讲普通话,冰然在访谈中也讲普通话,笔者探访她的出租屋时,冰然的丈夫用半普通话和笔者交流。笔者访谈中发现,大部分新工人与笔者交流用普通话,男工讲家乡话的较多。普通话作为新工人在城市的语言实践,体现了他们在适应城市生活中主动寻求融入的积极性和主动性,也是逐渐认同城市代表的现代与发达的文化的体现。改变使用方言,积极使用普通话与别人交流,反映新工人积极适应城市的一种语言实践和态度。

在人际交往方面,是否有本地人的调查中(见表 5-45),84.8%的农民工选择"有本地人",占比很高,反映新工人与本地市民的交往状况。但这个交往,需要进一步解释:这里的交往不是交朋友式的交往,不是经常聚会、串门的密切交往,主要属于在工作场合的一般性交往。

表 5-45　您在城市经常交往的人中,是否有本地市民

	频数	占比/%
有	1274	84.8
没有	228	15.2
合计	1502	100.0

笔者在青岛市流亭工业园考察时,"家园"作为一个为外来务工群体服务的 NGO 机构,经常组织活动积极融入当地社区,包括清扫卫生等志愿者活动,参与"我们在一起"大型文艺演出活动等,男工参与人数比女工多,也相对积极。在类似的志愿活动与文体活动的参与中,机构中的活跃新工人与当地城市人的交往逐渐增多,在工作接洽与联合中,工作人员的人际交往开始向本地人倾斜,对本地人的认同程度也较高,相对新工人来讲,与本地

人的接触、交往更多，对城市、对城市人的认同感更强。

在与本地市民的交往的调查中，表 5-46 的数据显示：57.9%的新工人最近 3 个月没有去过市民家里做客。访谈中，农民工讲起与本地市民的交往，一般限于工作上的接触，熟悉到去市民家里做客的很少。除此之外，还有一个很重要的影响因素是，工厂打工的农民工，一周只有一天即周日的休息时间，主要是补觉，缓解一周的疲劳，还要洗衣服、打扫卫生或者逛街买东西，还有与朋友小聚等，时间很是紧张。况且，在劳动密集型企业的本地人相对不是很多，居住空间的隔离也不利于农民工与本地人的交往。

表 5-46 您最近 3 个月有没有去过本地市民的家里做客

	频数	占比/%
没有去过	870	57.9
去过	632	42.1
合计	1502	100.0

表 5-47 的数据调查中，在与本地居民交往的频率上，农民工选择"偶尔打交道"的占 46.3%，"基本不打交道""从不打交道"合计为 13.5%，40.2%的农民工与本地市民经常打交道。不过，这种经常打交道在访谈中指的是工作中的交道，并不是工作之外的人际交往。

表 5-47 在日常生活中，您与本地市民的交往情况

	频数	占比/%
偶尔打交道	696	46.3
经常打交道	604	40.2
基本不打交道	171	11.4
从不打交道	31	2.1
合计	1502	100.0

在与本地市民打交道的调查中（见表 5-48），数据显示：70.2%的新工人选择"没有困难"。访谈中农民工与本地人交往的不多，工作中与本地市民

的合作没有困难。

表 5-48　您与本地市民交往是否有困难

	频数	占比/%
没有	1054	70.2
有	448	29.8
合计	1502	100.0

关于与本地居民交往困难的调查中(见图 5-6),按照选择比例从高向低依次是:思想观念不同、生活习惯不同、语言问题、市民看不起外地人、没有交往的机会、地位差异大。

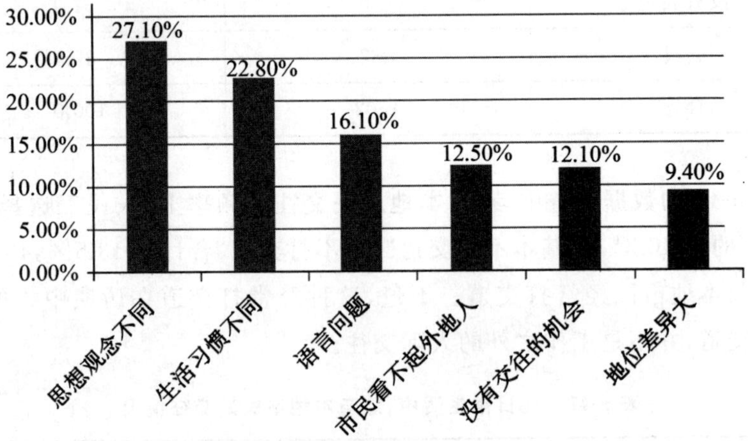

图 5-6　与本地居民交往的困难

城乡二元结构的长期存在,无论是二元制度还是政策的城市优先,持续倾斜时间长、投资差距大,导致沉淀累积的城乡差距较大。城市与乡村不仅体现在经济上发展速度、程度、形态上的差异,还有在政治上、文化上、社会上的全面差异,反映在人们的日常生活,城乡居民的日常观念、生活习惯存在较大差异。

区域差异也与此紧密相关,因为城乡、区域差异,语言的使用与表达、生活习惯甚至思想观念的不同既是自然环境因素决定的,与历史文化的差异相关,更是国家制度、政策的二元结构长期、持续的影响。

关于与本地人的熟悉程度的调查数据显示(见表5-49),"非常熟悉""比较熟悉"合计占比14.7%,总体很低;选择"一般"占比40.8%,是比例最大的。与本地人的交往中,访谈中农民工的说法是工作中的交往多,私交少,很少被邀请到家中做客。这都说明新工人与本地人、城市人的日常交往程度较低,融入属地的程度也较低。

表5-49　总体来说,您与附近居住的市民熟悉程度

	频数	占比/%
一般	613	40.8
不太熟悉	512	34.1
比较熟悉	177	11.8
非常不熟悉	156	10.4
非常熟悉	44	2.9
合计	1502	100.0

表5-50中关于和本地人相处时的舒适程度调查显示:"基本不会"不自在、"根本不会"不自在的合计占比50.9%,"有时会"不自在的占比36.7%。这个调查反映的是新工人在与本地市民相处时的体验与感受,这是在互动中产生的结果。一半新生代在调查中的选择揭示出新生代在融入当地的人际交往中的自在程度是中等,不存在明显的不适。

表5-50　和本地市民相处时,您是否会感到不自在

	频数	占比/%
有时会	551	36.7
基本不会	532	35.4
根本不会	233	15.5
说不清楚	95	6.3
经常会	91	6.1
合计	1502	100.0

新工人对于本地市民与外地人交往的意愿调查显示(见表 5-51),选择"非常愿意""愿意"的合计 43.5%,不足一半;选择"说不清楚"的占比 23.0%。

表 5-51 您认为本地市民从内心来讲愿意和外地人交往

	频数	占比/%
愿意	544	36.2
不太愿意	447	29.8
说不清楚	346	23.0
非常愿意	110	7.3
非常不愿意	55	3.7
合计	1502	100.0

关于本地市民是否友好的认识调查显示(表 5-52),选择"一般"的占 50.4%;认为"比较友好"的占 27.8%。

表 5-52 您认为本地市民是否对外地人友好

	频数	占比/%
一般	757	50.4
比较友好	417	27.8
不太友好	135	9.0
说不清楚	167	11.1
很不友好	26	1.7
合计	1502	100.0

表 5-51 和表 5-52 的调查是关于新工人"客体我"的内容,是在与当地市民交往的过程中新工人通过对本地市民态度的一种认知,也是对自我的一种认同。数据反映新工人"客体我"的认同度不高。

表 5-53 关于是否受本地市民歧视的调查显示:42.4%的被调查农民工选择"基本没有","偶尔"受歧视的占 33.0%,"经常"受歧视的占 6.4%。笔

者在长期的访谈中了解到，新工人感受到本地居民歧视往往与突发、偶发事件联系在一起，因为日常生活中，工友聚居区与本地居民聚居区相隔离，很少有交集，一般不会产生正面的经常性歧视情况，发生本地市民对外地人的歧视与突发、偶发事件相联系。笔者访谈的亮亮提起查暂住证过程中，遭遇本地治安人员的欺负和歧视。

表 5-53 您在日常生活中是否因为自己是外地人，而受到过本地市民的歧视

	频数	占比/%
基本没有	637	42.4
偶尔	495	33.0
从来没有	274	18.2
经常	96	6.4
合计	1502	100.0

在关于新工人主观认为本地人对自己的评价调查中(见图 5-7)，按照选择频率由高到低的顺序依次是：吃苦耐劳、淳朴、外来的、没文化、素质低、勤俭、厚道、善良、诚实。前两个是褒义词，吃苦耐劳、淳朴的描述，是城市人对农村人的一般印象；外来的，是中性词，但包含了城市中心和城市本位观念；没文化、素质低则是显而易见的贬义词；勤俭、厚道、善良、诚实也属于褒义词。

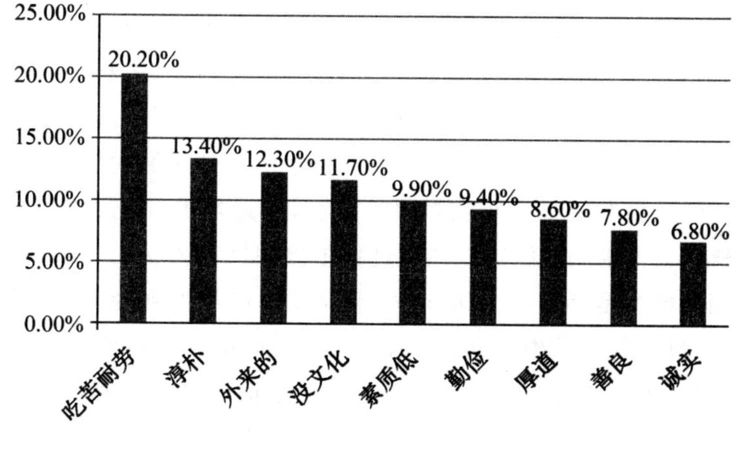

图 5-7 您认为本地人评价农民工是

查尔斯·霍顿·库利认为,一个人对自我的认识是关于其他人对自己看法的反映,一个人的自我概念(认同)是在与他人交往中形成的,自我概念是在想象别人对自己评价之中形成,他以"镜中我"的概念进行阐述。[①]乔治·米德则把自我(认同)分为"主体我"与"客体我",主体我即我这样看自己,客体我即他们这样看我。

本题调查属于新工人"客体我"的调查,在9个选项中,褒义词6个,贬义词2个,中性词1个。调查显示,新生代"客体我"的认同中肯定的、积极的占优势,"吃苦耐劳""淳朴"是新工人群体品质的一种肯定和赞许。新工人是从农村进入城市打工,因为城乡二元体制及户籍制度的结构性限制,新工人在城市从事的一般是城市人不愿从事的脏、累、险等工作,这些工作基本也是劳动密集型的行业,时间长、劳动强度大是基本特征。新工人让家人能过上好生活的动力,支撑着他们忍受又脏又累又危险的劳动,体现出的恰恰是中国农民在农业生产中形成的"吃苦耐劳"的品质。这种品质也是城市人群体缺乏的。

"淳朴"意为敦厚质朴,形容农民工十分诚实、朴素或比较老实。这个评价也是基于传统农业社会农民群体的一种品质的描述。

对"外地人"的身份认同排在第三位,外地人是基于城市本位而将农村人认定为外来者身份,是国家城乡二元制度长期构建的结果。这种国家宏观制度和政策的长期实施,使农村人自己也逐渐认同了这种外在于自身的政治性等级性身份。

"没文化""素质低"在第四、第五位,反映了新生代对自我受教育程度低的认同。相对于城市人的受教育水平,新工人受教育水平较低,这是客观存在的城乡差异在教育上的反映;素质低则更多反映出新工人进城后,在适应城市生活过程中的问题。城市作为人口聚集的一种区域,公共生活、公共空间、公共秩序、公共准则相对农村要更广泛,刚进城的新工人需要不断了解城市的这些公共准则,在了解、适应过程中出现城市人认为"素质低"的违背城市准则的情况是存在的。访谈中,不少新生代都提到,刚进城时,怎么过路口看红绿灯,怎样乘坐公共汽车等各方面,都是非常陌生的,自己也很恐惧,不了解其中的要求。包括对公共卫生的维护也是。长期在城市打工、生

---

① 参见[美]戴维·波普诺:《社会学》,李强等译,中国人民大学出版社1999年版,第148页。

活的农民工在这些方面就有很大改变。笔者访谈的冰然等新工人，带着孩子到“家园”参加活动，孩子很自然地注意不随地扔垃圾，看完的书会自觉放回书架上。笔者参加过机构的一次外出志愿活动，离开活动场地时，有工友自觉将地上的垃圾收集起来放到自带的垃圾袋带走。这些文明习惯是逐渐养成的。

关于新工人对本地人的评价调查中（见图 5-8），按照选择频率由高到低的顺序依次是：友好、时尚、热情、爱钱的、傲慢、乐于助人、看不起人、小气、冷漠。在 9 个选项中，褒义词 4 个，中性词 1 个，贬义词 4 个，新工人对城市人的评价正面的、积极的占主流，反映了新生代友善的开放心态。

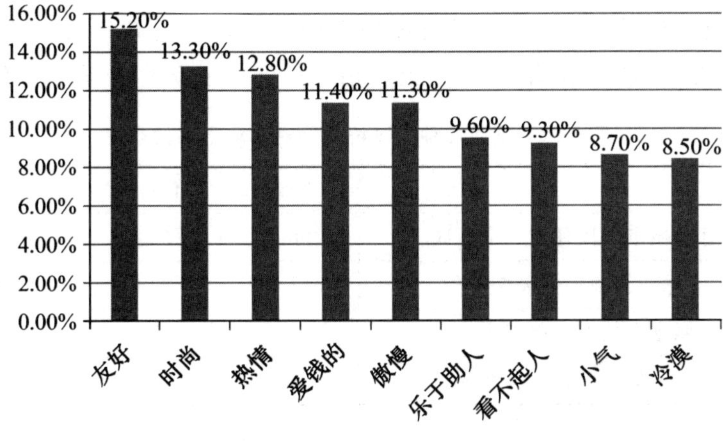

图 5-8　您评价本地市民是

“友好”“时尚”“热情”在评价中排在前三位。这三个词均属于对城市人的正向、积极和褒义的评价。其中“时尚”是现代性在城市人身上的一种体现，表现在衣着、气质等方面；“友好”“热情”两个词涉及的是城市人在待人接物方面体现的一种态度。

“爱钱的”“小气”主要反映在经济理性上。城市在中国率先开始市场经济，市场经济发展程度及其对城市人的影响更广泛、更深入，主要体现在经济理性上。经济理性在日常生活中体现为对金钱的重视、算计，经济往来的契约化、法制化，在人与人的经济往来中理性主义慢慢代替情感主义，这与农村出来的农民工对待金钱的态度、行为方式上存在较大差异，也是农民工用“爱钱的”“小气”这样的描述来评价城市人的主要原因。农村的市场经济发展较晚且不够充分,仍然处于熟人社会或半熟人社会,与城市陌生人社会的差异较大,对待金钱的态度、行为、观念等方面反映出城乡在市场经济发展方面的差异,城乡居民对待情感主义与理性主义的不同发展阶段。

“傲慢”“看不起人”“冷漠”三个词语与排在前三位的三个词语正好相反,代表了农民工对城市人群体另一面的描述。城市既是发达的、现代的、文明的、时尚的,但也充满着陌生人社会人与人的隔离与生分,信任度下降,理性主义与契约化、法制化降低了人与人之间亲切、友好的人际互动。

在关于新工人对本地市民态度的描述调查中(见表 5-54),所有选项选择“愿意”的均在占 60%以上,反映新工人作为外地人相对积极地、主动地与城市人交往意愿。选择“愿意”态度的选项按照占比由高到低分别是:愿意和城市市民一起工作、住在一个社区、请他们到自己家做客、和他们住隔壁。

表 5-54　下面几种描述符合您对本地市民的态度　　单位:%

	愿意	不愿意	说不清楚
愿意和城市市民住在一个社区	68.0	13.8	18.2
愿意和他们住隔壁	61.4	20.6	18.0
愿意和他们一起工作	68.0	15.2	16.8
愿意请他们到自己家做客	63.0	14.8	22.2

从相处空间的性质上看,工作空间排在第一位,后面三个属于居住空间,具有一定的私密性。居住空间的层次上,接触最密切、最经常的“和他们住隔壁”排在最后,这也反映新工人与城市人的空间距离是从公到私,从远到近的递减顺序。

与上题调查相对,表 5-55 调查的是新工人作为客体我,认知本地市民的意愿:选择认为本地市民“愿意”的比例有较大下降,只有一个比例在 50%以上,即 52.9%的“愿意外地人租住在自己所居住的社区”;两个在 40%以上,分别是“愿意和外地人一起工作”“愿意外地人住在自己家的隔壁”;一个占比 37.0%是“愿意邀请外地人到自己家做客”。

表 5-55　下面描述的事情，您觉得本地市民愿意做吗　　单位：%

	愿意	不愿意	说不清楚
本地市民愿意外地人租住在自己所居住的社区	52.9	18.3	28.8
他们愿意外地人住在自己家的隔壁	40.2	26.6	33.2
他们愿意和外地人一起工作	49.7	14.8	35.5
他们愿意邀请外地人到自己家做客	37.0	22.0	41.0

与表 5-54 新生代表达自己的意愿度（均在 60%以上，三个接近 70%）相比大大下降，按照比例由高到低的顺序依次是：本地市民愿意外地人租住在自己所居住的社区、愿意和外地人一起工作、愿意外地人住在自己家的隔壁、愿意邀请外地人到自己家做客。这个题目涉及新生代“客体我”的认同，调查数据显示，新生代认为本地市民视野下的共处意愿较之于自己的主观意愿低，“客体我”的新生代明显有身份自卑情况。

在关于自己与本地市民的差异调查中，表 5-56 数据显示：“有一些差别”比例均是最高的，都在 40%以上，其中占比由高到低顺序分别是：生活习惯、为人处世方式、社会地位、经济收入。“差别很大”的选项由高到低的顺序是：经济收入、社会地位、生活习惯、为人处世方式。选择“一点差别都没有”的四个方面，均在 7%以下。

表 5-56　您觉得自己与本地市民在以下方面有差别　　单位：%

	差别很大	有一些差别	基本没差别	一点差别都没有
社会地位	23.8	43.9	26.0	6.3
经济收入	32.8	41.3	21.6	4.3
为人处世方式	16.1	48.0	29.4	6.5
生活习惯	19.6	48.7	25.4	6.3

本题调查反映出新工人对自己与本地市民对比的自我认知。数据显示：4 成以上被调查新生代认识到了自己与本地市民存在“一些差别”，2 成多不到 3 成的新生代认为与本地市民各方面“基本没差别”。调查结果说明新工人内部的分化与认知差异，在与本地市民的比较中自我认知存在较大差异，没有出现占绝大多数的一致倾向。

在关于对城市生活的认识调查中(见表 5-57),选择"非常同意"占比由高到低分别是:城市生活节奏快;城市缺少人情味;城市人比农村人有礼貌;城市有很多管理制度,生活不自由;城市生活比农村生活要丰富。

选择"比较同意"的选项中,占比由高到低分别是:城市生活节奏快;城市人比农村人有礼貌;城市缺少人情味;城市有很多管理制度,生活不自由;城市生活比农村生活要丰富。

"非常同意"和"比较同意"的选择中,新工人对城市生活节奏快是达成共识的,这是关于时间的感知与体验。城乡差异是结构性的,也是体系化的、全面的差异,反映在时间上是城市代表的工业时间与农村代表的农业时间的差异。

表 5-57　您是否同意以下说法　　单位:%

	非常同意	比较同意	一般	不太同意	非常不同意
城市人缺少人情味	14.6	22.9	35.0	23.8	3.7
城市生活节奏快	24.2	38.7	28.4	7.1	1.6
城市有很多管理制度,生活不自由	8.6	20.0	43.8	22.6	5.0
城市人比农村人有礼貌	12.4	26.6	32.2	21.5	7.3
城市生活比农村生活要丰富	4.3	10.5	23.8	35.3	26.1

工业时间建立在标准化、机械化的工业生产基础上,时间具有精准性、机械性、讲效率等特点,"时间就是生命""效率就是生命"等口号都反映了工业时间的特点。相对于农业时间,工业时间要求生活在其中的人们要有时间概念,在工厂打工的新生代是要适应这种严格的时间要求的:上班打卡,流水线上的争分夺秒、计件生产的效率等。工业时间对人的训练是严格的、紧张的,没有余地的。这与在农村生活的散漫完全不一样。

新工人对城市生活比农村生活要丰富的同意度最低,但这并不是客观实事,只是新生代自己的一种评价。城市生活是更丰富的,但是新生代在劳动密集型的"世界工厂"劳动时间太长,每周只有一天的休息时间;居住的地方大多又远离市中心,城市提供给市民休闲的影院、公园、商场、博物馆等场所,农民工是极少有时间、有条件去使用的。业余时间太少是农民工认为生活枯燥的主要原因。

表 5-58 的数据是关于新工人对农民、农村方面认同的调查。在 15 个题目中，选择“是”的比例由高向低的顺序依次是：“很关注老家发生的事情”占比 74.8％、“喜欢与农村人来往”占比 68.2％、“愿意让别人知道我来自农村”占比 64.4％、“愿意参加农村人组织的活动和机构”占比 63.4％、“我经常意识到农村与城市的差别”占比 60.9％、“喜欢尝试出现的新事物、新产品”占比 58.3％、“关注媒体中对于城市流行事务的报道”占比 53.3％、“从感情来说，我现在还留恋农村生活”占比 53.1％、“为我是个农村人而自豪”占比 52.8％、“经常意识到农村人与城市人的差别”占比 49.3％、“我的命运和其他同样来自农村的人的命运联系在一起”占比 45.5％、“在消费时讲究时尚”占比 34.4％、“习惯农村娱乐活动少的状况”占比 29.2％、“在消费时注重面子”占比 24.0％、“适应农村不卫生的环境”占比 21.3％。

“很关注老家发生的事情”“喜欢与农村人来往”“愿意让别人知道我来自农村”“愿意参加农村人组织的活动和机构”“我经常意识到农村与城市的差别”，这 5 项占比都在 60％以上，排在被选的前五位，且涉及的全部是农村与农民方面。

数据分析可以看出新工人对于农村的正面认同仍然较高，这也说明，即使将来新工人不在农村生活，对农村的感情认同依然占据主要位置，农村在国家城镇化过程中、在农民工外出务工中，发挥了减压与蓄水池的作用，同时发挥着情感与精神归属的重要价值。国家在宏观上推动城镇化战略的过程中，不应也不能以牺牲农村建设为代价。以贺雪峰教授为代表提倡的推进城镇化与农村建设相得益彰是值得重视的，即使现在中国的城镇化率已经超过 50％，进城的农民、已经成为城市人的农民，依然保持着与农村的人和事的联系，农村仍然是城市人内心深处的“根”，作为集体记忆引领着城市人对农村的关注、情感上的向往。

表 5-58　下面的事情在您身上是否存在　　单位：％

指标	是	不是	说不清楚
我经常意识到农村与城市的差别	60.9	27.6	11.5
经常意识到农村人与城市人的差别	49.3	34.0	16.7

续表

指标	是	不是	说不清楚
愿意让别人知道我来自农村	64.4	19.0	16.6
为我是个农村人而自豪	52.8	23.0	24.2
我的命运和其他同样来自农村的人的命运联系在一起	45.5	32.2	22.3
愿意参加农村人组织的活动和机构	63.4	16.6	20.0
喜欢与农村人来往	68.2	14.0	17.8
从感情来说,我现在还留恋农村生活	53.1	26.4	20.5
很关注老家发生的事情	74.8	14.2	11.0
适应农村不卫生的环境	21.3	65.1	13.6
习惯农村娱乐活动少的状况	29.2	54.4	16.4
关注媒体中对于城市流行事务的报道	53.3	29.1	17.6
喜欢尝试出现的新事物、新产品	58.3	26.0	15.7
在消费时讲究时尚	34.4	48.3	17.3
在消费时注重面子	24.0	59.0	17.0

表 5-59 中 90.5％的被调查新工人回答回到老家有“家”的感觉,农村老家依然给外出务工的农民工提供着情感和精神的温暖与归属感,是外出打工人的精神家园。

表 5-59　当您回到“老家”时,您是否有一种回到“家”的感觉

	频数	占比/％
有	1360	90.5
说不清楚	75	5.0
没有	67	4.5
合计	1502	100.0

表 5-60 的数据显示:81.0％的被调查新生代认为离开自己的老家时有一种依依不舍的感觉,与表 5-59 的数据相互印证。“老家”给予新工人“依依

不舍”的是情感归属，这种归属感让新工人在回到“老家”时会有“家”的感觉：这里不仅是自己从小生长的地方，也是亲人所在的地方。虽然新工人在城市打工，每年大部分时间实际是在城市生活，但是“老家”这个情感归属之地仍然是城市无法替代的。

表 5-60　当您离开“老家”时，您是否有一种依依不舍的感觉

	频数	占比/%
有	1217	81.0
没有	165	11.0
说不清楚	120	8.0
合计	1502	100.0

表 5-61 数据显示，80.3%的被调查新工人认为老家给了自己一种安全感，老家不仅是居住地，也是自己情感与精神的归属，带给外出务工的人们不同于城市的安全感。

表 5-61　您是否觉得“老家”给了你一种安全感

	频数	占比/%
给了	1206	80.3
说不清楚	183	12.2
没有	113	7.5
合计	1502	100.0

在是不是城市人的一员的调查中(表 5-62)，结果呈现了较均匀的三分，肯定回答、否定回答、表示说不清楚的均占 1/3 左右，呈现出新工人对自己城市人身份认同的分化与多元认识，也反映新工人城镇化的阶段性、复杂性和过程性。

表 5-62　您在城市时,您是否觉得自己就是城市人的一员

	频数	占比/%
不是	571	38.0
是	534	35.6
说不清楚	397	26.4
合计	1502	100.0

对于是否留恋城市的调查显示(见表 5-63),选择“非常留恋”“比较留恋”的合计 45.6%,占比已经接近一半;选择“一般”的占 41.1%,“一点都不”的只占 3.1%。城市对于新工人开始表现出相当的吸引力和情感依托。将表 5-59 和表 5-60 的调查数据结合起来,不难看出:新工人的归属感处于变动之中,对“老家”的依依不舍和“家”的感受,主要是因为从小生长在农村老家,亲人也目前大多在老家,老家是从小建立起情感归属的地方。但是,随着新生代一年大多数时间生活在城市,城市对于新生代来说,越来越熟悉,越来越关心,新生代主动融入城市的意愿也较强烈,对城市的认同感在逐渐上升。

表 5-63　当您离开城市时,您是否会留恋城市

	频数	占比/%
一般	617	41.1
比较留恋	453	30.1
非常留恋	233	15.5
不太留恋	153	10.2
一点都不	46	3.1
合计	1502	100.0

城市是否给外来打工的新生代们提供了安全感,在调查中(见表 5-64)选择“很有安全感”“较有安全感”的合计 36.9%,选择“一般”的占 47.0%。

表 5-64 当您住在城市时，您是否有安全感

	频数	占比/%
一般	706	47.0
较有安全感	371	24.7
安全感较小	193	12.8
很有安全感	183	12.2
一点安全感都没有	49	3.3
合计	1502	100.0

城市是否给外来务工的新工人以家的感觉，能否成为其情感的归属，表5-65调查数据显示：53.4%的新工人认为在城市“没有”家的感觉。问卷调查中一半多新生代处于未婚阶段，家人还都在农村，在城市也尚未组建自己的家庭，独自一人在城市打工的占比较大，“没有”家的感觉与婚姻状况联系在一起，不单纯与城市的关系。

表 5-65 您在城市是否有一种家的感觉

	频数	占比/%
没有	802	53.4
有	700	46.6
合计	1502	100.0

关于为什么城市没有家的感觉的原因调查中（见图 5-9），按照比例从高到低的顺序依次是：在城市没有自己的房子，没有城市户口，没有稳定工作，在城市没有亲戚、朋友，没有安全保障，没获得与城市市民同等的待遇，与城市市民没有来往。前三项是具有共性的原因，这在图 1 和前面的调查中均得到证实。房子、户口、工作，这三项成为新工人能否建立城市认同感的重要因素，通过前面的调查数据，正反都证明了这三项的影响程度。

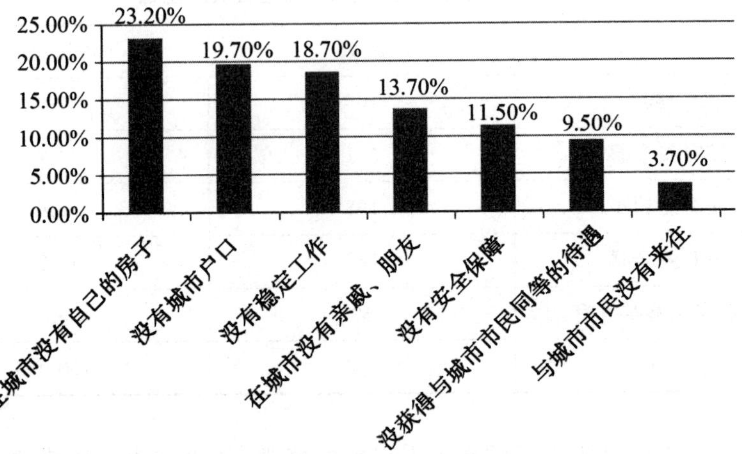

图 5-9 在城市没有家的感觉的原因

新工人目前的心理状况怎样，调查数据显示(见图 5-10)，“乐观开朗”“时常能体会到幸福”“感觉太累”“经常感到压力”“知足常乐”“积极上进”是前六项，表明整体上新生代体现出了较积极、健康的心理状态。

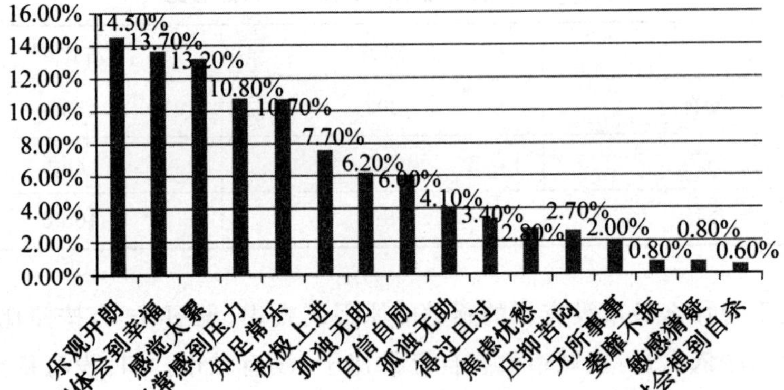

图 5-10 您现在的心理状态

关于是否愿意继续留在城市的意愿调查中(见表 5-66)，“非常愿意”“比较愿意”两项共计占比 65.2%，说明新工人有较强留在城市意愿的占多数，代表了较积极的正向的融入城市的意愿。

表 5-66　如果条件许可，您是否愿意继续留在城市

	频数	占比/%
比较愿意	531	35.4
非常愿意	448	29.8
一般	307	20.4
没想过	105	7.0
不太愿意	89	5.9
很不愿意	22	1.5
合计	1502	100.0

关于以后的生活打算（见表 5-67），34.5%的被调查新生代选择了“走一步看一步，视情况而定”，明确有在城市生活打算的“希望长期居住在城市”“取得城市户口，成为城市民”总和占比 42.6%，打算回家乡的合计17.2%。

表 5-67　对于以后的生活，您的打算

	频数	占比/%
走一步看一步，视情况而定	518	34.5
希望长期居住在城市	427	28.4
取得城市户口，成为城市民	213	14.2
赚够了钱就回家乡	211	14.1
没有想过	86	5.7
尽快回家乡	47	3.1
合计	1502	100.0

“走一步看一步，视情况而定”是新工人目前在城市生活不确定的体现，这种不确定性主要表现在以下几个方面。

其一，新工人的生命历程阶段的使命使然。问卷调查中新工人未婚者超过一半（见表 5-6，未婚占比超 50%），学业结束进城打工的新生代，尚处于青春期至成年期的中间阶段，一半处于单身阶段，婚姻、家庭尚处未知状态。

在中国注重家庭的文化基础上,一个人未成家就不能算是真正成熟、真正“成人”了,恋爱未知、婚姻未知的这个阶段,打工是继续成长和长见识、闯世界的探索实践,未来有各种可能和不确定,所以“走一步看一步,视情况而定”反映了未婚新工人这个生命历程阶段的特点。

其二,新工人在城市的打工、生活还无法安定、确定下来,主要表现为住房、户口、工作的不确定。在中国户籍制度未进行深度改革前,新工人在城市打工收入低,农村户口在就业、教育、养老、医疗等诸多方面的限制,无法使年轻的新工人在城市安居、安定下来,候鸟式迁移是整体状况,一人在城市打工、老人妻儿留守农村仍占主流,家庭尚未实现整体迁移,一个人在城市打工不算是真正地进城。要实现家庭整体迁移需要国家宏观层面的改革推动,并不是新工人个体所能做到的。这意味着新工人还不能算是“安定”下来了,“走一步看一步,视情况而定”就反映了过程和未知的未来状态。

其三,“走一步看一步,视情况而定”状态是不确定的反映,也是新工人关于时间的一种感知和理解。从农村进入城市,不仅是空间的迁移,还是时间的转变:从农业时间向工业时间的转变。农业时间是基于农业生产而设定的时间,与农业生产周期紧密联系,农业生产是依节气按部就班进行,每年如此周而复始,节气是有时间性的,但不像工业时间那样精准,农业时间是相对粗略的,如果农业时间是既定的、周而复始循环的、慢节奏的、粗略的,那么城市的工业时间是非既定的、不确定的、变化的、快节奏的、精确到秒的。所以,新工人在城市的工业生产中感知、实践的工业时间,就包含未知和不确定,城市作为现代社会的场域,具有现代社会的不确定性和风险性。所以,新工人“走一步看一步,视情况而定”也是他们在城市生活的时间体验,是不同于农业时间的现代城市生活的一种时间体验。对于不确定城市生活和未来,“走一步看一步,视情况而定”是一种当下策略。

关于打算在城市长期生活的原因调查显示(见图 5-11),“生活便利”“经济发达”“发展机会多”“工作稳定”“在城市有自己的房子”“热闹繁华”“为孩子接受更好的教育”是前七项,反映现代化城市集聚了强大的经济、政治、社会、教育等资源优势,是吸引新生代在城市长期生活的主要因素。

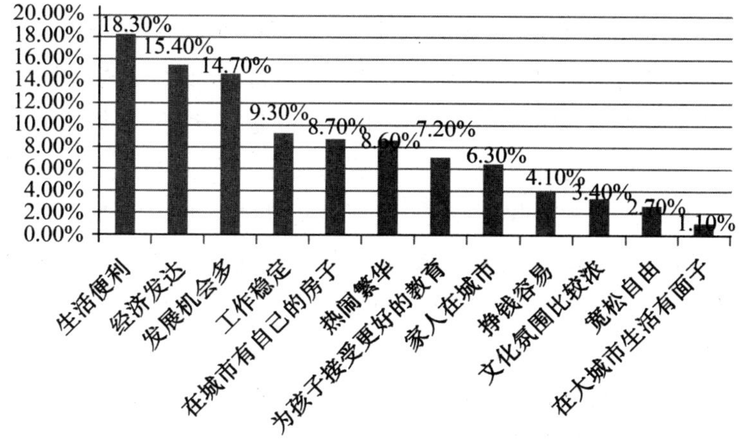

图 5-11 打算在城市长期生活的原因

城市发展是国家工业化、现代化的一个具体体现和标志，在城市这个场域，国家的工业化和现代化水平都能在经济、政治、文化、社会等各方面体现出来，这些硬件、软件为城市人提供了更加便捷、舒适的生活环境和条件，无疑也是吸引新工人留在城市的主要因素。

关于不打算在城市长期生活的原因（见图 5-12），按照比例从高到低的顺序依次是：在城市没有自己的房子，没有城市户口，工作不稳定，家人、亲戚不在城市，物价太高，前五项分别涉及房子、户口、工作、亲人、物价问题，与前面数据显示结果基本一致。房子、户口、工作成为限制新生代是否继续在城市生活的“三大件”。

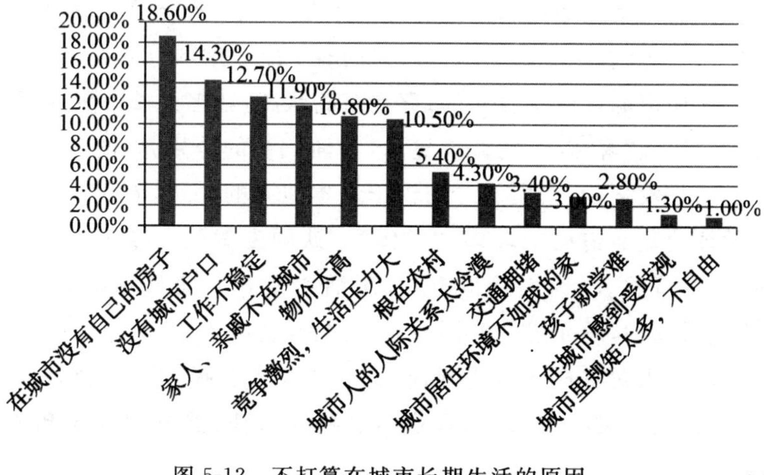

图 5-12 不打算在城市长期生活的原因

【小结】

新工人的身份定位和认同的调查显示,近一半被调查农民工认为自己不是城市人,明确认同自己是“城市人”的近2成,余下的3成多是“半个城市人”。新工人要成为城市人的重要条件前三位是有房子、有城市户口和稳定的工作,其中前两项合计7成多;不能成为城市人的主要原因前三项是没有房子、没有城市户口和工作不稳定,三项合计超过5成。正反两项调查结合起来不难发现,关系新工人是否成为城市人的重要条件具有一致性:房子、户口、工作。新工人对“农民工”称呼的调查中,近6成农民工认为“农民工”称呼有歧视。关于身份认同的调查中,一部分新工人选择对自己的定位“不清楚”,包括:对于自己是否想改变农民身份“说不清楚”,对于自己是否觉得是城市人的一员选择了“不清楚”,等等。“说不清”是一种没有选择的选择,说明选择项的内容不能正确表达被调查者的意思,对于身份的定位,2～3成的新生代选择了“说不清楚”这样一种模糊的、转变中的、无法定义的状态,说明新工人内部的分化开始出现,也反映了从农村人到城市人的转变既是一个过程,也充满多样化结果,不是非此即彼的二元选择,模糊的、中间性的、没有明确定义的状态都是一种客观存在。

关于新工人对打工所在城市与自己的关系调查中,被调查新工人近2成表现出积极的态度,选择“一般”的最多,都在40%以上。近8成新工人没有参加过当地社区活动。关于新工人与当地市民交往的调查中,农民工交往人群中选择有当地市民的超8成,但是经常打交道的占4成,超7成农民工认为与当地市民交往没困难,有困难的话主要是思想观念不同、生活习惯不同、语言问题,与附近居住的市民熟悉的不足2成。新工人认为本地居民比较友好的占3成,偶尔受到本地人歧视的有3成。这部分调查反映出新工人对自己打工城市的认同状况一般,存在疏离状态,新工人城市融入程度低。

关于新工人“客体我”的调查显示,正面积极的分别是:吃苦耐劳、淳朴;消极负面的是没文化、素质低。相较于对本地人的评价,农民工认为本地人对自己的评价负面消极的较多,“客体我”认同度偏低。新工人认为无论是社会地位、经济收入、为人处世方式、生活习惯等方面与城市人“有一些差别”是占比最高的,超4成,“差别最大”的是经济收入。

关于新工人对农村认同的调查显示,新工人选择“是”的指标超50%的包括:很关注老家发生的事情;喜欢与农村人来往;愿意让别人知道我来自农村；愿意参加农村人组织的活动和机构；喜欢尝试出现的新事物、新产品；为我是个农村人而自豪；我经常意识到农村与城市的差别；关注媒体中对于城市流行事务的报道；从感情来说，我现在还留恋农村生活。近 9 成的新工人选择了回农村"有家的感觉"，超过 8 成的新工人选择了离开老家时"有依依不舍的感觉"，超过 8 成的新工人选择了老家给了自己安全感。相对而言，新工人对城市的认同与感情要低很多。这反映出城乡之间的选择上，新工人对于农村依然在情感上保持着高度的认同感，但不排斥对城市的向往。一半左右的新工人开始将成为城市人作为自己的未来目标，打算在城市长期生活的主要原因占比最高的前三个分别是：生活便利、发展机会多、经济发达。

本书新生代心理状态调查显示：乐观开朗、时常能体会到幸福、感觉太累、经常感觉到压力、知足常乐是选择比例最高的前五项。新工人心理状态整体是健康向上的。

身份认同理论认为："认同是随着社会情境的变化而变化的，并且认为认同可以由支配的制度产生，但只有在社会行动者将之内化，且将他们的意义环绕着内化过程建构时，它才会成为认同，即认同是制度建构和社会行动者主动建构的过程。"①根据调查结果可以看出，新工人的身份认同受到很多政策、制度以及主观条件的限制，直接导致新工人对身份的认同存在不确定。

---

① 谢启文：《"80 后"农民工的社会认同与城市融入》，《重庆社会科学》2011 年第 12 期。

第六章　成为新工人

一、不能职业化的新工人

本书从劳动和日常生活的微观视角，突破主流研究的宏观叙事，探究新生代农民工成为新工人的经历与过程。通过分析新工人这个群体在不同生活空间下日常劳动、交往、消费、休闲的行为表现，探究社会身份是如何在一定的社会结构中生成的，以及新工人个体在这一转变中反映出了怎样的策略和机制协调过程。

本书运用叙事研究和建构主义方法，突出新工人的叙述，新工人主体解释、磋商、融入和抵抗那些影响其生活的权力关系。新工人身份认同更多的是被叙述和表现的，通过叙事赋予它一种意义，通过对新工人劳动与日常生活叙事进行详细的比较和分析，揭示新工人在认同、经验和理解方面所选择的不同路径，以及在特定的生活情境中获得的不同认同和采取的不同行动过程。从新工人的主体经验理解、阐释其身份认同，重视其经验。本书试图把新工人这个被明显边缘化的群体的生活和故事记录下来，关注新工人主体的流动经验和日常生活的叙事，不仅是新工人有什么流动的经验，还追问什么样的经验历史塑造了他们。

本书主要观点如下：

第一，新工人的流动轨迹因为相似的生命历程具有共同特点。

与第一代农民工“生计窘迫—进城挣钱—回乡盖房”的生活轨迹相比，新生代农民工包括新工人的流动意愿上更倾向于发展而不是循环：新工人初中肄业/毕业，高中、技校肄业/毕业后，直接进城打工。在最初的打工阶段，新工人更多的是进入城市，长见识、见世面，闯荡。处在青春期或青春期后期的他们，这也是继续社会化的过程。新工人这个阶段大多并不清楚自己的真正喜好，但是对企业管理的体验是决定自己是否长期留下来的重要考虑，“用脚投票”，不断转换城市或者工厂、工种，在流动中明确个人的职业取向。这个阶段新工人个体中间因为认知差异、能动性不同等因素开始产生分化：部分新工人建立起对工作、城市生活的认同，决定留下来；部分新工人无法接受工厂的劳动，又没有其他出路，会选择在结婚年龄返乡相亲、结婚；部分新工人如果婚姻没有着落、工作没有明确计划，还会继续在城市打工，在不同工厂和工种中徘徊、流动，这个阶段还会持续一段时间，最终会因为老家的家庭生命周期进入需要自己养老、个人结婚等阶段而决定去留。

结婚与否是新工人流动频繁与否的重要影响因素。结婚，尤其是有子女的新工人，在打工中更倾向于稳定，在一个城市、一个工厂、做一种工作，保持相对的稳定；更倾向于收入高，哪怕这样的相对高收入工作存在污染或者有职业危险，因为家庭供养的经济上的压力，使已婚已育新工人不能像未婚新工人那样“由着性子来”，“自己够花就行”甚至“月光族”。未婚未育新工人流动性更高，辞职的理由很多：厂子管得严，时间太长、太累，不自由，甚至住宿不好、和管理者关系不好，等等，都可能成为“抬脚走人”的理由。因为没有太多家庭负担，父母尚年轻，自己挣的钱基本是自用，未婚未育的新工人的打工比较注意自我的感觉。

在访谈中，对于笔者提出的“是否愿意继续父母那样的生活”的问题，新工人一致果断而决绝地回答：不会！虽然个人的流动轨迹略有差异，但新生代整体的生命历程呈现相似特点，从宏观上来看，整个的社会结构和社会秩序对于新生代来说是既定的、确切的和难以改变的，这是一种结构决定行动者的关系。这决定了他们中的多数并不能及时融入城市，选择的机会空间对于他们来说仍然是相当有限的：除了一部分新工人通过掌握技术，成长为技术工人，收入水平较高之外，大部分新工人通过在工厂打工无法实现留在城市的愿望，因为劳动密集型工厂的打工收入低，劳动时间长，在内部很少有升职的机会。现实排斥性制度与新生代所处生命周期的发展阶段的共同作用，迫使大多数新生代在城市闯荡数年后选择返乡，他们的人生轨迹表现出共性特征：初等教育结束—外出打工—返乡。在社会结构相对固化的现实中，新生代要实现城市化的生活无外乎两条路径：一是制度化途径，像高考；二是职业化途径。大多数完成或未完成义务教育就外出打工的新生代已经放弃了第一个途径。职业化的道路是一个漫长的过程,需要在长远的发展规划中来完成,对于大多数的新生代来说,经济处境劣势的无声压力、没有技能和人力资本积累的简单体力劳动、婚配年龄面临的婚姻压力、传统性别角色对女性的规定性,等等,都使他们很难真正走上职业化道路。

第二,新工人外出打工除了经济因素外,更是为了开阔眼界、增长见识、实现个人的成长,这些非经济因素成为新工人相较第一代农民工具有更强烈的留城意愿的重要驱动力。

新工人外出务工的原因与第一代农民工不同,不是单纯为了赚钱,外出务工的原因按照比例从高到低的顺序依次是:务农辛苦也不赚钱,锻炼自己,开阔视野,在家没事可干,习惯了外出的工作和生活,家乡太穷不愿过那样的生活,一直在念书不懂农活,挣钱供家人读书、盖房子,羡慕城市生活,别人都外出打工,孩子接受更好的教育,全家都在外面,等等。初中或高中毕业的农村新生代不能继续留在农村了,农业生产不需要或者太辛苦,外出打工在农村业已形成共识,兼业种植与外出打工已经成为大多数农民家庭的经济结构。初中或高中毕业外出打工成为新生代的必然选择,不过不同于父辈为了谋生、挣钱而背井离乡,新生代的生命历程阶段决定了他们的外出务工还包括锻炼自己、开阔视野在内的成长主题:从青春期走向成人的阶段。

通过对新工人的深度访谈,不难发现:新生代外出打工的动机、行为逻辑、约束条件及其价值目标与第一代农民工相比发生了重大变化。新生代打工者是主动外出打工,打工不再是因生存困难而打工,也不单纯为挣钱而打工,而是要离开落后封闭的农村,为自己未来谋一片更广阔的天地。如果说第一代打工者是为家庭打工,为了挣钱,为子女读书、结婚等攒钱,基于家庭整体的考虑,新生代则更多的基于个人,为自己的前程,为了离开农村,为了进入城市、成为城市人而打工。如果说第一代农民工的外出动机是"生存理性",那么新生代民工的外出动机则可概括为"发展理性"。①

第三,对劳动价值的追求不仅仅是经济方面的,还有职业化的发展和对自由、公平、尊严的向往。新生代对于打工已经不像上一代那样以挣钱为唯

---

① 参见邓大才:《农民打工:动机与行为逻辑——劳动力社会化的动机—行为分析框架》,《社会科学战线》2008年第9期。

一目标，他们不愿当机器上没有名字、感情的零部件被限制在流水线上，对个人发展的考虑，对自由和尊严的渴望，对做有意义工作的向往，都鲜明地展现出这一代对工作的发展性和舒适性期望更高，对工厂非人性化管理的排斥和反抗，对异化劳动的感性体验和初步觉醒。

随着打工生活的历练，新生代就会越来越关注工作环境，关注自己的发展和未来，这从新生代不断辞职的原因中可以看出——没有晋升空间，没有保险，不愿意过于紧张、严格的管理，工资太低，对工伤的担忧……新生代产生了不同于第一代打工者的职业追求，需求层次正由生存需要向发展需要转变。他们更关注工作环境，希望工作环境安全、企业管理规范，并且更多地关注工作本身的意义和发展前景。对人格尊严的重视，对公平公正的关注，某种程度上代表着新生代开始要求“企业公民”“城市公民”的合法身份。

对自由的向往，对专制型工厂的反抗，反映在新生代有着不同的较强烈的创业想法。与父辈力求获得更好的生存机会而来到城市不同，新生代农民工有着自己的创业梦。创业梦一方面表达了一种新的自我发展的渴望，不愿忍受工厂的压制，向往自由和有意义的工作；另一方面也是因为他们在城市见证了日益拉大的贫富差距。目前，受教育程度偏低，缺乏正规、持续的职业培训，大多数新生代只能在一些城市的制造业或低端的服务业中工作，难于从这里找到自我发展的机会，就连晋升也没有多大空间，于是彷徨、忍耐、等待就成为他们日常生活中的一个重要体验。当然他们中的很多人也努力发挥着主观能动性，尤其尚未成家的新生代，通过频繁转换工作以摆脱“等待”中的无聊感，所以从一个工作换到另一个工作，从一个工作点换到另一个工作点，祈求偶遇发展的新机会，这也成为新生代在城市流动的一个基本图景。

新工人对尊严的向往，还体现在积极主动地从体力劳动向脑力劳动转变，脱离简单的体力劳动，这使新生代自我价值感更强；或者从不自由的流水线转向城市服务业，如餐饮、酒店、洗浴、外卖、快递员等。对尊严的重视，还体现在对打工与工作的差异和家庭伦理还联系在一起：一年才回去一趟，打工意味着离开自己的故乡来到异乡的城市，往往同时代表着亲人分离、夫妻分居、父母子女相隔两地，缺乏完整的家庭生活和温暖，这种不正常的孤独的社会人生活不是真正的城市人生活。这与第一代农民工忍受家庭分离，忍受夫妻分居的拆分型打工生活很不一样。实地调查和访谈中，部分新工人宁愿自己更辛苦,也要将年龄小的孩子带在身边,就近入托或上学,不愿让孩子成为留守儿童。

第四,新工人在打工中未能普遍建立起对"工人"的职业身份认同。无论是访谈还是问卷调查,研究发现:新工人对于自己是"打工的"身份认同度较高,但对于自己是"工人"的身份认同并不明显。笔者分析其中原因,既有结构性因素也有新工人自身的原因。从职业培训方面分析,由于职业技能培养周期长、成本高,新工人流动性大,企业培养动力不足等因素,寄希望企业负担新工人的职业培训是不现实的;新工人自己收入低、劳动时间长,没有财力、精力进行职业培训和教育,这就需要充分发挥政府的引领、促进作用,加强顶层设计,完善技能人才培养、使用、评价和激励机制。同时,城乡二元体制尚未彻底打破,新工人在劳务市场大多还处于不利地位,劳动力供大于求的整体就业市场形势依然存在,新工人依靠自身提高职业知识、技能的能力、机会非常有限,其职业社会化也有待于国家政策、法律法规和社会机构的服务等公共服务水平方面的进一步提升。

成为新工人,从职业发展的角度,意味着需要新工人持续的职业社会化。职业社会化就是通过内化工人职业价值、获取工人职业手段、认同工人职业规范以及形成工人职业性格而不断成为工人的过程。职业"工人"是新工人真正在城市立足的物质基础。

第五,新工人的身份认知存在内部分化与多样性。"农民工"对于一些人来说是不被接受的称谓,他们不认同自己制度性的先赋身份——农民,渴望通过努力成为城里人,对于自己的"家乡",更多的是与家人联系在一起。对自己身份、职业的清晰认识,说明漂泊的打工生活中新生代已经逐渐形成自己的社会角色和人格定位。新工人身份认同出现分化并呈现复杂性。

关于新工人的身份定位和认同的调查显示,近一半被调查农民工认为自己不是城市人,明确认同自己是"城市人"的近两成,余下的三成多是"半个城市人"。不固定的、模糊的自我身份认知一定程度上反映出新工人对城乡、阶层身份和制度规范的一种否定和抵抗。自我实践,包括劳动实践、日常生活,是新工人进入城市、融入城市的主要途径。新生代身份认同在现实中不是同质线性和单一维度。对同一个体而言,很少存在绝对的认同和绝对的不认同,而且认同是一个发展变化的过程,与新工人在城市生活时间的长短和生活体验紧密相关。新工人认同在多数情况下是复杂的、多维的,在某种程度上认同又是矛盾和背离的，并且这种相互矛盾和背离的身份认同又有可能在同一个体身上存在，由此形成身份认同的内部分化和多重性。正是由于内在的多重性才使新生代的身份认同往往存在着张力，在实际生活中表现出认同的困境、失调以及威胁，影响了其城市生活的适应与融入。

第六，认知的能动性在新工人的生活中起到了重要作用，新工人的主体性和自我意识提升了。选择什么城市、什么工厂、什么工种，新工人在打工中表现出认知的差异和能动性，是否坚持在流水线上劳动还是转行，都表现了他们对城市、对劳动、对身份不同的期待与认识。新工人中有部分选择学会某种技能，成为靠技术谋生的技术工人；部分人选择改行在城市从事服务业，通过与城市人的接触来积累在城市的人脉；还有一部分选择在结婚年龄回到农村，就近工作以照顾家庭。在劳动中，部分新生代认为是给老板打工，给别人打工，劳动中的积极性和主动性较低，被抱怨、焦虑、怨恨裹挟着，不能主动提升自己的技能和发展环境；而另一部分新生代则秉持打工是给自己做的，是给自己博得更好更远的出路，所以劳动中的积极性和主动性就高，更主动地去学习、掌握技术，负面情绪的影响就小些。选择的不同，反映出新工人不同的认知与选择的能动性。

身份认同方面也反映出新工人的主体性和自我意识：既不遮掩自己作为外地人、农村人的身份，也不放弃对城市人的身份追求，同时接受非农非城的中间的、过渡的、模糊的甚至尴尬的身份，这都是一种身份，都是一种存在，也是一个过程。称谓可以不计较，身份可以不确定，自己有主动认可的能动性而不盲从政府和学界、社会、媒体强加的称谓，称谓甚至被认为是“虚”的东西，新工人更在意实际城市工作与生活的具体改变，务实而不虚妄，这充分显示了在市场经济下成长起来的新生代身上的理性化倾向。

二、本书的理论贡献

第一，从身份政治到解读“经历”是农民工研究方面理论框架上的重要跨越：不固定、模糊的自我身份认知是对城乡、阶层制度规范的一种抵抗。汤普森在《英国工人阶级的形成》一书中通过对工业革命时期社会生活的广泛背景（特别是传统、道德、价值体系等文化因素）的考察，具体说明了英国工人阶级的形成这一历史现象。汤普森把工人阶级的“经历”看作工人阶级“形成的关键”。汤普森说：“阶级是社会与文化的形成，其产生的过程只有当它在相当长的历史时期中自我形成时才能考察,若非如此看待阶级,就不可能理解阶级。”①本书试图通过考察新工人的劳动和日常生活,探索新工人在城市的“经历”中如何慢慢形成自己的身份认同,将自我与城市社会链接起来。成为“新工人”的过程是他们在城市真实劳动与日常生活“经历”的过程,在实践中的“经历”是新工人主体的行动过程,在这个过程中,劳动与日常生活实践慢慢让他们确定自己的身份:是打工的外地人,是半个城市人,慢慢褪去农村人标签,不断向城市人转变。

新工人在城市劳动和日常生活的“经历”是真实的实践,实践是认同形成的基础。隐藏在日常劳动和生活实践中的体验既有身体的,也包括情绪和情感的。新工人在实践中感知、认识、发现谁是“我们”,谁是“他们”,彼此的区别是什么,确认自身的身份。

第二,叙事研究方法突出了主体性另一面:以个人劳动和日常生活为主要观照点,形成劳动、日常生活和身份认同的分析框架。学界、媒体对于新工人的研究大多基于科学的问卷调查基础上的实证分析,这符合研究者追求科学、严谨的治学要求。在这种研究中,新工人是被动的研究对象,实证研究中的数据掩盖了他们丰富的真实的实践,也难以听到这个边缘群体真实的声音与诉求:他们为什么初中毕业就外出务工;进工厂还是做服务员基于什么样的主体认识;进什么工厂做什么工种的工作,劳动的主体体验是什么;为什么新生代一个个不停地换厂子,他们在逃避什么;他们想要什么;等等。这些新生代主体的经验在实证研究盛行的学界被遮蔽了。本书探索新工人主位叙事,关注其在城市劳动、流动和日常生活的主体经验,探索主体叙事下的经验及其对他们的塑造。本书重视新工人日常生活中的自我实践,探讨现代化、城镇化宏大进程中的个人经验,将主体性的抽象概念具体化,新工人主体性体现在自我认知和自我实践中。

第三,重视日常生活中的自我实践,探索隐藏在日常生活中的身份转型。日常生活属于个人生活领域,是私人的领域,并和个人的生存与发展密切相关,是求得个人和家庭的生存和发展的最基本、最起码的日常活动,不但是非日常生活的基础,而且是整个生活的基础,具有生活的基础性和本真性。

---

① [英]E.P.汤普森:《英国工人阶级的形成》,钱乘旦等译,译林出版社 2001 年版,第997 页。

从日常生活考察新工人的身份认同，具有本真性、物质性。从农村到城市，新工人在打工中、在城市的日常生活中悄悄发生着身份和自我认同的转型，这种转型往往是潜在的、默默的、缓慢的，隐藏在日常消费、日常交往和日常观念中的转型往往还没有引起社会、学界广泛关注，我们也很少听到他们的声音。新工人的日常消费已经完全商品化和市场化，是城市市场经济的一部分。受城市市场经济的高物价影响，新工人的日常消费开支较大，经济理性也逐渐在消费中建立起来，量入为出、追求实用是新工人日常消费的主要特点。新工人的日常交往也已打破封闭的血缘、地缘关系模式，开始了以业缘关系为主的交往模式，这是新工人在交往方面的现代转向。但是，因为居住隔离和制度性约束，新工人尚难以实现与城市居民的日常交往，阻碍了新工人向市民的转化。新工人的日常休闲严重受到劳动时间太长的限制，休闲处于维持生命存在的生存性休息的层面，缺乏发展性休闲，也会影响新工人的现代性转向。日常消费、交往、休闲的上述状况，反映出新工人身份的尴尬与转变的困难。

通过分析新工人群体在不同生活空间下日常生活方式，可以看到新工人社会身份是受制度性、结构性的限制，是中国从农业社会向工业社会转型过程中社会结构的产物。新工人在这一转变中整体采取了较积极的心理调解，整体是积极向上的心态。生活中的艰难、困苦、迷惑、纠结也是观察分析新工人主体性的重要场景，彰显社会结构的制约和个体试图突破这些约束所呈现出的抗争与妥协，也从中反映新工人主体的积极主动性。本书从日常生活出发，站在弱势群体立场上展示他们的经验。

三、成为新工人的未来路径

中国自改革开放以来，已有约 2.9 亿农民工进城，让他们尽快在城市留下来并真正变为市民，而不是把城乡二元结构再复制到城市里，变成一种在城市的新二元结构，这需要满足农民工群体的诸多需要。这其中，房子、户口和工作是决定新工人能否留在城市并认同城市人的“三大件”。访谈和问卷调查都说明这三方面对新工人身份认同的重要性。国务院 2016 年 2 月印发的《国务院关于深入推进新型城镇化建设的若干意见》指出：鼓励各地区进一步放宽落户条件，除极少数超大城市外，允许农业转移人口在就业地落户。除超大城市和特大城市外，其他城市不得采取要求购买房屋、投资纳税、积分制等方式设置落户限制。

伴随中国户籍制度的改革,户口对新工人留在城市的障碍在降低,决定能否留在城市的主要方面变成住房和工作。对于已经放弃升学、考学这条出路的新工人来讲,职业化是其发展的另一主要路径。新工人的职业化需要政府、企业、社会等各方面,全方位提高制造业新工人的待遇和地位,让新工人有尊严、有出路、有保障,凭借一技之长实现人生价值。

(一)职业社会化与现代产业工人

改革开放以来,中国的农民工政策伴随形势的变化不断进行调整,国家在对农民工进行技能、学历培训方面出台了大量文件、方案并投入财政资金。如 2003 年农业部、劳动部等制定《2003~2010 年全国农民工培训规划》,2004 年农业部、财政部、教育部以及诸多部门共同发起"阳光工程",旨在对农民工进行公共财政支持的职业培训,2010 年国务院办公厅发布《国务院办公厅关于进一步做好农民工培训工作的指导意见》,2014 年《国务院关于进一步做好为农民工服务工作的意见》提出要实施农民工职业技能提升计划,并将其纳入终身职业培训体系。

职业社会化是通过与他人互动来学习一个职业的规范、态度、行为、技能、角色和价值观,是构成职业角色的知识、技能、行为、态度以及职业角色价值的获得过程。[①] 在这个过程中,新工人学习职业知识、技能,遵守职业规范和道德,扮演职业角色,确立社会经济地位,成就人生理想和价值。

随着中国产业升级、工业化发展,中国新工人从事行业将由劳动密集型产业向资金、技术密集型产业以及新兴产业转移,这就需要新工人知识、技能的提升。实现新工人的职业社会化需要从以下三个方面入手:

其一,政府层面:加强顶层设计,完善技能人才培养、使用、评价和激励机制。

由于新工人大多在初中毕业后进入城市打工,没有职业教育的经历,从事的大多是体力劳动型的工种,上岗前由企业简单培训,在职业化方面处于弱势,难以依靠其自身社会支持网络来提高职业社会化水平,因此,政府发展公共服务体系在其职业社会化过程中具有不可替代的作用。

加强政府顶层设计,政府相关部门需要完善政策、法律法规,为新工人

① 参见常伟、任智:《新生代农民工职业社会化探讨》,《湖南社会科学》2012 年第 4 期。

构建职业教育的培训体系，并通过支持政策来保障新工人职业社会化顺利进行。同时，完善技能人才培养、使用、评价和激励机制，完善新生代农民工职业保障机制。在深圳等城市，已经开始探索对新工人的职业培训。

2008 年，深圳市财政局、深圳市劳动和社会保障局联合出台了《深圳市农民工职业技能培训补贴暂行办法》，该《办法》规定：凡是在深圳就业的外来农民工，2006 年期间，只要参加过技能培训就可按照技能等级获得 100～800 元补贴。从 2007 年起到 2010 年培训 500 万在深圳就业的农民工。① 深圳的暂行办法体现了市域层次政府对农民工培训的具体的政策支持，主要采取现金补贴的方式来鼓励、支持农民工完成职业培训。

从国家宏观层次，2017 年，中共中央、国务院印发了《新时期产业工人队伍建设改革方案》，提出把产业工人队伍建设纳入国家和地方经济社会发展规划。② 2018 年 5 月 8 日，国务院颁布了《国务院关于推行终身职业技能培训制度的意见》，提出深化人力资源供给侧结构性改革，推行终身职业技能培训制度，大规模开展职业技能培训，建设知识型、技能型、创新型劳动者大军。③ 2018 年 10 月 27 日，人力资源和社会保障部、财政部印发《关于全面推行企业新型学徒制的意见》，明确了在企业全面推行以“招工即招生、入企即入校、企校双师联合培养”为主要内容的企业新型学徒制。④ 这些顶层政策设计，为新工人的专业培训发展奠定了制度基础。这些宏观政策的及时性与针对性，为建立农民工培训体系搭建了基础，政策是具有行动指向的制度性、规范性纲领，重在具体行动、实践中落实这些政策，有效实现针对农民工职业能力提升的各种培训。

其二，企业层面：改善就业环境与提高新工人参与管理的水平。

改善就业环境具体包括：保护新工人合法权益，完善新工人社会保障体

---

① 参见《深圳市财政局 深圳市劳动和社会保障局关于印发〈深圳市农民工职业技能培训补贴暂行办法〉的通知》，2008 年 2 月 20 日，深圳市人民政府网，http://www.sz.gov.cn/zfgb/2008/gb583/content/mpost_5002822.html。

② 参见中共中央、国务院：《新时期产业工人队伍建设改革方案》，2017 年 6 月 19 日，http://www.gov.cn/zhengce/2017－06/19/content_5203750.htm。

③ 参见《国务院关于推行终身职业技能培训制度的意见》，2018 年 5 月 8 日，中国政府网，http://www.gov.cn/zhengce/content/2018－05/08/content_5289157.htm。

④ 参见《人社部 财政部印发〈关于全面推行企业新型学徒制的意见〉》，2018 年 10 月 27 日，中国政府网，http://www.gov.cn/xinwen/2018－10/27/content_5334950.htm＃1。

系,满足新生代农民工的安全需要。新工人未能享受“企业公民”的权利和相应保障是影响其工作持久性与发展性的重要因素,企业有义务和社会责任为新工人建立劳动安全的保障及其他相关权益的保障。

企业人力资源管理应做好人力资源发展需求预测和规划,应针对新工人的特征,指导其进行职业生涯规划,将个人职业能力发展融入企业的长远战略规划中,培养新工人对于企业的主人翁意识和共同体意识。这样既能帮助新工人建立职业发展的个人规划,也能将个人职业发展与企业发展建立联系,培养共同发展的共同体意识,有利于企业的持续发展。

企业需要灵活采取岗前培训、学徒培训、在岗培训、脱产培训等方式,大幅提升新工人的技能水平,使新工人有多层次进修、培训、锻炼的机会,同时引导新工人参与企业管理、提升新工人管理水平。对新工人而言,参与企业管理满足了其被尊重、被关心的需要,为其提供实现职业价值和人生意义的条件,体验到一种组织认同感、工作责任感,使其与企业同命运、共患难,在参与管理过程中促进其职业社会化水平的提高。

其三,新工人层面:加强职业自我教育与提升。

职业社会化与自我教育是新工人根据职业发展要求,发挥主体能动性,有意识地把职业作为自我教育的对象,以提高和完善职业素质而进行的,涵盖职业知识、职业技能、职业行为与态度以及职业角色价值的获得等各个方面的教育活动,促进新工人职业社会化水平的提高。提升职业社会化自我塑造水平,关键在于加强新工人职业自我教育,即自我指导、自我训练,鼓励新工人深造,提高自身职业素质与职业技能,提高职业适应能力的过程。

(二)家庭友好型安居政策与城市居民

随着新型城镇化建设的推进,城镇落户的限制逐渐取消,农民落户城镇难度变小,户籍对于新工人市民化的意义也在降低。《中国美好生活大调查(2020～2021)》发现,在不同家庭住房情况人群中,自己有房子的人幸福感最高,租房的人幸福感最低。变动的租金、时不时地搬家,让人劳心劳力,磨掉不少幸福感。2018 年全国农民工监测调查报告显示,在进城农民工中,购买住房的占 19%,租房居住的占 61.3%,单位或雇主提供住房的占 12.9%,

享受保障性住房的占 2.9%。[①] 农民工市民化进程中最大的消费支出是住房，最大的困难还是住房，住房对农民工的地位认知和城市身份认同都有显著影响。

夏柱智和贺雪峰提出：中国农民在城市化过程中形成了“以代际分工为基础的半工半耕”生计模式，是转型期农民家庭再生产的一般方式。在这种家庭再生产过程中，农民在城乡之间双向流动和通过代际接力方式快速城市化。[②] 城市化能从根本上斩断新工人对土地的自然依赖和消除自然关系对新工人的创造性的束缚，给新工人带来全新的、开放式的、创新的、流动的、充满活力的生活方式，为理性的、自由的、创造性的文化模式的确立奠定坚实的基础。而能在城市购房并安居，标志着农民工代际接力的结束。居住空间的隔离和无法实现家庭整体的迁移，不利于新工人留在城市、融入城市并顺利完成身份从农村人向城市人的转换，完成生活方式的现代性转向。

研究证明：住房状况对于农民工的市民化和身份认同来说至关重要。无论在哪一级别城市中，自有住房对农民工市民身份的认同影响都是正向的。住房条件越好，农民工的市民身份认同越强，住房是影响农民工身份认同的最重要因素。相对于租房来说，自有住房更有利于形成本地人身份认同，而非正规住房则显著降低本地人身份认同。公租房能够提升农民工的身份认同，单位提供住房则降低了农民工的身份认同，其认同感低于租房群体。[③]

住房正成为中国城镇化道路的一种塑造力量。[④] 推进新工人市民化，住房政策非常重要。所以，家庭友好型安居是破解新工人难以融入城市问题的最佳切入点。广州市《来穗务工人员申请承租市本级公共租赁住房实施细则》，明确两类来穗务工人员在符合相关条件下可申请公租房，可以家庭

---

① 参见祝仲坤、冷晨昕：《住房状况、社会地位与农民工的城市身份认同——基于社会融合调查数据的实证分析》，《中国农村观察》2018 年第 1 期。

② 参见夏柱智、贺雪峰：《半工半耕与中国渐进城镇化模式》，《中国社会科学》2017 年第 12 期。

③ 参见赵卫华、郝秋晨：《住房消费、城市级别与农民工的市民身份认同》，《社会发展研究》2019 年第 4 期。

④ 参见赵卫华、郝秋晨：《住房消费、城市级别与农民工的市民身份认同》，《社会发展研究》2019 年第 4 期。

名义或是个人名义申请。[①] 广州市于2019年12月3日推出420套公共租赁住房,供应符合条件的来穗务工人员,12月10日起接受网上预申请,2020年4月9日公开进行摇号分配。[②]

2020年5月底以来,中国各地公租房政策频繁发布,多地调整公租房政策,上海、西安、武汉等人口流入较为集中的一、二线城市,陆续发布了公租房调整政策,对公租房体系在保障群体、收费模式、资金来源等多个领域进行改革。上海提出进一步关注公交职工、环卫工人、家政服务、快递员的居住困难问题,筹建"宿舍型公租房源"。[③] 这些公租房政策调整体现的一个重要改革方向是,一、二线城市住房保障体系的重点开始从满足户籍人口住房需求,转向满足常住人口住房需求。

对于推进新工人市民化而言,住房保障政策变得更加重要,新工人能够在城市买房或者享受到政府提供的公租房,更可能形成本地人的身份认同。但是,目前中国住房保障政策还很少惠及新工人,无论公租房、廉租房,还是经济适用房制度,都是嵌入在单位体制之下的,对于农民工还存在制度上的障碍。因此,推进新工人市民化必须从制度、政策上考虑住房问题。

从政策突破主要包括:进一步加大资金投入,通过兴建廉租房小区、收购闲置二手房转租等措施,逐步构建起面向新工人的廉租住房体系。同时,要加强住房保障,深圳市提出自2018年起,新增居住用地中保障性住房建设比例将不低于六成。[④] 根据不同级别的城市选择不同的住房政策,不宜一刀切。研究表明:城市级别越高,住房保障政策特别是公租房政策对新工人身份认同感的增强越明显,这种效果随着城市级别的降低而降低[⑤],在五线城市,政府公租房政策却降低了新工人的身份认同感。鉴于不同城市住房市

① 参见《〈来穗务工人员申请承租市本级公共租赁住房实施细则〉正式出台》,2017年9月7日,广州市人民政府网,http://www.gz.gov.cn/zwgk/zdly/zfbz/zfbzgzxx/content/post_3094470.html。

② 参见广州市来穗人员服务管理局:《我市推出分配420套来穗务工人员公共租赁住房》,2019年12月3日,http://lsj.gz.gov.cn/gzdt/content/post_5441213.html。

③ 参见中国质量万里行:《多地调整公租房政策 满足户籍人口住房需求》,2020年6月23日,https://baijiahao.baidu.com/s? id=1670263641521241767&wfr=spider&for=pc。

④ 参见《深圳:2018年起新增居住用地中保障住房占比不低于60%》,2018年6月5日,央广网,https://www.sohu.com/a/234166809_362042。

⑤ 参见赵卫华、郝秋晨:《住房消费、城市级别与农民工的市民身份认同》,《社会发展研究》2019年第4期。

场供给的差异较大，房价差异较大，住房保障政策因城施策效果会更好。目前，不同级别城市房价、房屋供给量不断分化，在房价较高的城市，新工人依靠自身力量购买住房的可能性较小，住房保障成为他们融入城市的关键影响因素。在小城市，特别是人口流出较多的小城市，住房市场不景气，房租也不高，廉租房不宜作为住房政策的重点。

四、关于研究的再思考

1991 年的电视剧《外来妹》讲述了小云、凤珍、阿芳、秀英、玉兰、靓女六个农村姑娘进城打工的故事。在打工过程中，六个外来妹在磨难中逐渐分化，各自踏上了不同的路：靓女因为伤残最终返回了山里；秀英为了金钱而坠入暗道；玉兰与当地小食店的老板福生结了婚；秀珍本打算回到山里结婚再也不外出打工，却发现自己已经不能适应老家了，再次带领一帮小姐妹外出打工；小云成为乡里第一间乡办玩具厂的厂长。六个姑娘一起外出打工，但经历、体验、能力、机遇等差异使她们最终发生了分化。今天的新工人同样在发生着内部的分化，对各自的身份认同也出现了个体差异，未来新工人的身份认同必然会出现较大分化。但是外出务工，在城市的劳动和日常生活的实践、体验改变了新工人：怀揣美好愿景进城打工，城市的打工生活却没有想象的那般美好。返乡结婚成为大多数新生代在现有结构、制度下的理性选择。但是进城打工中，工业生产的现代化时间、规范、管理，城市的生活方式、观念、环境等在日久天长中潜移默化地影响着新工人的行为和思维，进城打工的经历和思想的悄然变化隐藏在日常生活中，分散在日常生活的各个方面。

从农村外出务工的新工人清醒地知道改变农村人命运未必是一代人能完成了的，也许需要两代、三代甚至更多，未能马上改变农民身份不代表不认同城市人身份、不向往城市生活。返乡的新工人在隐忍与坚守中，在下一代的成长发展中融入城市生活的体验与希望，在下一代的成长中赋予了自己未竟的进城梦想，以己为梯，为下一代铺垫更好的未来。中国新工人的顽强、执着、坚韧、机智、应变都令我们感叹，更值得学界持续关注和研究。

随着中国全面建成小康社会目标的实现，全国开启了推动共同富裕的新征程。《中华人民共和国国民经济和社会发展第十四个五年规划和 2035 年远景目标纲要》明确提出："人的全面发展、全体人民共同富裕取得更为明显的实质性进展。"对于目前促进共同富裕,从社会群体角度,有两个着力点要特别注意:第一个是已经脱贫的1亿人,需要将脱贫攻坚战的政策与乡村振兴政策实现有效衔接,谨防他们返贫;第二个就是在城市工作的近2.9亿的农民工,尽快实现这个群体从农民工变为新市民,而不是把城乡二元结构再复制到城市里,形成一种新的城市里的二元结构。实现农民工群体的整体市民化,不仅关系国家的城镇化进程与速度,也关系我们共同富裕的进程与速度;同时,从国家宏观上促进东、中、西部均衡发展,积极培育、推动中西部地方特色产业发展,增加公共设施和公共服务的投入,缩小地区差距,使返乡农民工实现就近创业和就业,探索中西部新型城镇化,值得学界持续关注和深入研究。

附录　接受访谈的新工人信息

序号	姓名	性别	出生时间	婚姻状况	户籍地	学历	职业	居住状况	访谈地点
1	XPL	女	1988 年	单身	山东省泰安市	初中技校	社会工作者	单位集体宿舍	青岛市城阳区
2	GXX	女	1991 年	已订婚	山东省济宁市	初中毕业	服装加工	单位集体宿舍	临沂市兰山区
3	WL	女	1991 年	未婚	山东省济宁市	初中辍学	焊接工/制冷公司	自租房	青岛市城阳区
4	LXY	女	1990 年	未婚	山东省莒县	初中毕业	社会工作者	单位集体宿舍	青岛市城阳区
5	XX	女	1978 年	已婚	河南省濮阳市	初中辍学	服装加工	自租房	青岛市城阳区
6	ZLX	女	1993 年	已订婚	山东省菏泽市	初中辍学	服装加工	自租房	青岛市城阳区
7	SXJ	女	1989 年	已订婚	山东省菏泽市	初中辍学	服装加工	自租房	临沂市兰山区

续表

序号	姓名	性别	出生时间	婚姻状况	户籍地	学历	职业	居住状况	访谈地点
8	LHH	女	1990 年	已婚	山东济宁	初中辍学	服装女工	自租房	青岛城阳区
9	YXW	女	1990 年	已婚	山东省平度市	初中毕业	服装加工	自租房	青岛市城阳区
10	ZY	男	1988 年	已婚	山东省临沂市	初中毕业	服装加工	自租房	临沂市兰山区
11	YX	女	1990 年	已婚	河北省保定市	初中毕业	箱包加工	自租房	青岛市城阳区
12	GHQ	女	1990 年	未婚	河南濮阳	高中毕业	甜点师	单位集体宿舍	青岛市城阳区
13	WQ	男	1981 年	已婚	内蒙古扎兰屯市	高中毕业	机械加工	自有房	青岛市城阳区
14	ZBH	男	1986 年	未婚	山东省聊城市	初中毕业	服装加工	自租房	青岛市城阳区
15	LQ	男	1986 年	已婚	山东省聊城市	初中毕业	服装加工转交通广播	自租房	青岛市城阳区
16	LLL	男	1987 年	未婚	山东省潍坊市	初中毕业	机械加工转社会工作者	单位集体宿舍	青岛市城阳区
17	ZJQ	男	1989 年	未婚	山东省聊城市	高中毕业	机械加工	自租房	青岛市城阳区
18	XC	男	1984 年	未婚	山东省泰安市	高中毕业	社会工作者	单位集体宿舍	青岛市城阳区

续表

序号	姓名	性别	出生时间	婚姻状况	户籍地	学历	职业	居住状况	访谈地点
19	TXK	男	1985 年	未婚	山东省聊城市	初中毕业	工艺品加工	自租房	青岛市城阳区
20	WYM	女	1984 年	未婚	山东省聊城市	初中辍学	服装女工	自租房	青岛市城阳区
21	JYM	女	1988 年	未婚	山东省聊城市	初中辍学	服装女工	自租房	青岛市城阳区
22	CLL	男	1990 年	未婚	山东省泰安市	初中毕业	服装男工	自租房	青岛市城阳区
23	LHX	女	1980 年	已婚	山东省聊城市	初中辍学	电子厂	自租房	青岛市城阳区
24	FZM	女	1981 年	已婚	河南省濮阳市	初中辍学	工艺品厂	自租房	青岛市城阳区
25	CGW	男	1983 年	已婚	河南省濮阳市	初中毕业	服装一机械厂	自租房	青岛市城阳区
26	MYD	男	1984 年	未婚	山东省蒙阴市	专科	石油机械	自租房	青岛市城阳区
27	YJ	男	1978 年	离婚未再婚	湖北省黄冈市	高中辍学	石油机械	自租房	青岛市城阳区
28	ZT	男	1989 年	未婚	山东省泰安市	初中辍学	服装加工	自租房	青岛市城阳区
29	WFK	男	1989 年	未婚	山东省济宁市	初中辍学	电焊工	自租房	青岛市城阳区
30	LTL	男	1989 年	已婚	山东省临沂市	初中毕业	机械加工	单位宿舍	青岛市城阳区

续表

序号	姓名	性别	出生时间	婚姻状况	户籍地	学历	职业	居住状况	访谈地点
31	BH	男	1990年	未婚	青岛市四方区	高职	石油机械	自租房	青岛市城阳区
32	YDB	男	1990年	已婚	黑龙江哈尔滨	初中辍学	服装加工	自租房	青岛市城阳区
33	LXL	女	1988年	已订婚	山东省莒县	初中毕业	制冷公司	自租房	临沂市兰山区
34	SZM	男	1991年	未婚	山东济宁汶上	初中毕业	工艺品厂	自租房	临沂市兰山区
35	GYN	男	1991年	未婚	山东省济宁市	高中毕业	机械厂	自租房	青岛市城阳区
36	YDB	男	1990年	已婚	黑龙江齐齐哈尔	初中毕业	皮革厂	自租房	青岛市城阳区
37	Z1	女	"80后"	已婚	山东省滨州市	初中毕业	服装加工	自有房,已落户	淄博市淄川区
38	Z2	女	"90后"	未婚	山东省泰安市	大专毕业	服装加工	集体宿舍	淄博市淄川区
39	Z3	女	"80后"	已婚	山东省临沂市	初中毕业	服装加工	自有房已落户	淄博市淄川区
40	Z4	女	"90后"	未婚	山东省菏泽市	中专毕业	服装加工	集体宿舍	淄博市淄川区
41	Z5	女	"90后"	未婚	山东济南章丘	中专毕业	服装加工	集体宿舍	淄博市淄川区
42	Z6	女	"80后"	未婚	山东泰安新泰	初中肄业	服装加工	集体宿舍	淄博市淄川区

续表

序号	姓名	性别	出生时间	婚姻状况	户籍地	学历	职业	居住状况	访谈地点
43	Z7	女	1978年	已婚	山东省滨州市	初中毕业	服装加工	自有房，已落户	淄博市淄川区
44	Z8	女	“90后”	已婚	山东淄博沂源	初中毕业	服装加工	自有房已落户	淄博市淄川区
45	Z9	女	“80后”	未婚	山东省泰安市	初中毕业	服装加工	集体宿舍	淄博市淄川区
46	Z10	女	1981年	已婚	山东淄博沂源	初中毕业	服装加工	自租房	淄博市淄川区
47	Z11	女	1976年	已婚	山东省泗水县	初中毕业	服装加工	自租房	淄博市淄川区
48	Z12	女	“80后”	已婚	山东省济宁市	初中毕业	服装加工	自租房	淄博市淄川区
49	Z13	男	1992年	未婚	山东省东营市	初中毕业	服装加工	自有房	淄博市淄川区
50	LHM	女	1986年	已婚	湖南省邵阳市	初中毕业	电子厂	自有房	广州番禺区
51	ZJJ	女	1987年	已婚	湖南省邵阳市	初中毕业	电子厂	自租房	广州番禺区
52	WXQ	女	1990年	未婚	广西壮族自治区百色市	初中毕业	电子厂	自租房	广州番禺区
53	HYS	女	1990年	未婚	广东省梅州市	初中毕业	电子厂	自租房	广州番禺区
54	HJH	男	1984年	未婚	贵州省遵义市	大学毕业	电子厂	自租房	广州番禺区

续表

序号	姓名	性别	出生时间	婚姻状况	户籍地	学历	职业	居住状况	访谈地点
55	LQH	女	1987 年	已婚	江西省赣州市	大学毕业	企业外贸	自租房	广州番禺区
56	JCS	男	1978 年	未婚	江西省赣州市	高中毕业	锁厂	自租房	中山市
57	DXM	男	1993 年	未婚	湖南省邵阳市	初中辍学	家具厂	自租房	中山市
58	ZSJ	男	1985 年	已婚	云南省普洱市	初中辍学	家具厂	集体租房	中山市
59	XL	女	1990 年	未婚	广东省韶关	高中辍学	家具生产	自租房	中山市
60	LWY	男	1987 年	未婚	广西壮族自治区桂林市	初中辍学	制鞋厂	自租房	中山市
61	JYN	男	1993 年	未婚	山东省巨野县	初中辍学	服装加工	自租房	菏泽巨野县
62	JYN2	男	1990 年	已婚	山东省巨野县	初中辍学	电子产品制造	自租房	菏泽巨野县
63	LFH	女	1990 年	已订婚	山东省巨野县	初中辍学	服装加工	自租房	菏泽巨野县
64	CXN	男	1990 年	未婚	山东省曹县	高中毕业	汽车配件制造	单位宿舍	菏泽巨野县
65	AHN	女	1982 年	已婚	安徽省阜阳市	初中辍学	电子产品加工	自租房	上海浦东区
66	NHN2	女	1981 年	已婚	安徽省阜阳市	初中辍学	电子产品加工	自租房	上海浦东区

续表

序号	姓名	性别	出生时间	婚姻状况	户籍地	学历	职业	居住状况	访谈地点
67	AHN3	女	1982 年	已婚	安徽省阜阳市	初中辍学	电子产品加工	自租房	上海浦东区
68	AHN4	女	1978 年	已婚	安徽省六安市	初中辍学	新生活馆工作人员	自租房	上海浦东区
69	WHX	女	1985 年	未婚	吉林省延吉市	本科	工友之家工作人员	自租房	北京市P村

参考文献

一、专著类

[1][美]约翰·罗尔斯:《正义论》,何怀宏等译,中国社会科学出版社1988年版。

[2][匈]阿格妮丝·赫勒:《日常生活》,衣俊卿译,重庆出版社1990年版。

[3][法]赫勒·列斐伏尔:《论日常生活》,云南人民出版社1998年版。

[4]陈向明:《质的研究方法与社会科学研究》,教育科学出版社2000年版。

[5][美]卡拉·亨德森等:《女性休闲:女性主义的视角》,刘耳等译,云南人民出版社2000年版。

[6][美]W.I.托马斯、[波兰]F.兹纳涅茨基:《身处欧美的波兰农民》,张友云译,译林出版社2000年版。

[7][英]E.P.汤普森:《英国工人阶级的形成》,钱乘旦等译,译林出版社2001年版。

[8]费孝通:《江村经济——中国农民的生活》,商务印书馆2001年版。

[9]风笑天:《现代社会调查方法》,华中科技大学出版社2001年版。

[10]马克思:《资本论》第1卷,人民出版社2004年版。

[11][法]皮埃尔·布迪厄、[美]华康德:《实践与反思——反思社会学导引》,李猛、李康译,中央编译出版社2004年版。

[12]吴波:《现阶段中国社会阶级阶层分析》,清华大学出版社2004年版。

[13][美]流心:《自我的他性:当代中国的自我系谱》,常姝译,上海人民出版社 2005 年版。

[14]史柏年:《城市边缘人——进城“农民工”家庭及其子女问题研究》,社会科学文献出版社 2005 年版。

[15]谢建社:《新产业工人阶层——社会转型中的“农民工”》,社会科学文献出版社 2005 年版。

[16][澳]杰华:《都市里的农家女》,吴小英译,江苏人民出版社 2006 年版。

[17]李友梅、肖瑛、黄晓春:《社会认同:一种结构视野的分析》,上海人民出版社 2007 年版。

[18][美]艾米娅·利布里奇等:《叙事研究:阅读、分析和诠释》,王红艳主译,重庆大学出版社 2008 年版。

[19]陈向明主编:《质性研究:反思与评论》,重庆大学出版社 2008 年版。

[20]费孝通:《费孝通全集》,内蒙古人民出版社 2009 年版。

[21][法]阿尔弗雷德·格罗塞:《身份认同的困境》,王鲲译,社会科学文献出版社 2010 年版。

[22][法]H.孟德拉斯:《农民的终结》,李培林译,社会科学文献出版社 2010 年版。

[23]贺雪峰:《乡村社会关键词:进入 21 世纪的中国乡村素描》,山东人民出版社 2010 年版。

[24]陆学艺:《当代中国社会结构》,社会科学文献出版社 2010 年版。

[25]农业部产业政策与法规司:《农村劳动力结构现状》,《中国农业年鉴(2010)》,中国农业出版社 2010 年版。

[26]谢立中主编:《日常生活的现象学社会学分析》,社会科学文献出版社 2010 年版。

[27]郭星华:《漂泊与寻根——流动人口的社会认同研究》,中国人民大学出版社 2011 年版。

[28]雷开春:《城市新移民的社会认同——感性依恋与理性策略》,上海社会科学院出版社 2011 年版。

[29]李强:《社会分层十讲》,社会科学文献出版社 2011 年版。

[30][澳]迈克尔·A.豪格、[美]多米尼克·阿布拉姆斯:《社会认同过

程》,高明华译,中国人民大学出版社 2011 年版。

[31]潘毅:《中国女工:新兴打工者主体的形成》,任焰译,九州出版社 2011 年版。

[32][美]詹姆斯·C.斯科特:《弱者的武器》,郑广怀、张敏、何江穗译,译林出版社 2011 年版。

[33]张乐天、徐连明、陶建杰等:《进城农民工文化人格的嬗变》,华东理工大学出版社 2011 年版。

[34]《马克思恩格斯选集》第 3 卷,人民出版社 2012 年版。

[35][英]保罗·威利斯:《学做工:工人阶级子弟为何继承父业》,秘舒、凌旻华译,译林出版社 2012 年版。

[36][英]齐格蒙特·鲍曼:《流动的时代:生活于充满不确定性的时代》,谷蕾、武媛媛译,江苏人民出版社 2012 年版。

[37]孙秀艳:《演进与形塑:青年公务员的社会认同》,社会科学文献出版社 2012 年版。

[38]杨华:《隐藏的世界:农村妇女的人生归属与生命意义》,中国政法大学出版社 2012 年版。

[39]叶继红:《农民集中居住与移民文化适应》,社会科学文献出版社 2013 年版。

[40]费孝通:《行行重行行——中国城乡及区域发展调查》,群言出版社 2014 年版。

[41]贺雪峰:《城市化的中国道路》,东方出版社 2014 年版。

[42][美]欧文·戈夫曼:《日常生活中的自我呈现》,周怡译,北京大学出版社 2016 年版。

[43]刘成斌:《农民工的终结》,社会科学文献出版社 2017 年版。

[44]尤西林:《阐释并守护世界意义的人》,华东师范大学出版社 2017 年版。

[45]刘小年:《农民工:生存条件、公共政策与市民化》,中国政法大学出版社 2018 年版。

[46]《马克思恩格斯全集》第 37 卷,人民出版社 2019 年版。

[47]温馨、王晓峰:《农民工市民化研究——基于农民工内部分化的视角》,中国社会科学出版社 2020 年版。

[48]杨高:《深圳农民工聚居区空间演变及形成机制研究》,科学出版社2021年版。

二、论文类

[1]刘伟、平新乔:《对我国经济发展过程中流民的考察》,《经济研究》1989年第6期。

[2]齐同现:《河南"民工潮"的现状》,《中国农村观察》1995年第2期。

[3]"外来农民工"课题组:《珠江三角洲外来农民工状况》,《中国社会科学》1995年第4期。

[4]王汉生、刘世定、孙立平、项飚:《"浙江村":中国农民进入城市的一种独特方式》,《社会学研究》1997年第1期。

[5]唐灿、冯小双:《"河南村"流动农民的分化》,《社会学研究》2000年第4期。

[6]王春光:《新生代农村流动人口的社会认同与城乡融合的关系》,《社会学研究》2001年第3期。

[7]刘林平:《外来人群体中的关系运用——以深圳"平江村"为个案》,《中国社会科学》2001年第5期。

[8]赵延东:《再就业中的社会资本:效用与局限》,《社会学研究》2002年第4期。

[9]杨国荣:《日常生活的本体论意义》,《华东师范大学学报》(哲学社会科学版)2003年第2期。

[10]王春光:《农民工:一个正在崛起的新工人阶层》,《学习与探索》2005年第1期。

[11]高文书:《进城农民工就业状况及收入影响因素分析——以北京、石家庄、沈阳、无锡和东莞为例》,《中国农村经济》2006年第1期。

[12]符平:《青年农民工的城市适应:实践社会学研究的发现》,《社会》2006年第2期。

[13]王春光:《农村流动人口的"半城市化"问题研究》,《社会学研究》2006年第5期。

[14]中国农民工问题研究总报告起草组:《中国农民工问题研究总报告》,《改革》2006年第5期。

[15]黄宗智:《制度化了的“半工半耕”过密型农业》,《经济管理文摘》2006年第9期。

[16]李培林、李炜:《农民工在中国转型中的经济地位和社会态度》,《社会学研究》2007年第3期。

[17]简新华、黄锟:《中国农民工最新生存状况研究——基于765名农民工调查数据的分析》,《人口研究》2007年第6期。

[18]刘林平、张春泥:《农民工工资:人力资本、社会资本、企业制度还是社会环境?——珠江三角洲农民工工资的决定模型》,《社会学研究》2007年第6期。

[19]城市化进程中的农民工问题课题组:《珠江三角洲农民工调查报告(2006)》,《珠江经济》2007年第8期。

[20]汪勇:《“农民工”称谓的历史演变及其启示》,《社会学研究》2007年第11期。

[21]蒋远胜、申志伟:《建立农民工医疗保障的两难困境与对策——基于四川省成都市五城区农民工的调查分析》,《农村经济》2008年第1期。

[22]何明洁:《工作:自我转换的平台——服务业青年女性农民工日常工作研究》,《当代青年研究》2008年第2期。

[23]王德文、蔡昉、张国庆:《农业迁移劳动力就业与工资决定:教育与培训的重要性》,《经济学(季刊)》2008年第4期。

[24]农民工城市贫困项目课题组:《农民工生活状况、工资水平及公共服务:对北京、广州、南京、兰州的调查》,《改革》2008年第7期。

[25]邓大才:《农民打工:动机与行为逻辑——劳动力社会化的动机—行为分析框架》,《社会科学战线》2008年第9期。

[26]黄祖辉、刘雅萍:《农民工就业代际差异研究——基于杭州市浙江籍农民工就业状况调查》,《农业经济问题》2008年第10期。

[27]王子、叶静怡:《农民工工作经验和工资相互关系的人力资本理论解释——基于北京市农民工样本的研究》,《经济科学》2009年第1期。

[28]涂玉华:《不同群体社保权益公平性问题研究——以河南省郑州市农民工与城市工人生存状况的比较为例》,《经济问题探索》2009年第2期。

[29]黄乾:《城市农民工的就业稳定性及其工资效应》,《人口研究》2009年第3期。

[30]柳建平、张永丽:《劳动力流动对贫困地区农村经济的影响——基于甘肃10个贫困村调查资料的分析》,《中国农村观察》2009年第3期。

[31]章元、陆铭:《社会网络是否有助于提高农民工的工资水平?》,《管理世界》2009年第3期。

[32]蔡禾、贾文娟:《路桥建设业中包工头工资发放的“逆差序格局”:“关系”降低了谁的市场风险》,《社会》2009年第5期。

[33]黄乾:《两种就业类型农民工工资收入差距的比较研究》,《财经问题研究》2009年第6期。

[34]潘毅、卢晖临、严海蓉、陈佩华、萧裕均、蔡禾:《农民工:未完成的无产阶级化》,《开放时代》2009年第6期。

[35]陈民恳:《金融危机下农民工就业影响因素的实证分析——基于宁波市外来人口的就业调查》,《统计与信息论坛》2009年第11期。

[36]王晓磊:《社会空间论》,华中科技大学博士学位论文,2010年。

[37]丁守海:《最低工资管制的就业效应分析——兼论〈劳动合同法〉的交互影响》,《中国社会科学》2010年第1期。

[38]李晓峰、王晓方、高旺盛:《北京市农民工工资差异分解分析》,《农业经济问题》2010年第2期。

[39]杨菊华:《对新生代流动人口的认识误区》,《人口研究》2010年第2期。

[40]谢勇:《最低工资制度在农民工就业中的落实情况及影响因素研究》,《经济管理》2010年第3期。

[41]陈云松、范晓光:《社会学定量分析中的内生性问题:测估社会互动的因果效应研究综述》,《社会》2010年第4期。

[42]李实、杨修娜:《农民工工资的性别差异及其影响因素》,《经济社会体制比较》2010年第5期。

[43]梁玉成:《社会资本和社会网无用吗?》,《社会学研究》2010年第5期。

[44]潘毅、卢晖临、张慧鹏:《阶级的形成:建筑工地上的劳动控制与建筑工人的集体抗争》,《开放时代》2010年第5期。

[45]叶静怡、周晔馨:《社会资本转换与农民工收入——来自北京农民工调查的证据》,《管理世界》2010年第10期。

[46]姚俊:《流动就业类型与农民工工资收入——来自长三角制造业的经验数据》,《中国农村经济》2010 年第 11 期。

[47]张世勇:《生命历程视角下的返乡农民工研究》,华中科技大学博士学位论文,2011 年。

[48]吴愈晓:《劳动力市场分割、职业流动与城市劳动者经济地位获得的二元路径模式》,《中国社会科学》2011 年第 1 期。

[49]孙晓娥、边燕杰:《留美科学家的国内参与及其社会网络强弱关系假设的再探讨》,《社会》2011 年第 2 期。

[50]丁守海:《劳动剩余条件下的供给不足与工资上涨——基于家庭分工的视角》,《中国社会科学》2011 年第 5 期。

[51]杨菊华:《城乡分割、经济发展与乡—城流动人口的收入融入研究》,《人口学刊》2011 年第 6 期。

[52]谢启文:《"80 后"农民工的社会认同与城市融入》,《重庆社会科学》2011 年第 12 期。

[53]符平、唐有财:《新生代农民工的流动图景》,《文化纵横》2012 年第 1 期。

[54]熊易寒:《新生代打工者与权利意识的上升》,《文化纵横》2012 年第 1 期。

[55]林辉煌:《江汉平原的农民流动与阶层分化:1981～2010——以湖北曙光村为考察对象》,《开放时代》2012 年第 3 期。

[56]常伟、任智:《新生代农民工职业社会化探讨》,《湖南社会科学》2012 年第 4 期。

[57]黄岩:《工厂外的赶工游戏——以珠三角地区的赶货生产为例》,《社会学研究》2012 年第 4 期。

[58]崔岩:《流动人口心理层面的社会融入和身份认同问题研究》,《社会学研究》2012 年第 5 期。

[59]李培林、田丰:《中国农民工社会融入的代际比较》,《社会》2012 年第 5 期。

[60]陈锡文:《中国城镇化进程中的"三农"问题》,《国家行政学院学报》2012 年第 6 期。

[61]卢锋:《中国农民工工资走势:1979～2010》,《中国社会科学》2012

年第 7 期。

[62]李小瑛、赵忠:《城镇劳动力市场雇佣关系的演化及影响因素》,《经济研究》2012 年第 9 期。

[63]熊易寒:《新生代农民工与公民权政治的兴起》,《开放时代》2012 年第 11 期。

[64]汪建华:《实用主义团结——基于珠三角新工人集体行动案例的分析》,《社会学研究》2013 年第 1 期。

[65]汪建华、孟泉:《新生代农民工的集体抗争模式——从生产政治到生活政治》,《开放时代》2013 年第 1 期。

[66]张春泥、谢宇:《同乡的力量:同乡聚集对农民工工资收入的影响》,《社会》2013 年第 1 期。

[67]陈云松、比蒂・沃克尔、亨克・弗莱普:《"找关系"有用吗——非自由市场经济下的多模型复制与拓展研究》,《社会学研究》2013 年第 3 期。

[68]张艳华、沈琴琴:《农民工就业稳定性及其影响因素——基于 4 个城市调查基础上的实证研究》,《管理世界》2013 年第 3 期。

[69]杨宜音:《新生代农民工过渡性身份认同及其特征分析》,《云南师范大学学报》(哲学社会科学版)2013 年第 5 期。

[70]常凯:《劳动关系的集体化转型与政府劳工政策的完善》,《中国社会科学》2013 年第 6 期。

[71]何炤华、杨菊华:《安居还是寄居?不同户籍身份流动人口居住状况研究》,《人口研究》2013 年第 6 期。

[72]赵晔琴:《身份建构逻辑与群体性差异的表征——基于巴黎东北新移民的实证调查》,《社会学研究》2013 年第 6 期。

[73]范晓非、王千、高铁梅:《预期城乡收入差距及其对我国农村劳动力转移的影响》,《数量经济技术经济研究》2013 年第 7 期。

[74]杨菊华、张莹、陈志光:《北京市青年流动人口行为适应比较研究》,《青年研究》2013 年第 7 期。

[75]吴重庆:《"界外":中国乡村"空心化"的反向运动》,《开放时代》2014 年第 1 期。

[76]郑莉:《东南亚华人的同乡同业传统——以马来西亚芙蓉坡兴化人为例》,《开放时代》2014 年第 1 期。

[77]毛小平:《购房:制度变迁下的住房分层与自我选择性流动》,《社会》2014 年第 2 期。

[78]盛亦男:《流动人口家庭化迁居水平与迁居行为决策的影响因素研究》,《人口学刊》2014 年第 3 期。

[79]游正林:《对中国劳动关系转型的另一种解读——与常凯教授商榷》,《中国社会科学》2014 年第 3 期。

[80]褚荣伟、熊易寒、邹怡:《农民工社会认同的决定因素研究:基于上海的实证分析》,《社会》2014 年第 4 期。

[81]卢晖临、潘毅:《当代中国第二代农民工的身份认同、情感与集体行动》,《社会》2014 年第 4 期。

[82]辜胜阻、李睿、曹誉波:《中国农民工市民化的二维路径选择——以户籍改革为视角》,《中国人口科学》2014 年第 5 期。

[83]汪建华、黄斌欢:《留守经历与新工人的工作流动——农民工生产体制如何使自身面临困境》,《社会》2014 年第 5 期。

[84]郭震:《基于内生选择性转换模型的劳动力城乡转移动因分析》,《农业技术经济》2014 年第 10 期。

[85]范晓光、陈云松:《中国城乡居民的阶层地位认同偏差》,《社会学研究》2015 年第 4 期。

[86]魏万青:《从职业发展到家庭完整性:基于稳定城市化分析视角的农民工入户意愿研究》,《社会》2015 年第 5 期。

[87]张国清:《分配正义与社会应得》,《中国社会科学》2015 年第 5 期。

[88]李雪松、黄彦彦:《房价上涨、多套房决策与中国城镇居民储蓄率》,《经济研究》2015 年第 9 期。

[89]杨华:《中国农村的"半工半耕"结构》,《农业经济问题》2015 年第 9 期。

[90]黄岩、刘剑:《激活"稻草人":东莞裕元罢工中的工会转型》,《西北师大学报》(社会科学版)2016 年第 1 期。

[91]李代、张春泥:《外出还是留守?——农村夫妻外出安排的经验研究》,《社会学研究》2016 年第 5 期。

[92]黄剑:《陌生人社会中日常生活的确定性及其运行框架》,《中央民族大学学报》(哲学社会科学版)2016 年第 6 期。

[93]罗丞:《安居方能乐业:居住类型对新生代农民工市民化意愿的影响研究》,《西北人口》2017 年第 2 期。

[94]汪仕凯:《国家发展战略下的新工人:集体行动与权利意识》,《广东社会科学》2017 年第 2 期。

[95]夏柱智、贺雪峰:《半工半耕与中国渐进城镇化模式》,《中国社会科学》2017 年第 12 期。

[96]祝仲坤、冷晨昕:《住房状况、社会地位与农民工的城市身份认同——基于社会融合调查数据的实证分析》,《中国农村观察》2018 年第 1 期。

[97]孙中伟、刘明巍、贾海龙:《内部劳动力市场与中国劳动关系转型——基于珠三角地区农民工的调查数据和田野资料》,《中国社会科学》2018 年第 7 期。

[98]赵卫华、郝秋晨:《住房消费、城市级别与农民工的市民身份认同》,《社会发展研究》2019 年第 4 期。

[99]付海莲、邱耕田:《如何以劳动创造美好生活》,《上海师范大学学报》(哲学社会科学版)2021 年第 2 期。

[100]徐勇、张慧慧:《规划性变迁视角下的农民工走向与对策》,《理论与改革》2021 年第 2 期。

[101]李培林:《中国式现代化和新发展社会学》,《中国社会科学》2021 年第 12 期。